国家社会科学基金"十四五"规划2021年度教育学一般课题"县级区域教育公共服务均等化的治理机制研究"（BAG210053）成果

区域教育公共服务均等化的治理机制与路径创新

吴景松 ◎著

科学出版社

北 京

内 容 简 介

本书聚焦区域教育公共服务均等化这一关键议题，展开全面且深入的探讨。在理论层面，系统阐释了新制度经济学、新公共管理以及以人民为中心等理论对教育公共服务均等化的作用，剖析了我国在该领域面临的现实困境。在实践探索部分，一方面介绍了西方发达国家在教育公共服务均等化治理方面的先进经验，涵盖支撑机制、学校选择与入学机会分配等内容；另一方面，详细列举了国内多地，如北京、上海、广东等在教育公共服务均等化方面的具体举措与显著成效。本书还深入阐释了国内外教育公共服务均等化的监测机制，并提出一系列区域教育公共服务均等化的创新路径，包括政策导向、内涵发展、教育机制创建、投入策略及人才培养路径等。

本书可供教育政策制定者、教育研究者、学校管理者以及对教育公平与均衡发展怀有浓厚兴趣的人士参阅。

图书在版编目（CIP）数据

区域教育公共服务均等化的治理机制与路径创新 / 吴景松著. --北京：科学出版社，2025.6. -- ISBN 978-7-03-082087-7

I.G527

中国国家版本馆 CIP 数据核字第 2025V5W800 号

责任编辑：崔文燕 / 责任校对：何艳萍
责任印制：徐晓晨 / 封面设计：润一文化

科 学 出 版 社 出版

北京东黄城根北街 16 号
邮政编码：100717
http://www.sciencep.com

北京建宏印刷有限公司印刷
科学出版社发行 各地新华书店经销

*

2025 年 6 月第 一 版 开本：720×1000 1/16
2025 年 6 月第一次印刷 印张：16
字数：288 000

定价：128.00 元

（如有印装质量问题，我社负责调换）

序　言

PREFACE

区域教育公共服务如何面向强国建设时代

教育是国之大计、党之大计。习近平总书记在党的二十大报告中明确指出，"未来五年是全面建设社会主义现代化国家开局起步的关键时期"，实现"基本公共服务均等化明显提升"是主要目标之一①。新时代我国经济社会发展进入全面建成的小康社会阶段，人民对教育需求正加速向更高层次的教育公平和教育质量转变。党中央、国务院相继出台了一系列政策文件，形成了"公益普惠和优质均衡"的基本方向，"优化资源配置"的供给机制，"办好人民满意"的教育成效等基本教育公共服务均等化的治理范式及行动指南。

21 世纪初期以来，我国"基本公共服务均等化"历经形成共识、丰富内容、完善制度和优化提质等系列进化阶段。第一阶段是形成共识。"公共服务均等化"概念在 2005 年进入我国国家发展战略框架，党在十六届五中全会首次提出"公共服务均等化原则"；2006 年，《国民经济和社会发展第十一个五年规划纲要》首次提出"基本公共服务均等化"，包括农村义务教育普及、巩固等内容；党的十六届六中全会决议明确将其作为"共同富裕"的阶段性目标。第二阶段是丰富内容。2012 年，全国首部基本公共服务实施方案《国家基本公共服务体系"十二五"规划》颁布，进一步完善了基本公共教育服务的内容，并依此相继出台《关于深入推进义务教育均衡发展的意见》《关于全面推行普通高中学生资助卡、加强普

---

① 习近平. 高举中国特色社会主义伟大旗帜 为全面建设社会主义现代化国家而团结奋斗：在中国共产党第二十次全国代表大会上的报告[M]. 北京：人民出版社，2022：25.

通高中国家助学金发放监管工作的通知》《中央财政支持学前教育发展资金管理办法》等文件。第三阶段是完善制度。2017 年，《"十三五"推进基本公共服务均等化规划》明确了以基本公共服务清单为核心的公共服务制度框架，加快基本公共教育服务体系化、制度化建设进程，随后相继出台了《教育领域中央与地方财政事权和支出责任划分改革方案》《关于进一步推动进城农村贫困人口优先享有基本公共服务并有序实现市民化的实施意见》《学生资助资金管理办法》等政策。第四阶段是优化提质。在 2021 年两会期间，习近平总书记强调"着力构建优质均衡的基本公共教育服务体系，建设高质量教育体系，办好人民满意的教育"①，标志着我国基本公共教育服务均等化开始迈向"优质均衡"新阶段。《国家基本公共服务标准（2021 年版）》《"十四五"公共服务规划》《关于开展县域义务教育优质均衡创建工作的通知》《"十四五"学前教育发展提升行动计划》《"十四五"县域普通高中发展提升行动计划》《关于构建优质均衡的基本公共教育服务体系的意见》《中共中央关于进一步全面深化改革、推进中国式现代化的决定》《教育强国建设规划纲要（2024—2035）》等文件政策的密集出台，呈现出"以人民为中心"发展教育的新格局，旨在全面把握教育的政治属性、人民属性、战略属性，全面构建以区域为抓手推进教育公共服务领域"公平优质"的基础教育创新举措。

2020 年，是载入人类发展辉煌史的一年，中国宣告全面建成小康社会。全面建成小康社会的实现标志着中国的综合国力上升到新阶段。据统计，国内生产总值从 2012 年的 54 万亿元增长到 2023 年的 126 万亿元，经济总量占世界经济的比重由 11.3% 上升到 18% 左右，稳居世界第二位，对世界经济增长的年均贡献率超过 30%；人均国内生产总值达到 12680 美元②。我国已建成世界上最大的教育体系，人民群众的教育获得感不断增强。不过，由于城乡二元经济结构的存在，我国区域教育公共服务均等化进程中区域、城乡、校际和群体间的不均衡问题突出，直接阻碍了学生受教育权获得、学生的全面发展以及全民共同富裕的实现。为了解决区域内"不均衡"矛盾，以基础教育为主体的区域教育公共服务均等化作为研究对象，本书共设定五章，分别探讨区域教育公共服务均等化的治理理论基础、

---

① 习近平看望参加政协会议的医药卫生界教育界委员[EB/OL]. https://jhsjk.people.cn/article/32044476. 2021-03-06.

② 习近平. 进一步全面深化改革中的几个重大理论和实践问题[EB/OL]. https://jhsjk.people.cn/article/40402616. 2025-01-15.

西方发达国家教育公共服务均等化的治理探索、国内区域教育公共服务均等化的治理实践、国内外区域教育公共服务均等化的监测机制以及我国区域教育公共服务均等化水平提升的路径创新。

理论是指引改革的明灯，以理论视角理解区域教育公共服务均等化更具战略性和洞见力。新制度经济学派从交易成本出发，主张在特定的教育环境下，教育利益相关方（包括政府、教育机构、学生及其家长等）在区域教育改革中拥有不同的权利和利益诉求，教育资源的配置需要遵守这些利益相关者的利益边界。教育资源配置的本质就是教育机会的获得，只有采取相应的制度安排并形成路径依赖才能保障学生及家长教育机会的获得。那么如何扩大教育机会呢？新公共管理理论主张在教育领域引入市场机制，通过教育供给的多样化实现教育机会的大众化。政府是"掌舵者"，有责任推动教育机会大众化，采取市场机制和竞争机制，提供优质高效的教育公共服务。在教育改革过程中，我国汲取了新制度主义理论的制度安排和利益边界观点，并采纳了新公共管理的效益至上思想，启动了"管办评"和"放管服"的教育体制机制改革，基础教育领域形成了"省级统筹、以县为主"的管理模式。新时代新征程，"以人民为中心"的教育思想和理论逐渐成熟，强调以促进个体全面发展、提高公民素质和培养创新人才为核心原则，将均等、优质、有特色的教育服务作为目标，从而推动我国教育体系向更加公平与高效的方向发展。

他山之石可以攻玉，我们以西方发达国家为参照点，探寻教育公共服务均等化的举措。西方发达国家在教育公共服务均等化治理方面的经验，能给我国区域教育治理带来新的视角和启示。本书以美国、法国、德国和澳大利亚四国为考察对象，从教育公共服务均等化机制、多元化学校选择及入学机会分配、高质量教师培训与职业发展、家校社多边合作格局等方面进行梳理发现：①无论是以集权为代表的法国还是以分权为代表的美国，公立学校的经费都来自政府，中央政府为经济欠发达州市提供经费补偿，为家庭经济困难的学生提供教育资助，形成了基础教育公共服务均等化的经费投入保障机制。②在入学机会方面，引入市场机制，形成公立与私立学校并存的格局，进而扩大教育机会；通过政策规制和引导，为学生提供选择适合自身学校的契机；同时，创办形式多样的特殊学校和特色创新学校，旨在保障弱势学生群体和特长学生群体的个体教育获得权。③提高教育服务均等化水平的关键举措是建设高质量教师队伍。在教师专业发展方面，这些发达国家开发了"教师能力标准"，极力倡导教师以科研手段促进个性化发展，并依据产业结构和信息技术革命的时代要求，制定了相应的政策，以推动教师的信息素养和技术能力的培养提升。④拓展家校社多边合作关系新格局。发达国家通过制定相关政策和提供相应的家庭教育指导服务，加强家庭与学校的合作，营造了良好的教育环境和社会氛围，提供了全方位的支持和帮助，促进了教育公共服务的均等化。

理论来自实践、指导实践，为探索区域内"办好人民满意的教育"的制度安排，作者选取了三个省级区域和三个区县级区域为考察点，以呈现党的十八大以来我国区域教育公共服务均等化的实践案例及成效。从学校布局的公平性和均衡性、学校类型和教育模式的多样化、教育信息化助力均等化、教育公共服务均等化引领区域教育改革等四个方面，通过定量与定性相结合的方式，梳理总结我国区域教育公共服务均等化的成效和措施。经比较分析发现，将北京市及上海市、海淀区及浦东新区作为比较参考点，省级区域的政策对区县级政策影响较大，但是区县级推进教育公共服务均等化采取的具体措施却各具特色。诸如北京市采用"校额到校""市级统筹"，以及"1+3"培养等方式促进教育公平。上海市则出台"城乡教育一体化五项标准"，率先从中小学校的办学标准入手，用集团化办学缩小区县之间的教育差距。广东省省域内各地级市之间的差异比较大，采取"底线均等"原则，实施学校标准化建设，推动教育模式的多样化，如联合办学、卓越课程、特色教育等。不过，作为地级市内的迎江区，其高中阶段教育归市级教育行政部门管理，区域内主要开展的是义务教育和学前教育。受经济条件制约，学校在布局规划调整过程中，须与区域经济结构和高新区建设同步，以实现新学校布局的优化调整，快速达到现代学校建设标准的要求。

均等化水平何以衡量？这需要教育监测体系予以配套跟进。在推进区域教育公共服务均等化的进程中，国内外政府（或机构）均依靠建立教育监测体系来衡量均等化程度。其中，对区域或泛区域教育公共服务均等化水平监测影响最大的有联合国教科文组织的教育监测体系、欧盟的教育监测体系和世界银行的教育监测体系。联合国教科文组织在《教育2030议程》①中，把确保包容、公平的优质

---

①　2015年第70届联合国大会通过《变革我们的世界：2030年可持续发展议程》（本书采用简称《教育2030议程》）。

教育，促进全民享有终身学习机会的关键指标设定为 14 项。这个国际教育公共服务均等化监测体系，为全球范围内教育公平与质量的提升构建了一套科学、系统的支持架构，为各成员国提供了一个共享的行动指南和合作平台。这一体系的实践与不断完善，对推动全球教育的均衡发展具有深远意义。欧盟则采用了"共同参考框架"的设计理念，即在确定核心指标时，确保它们能够涵盖教育质量、包容性、学习成果及终身学习的关键方面，同时允许成员国根据自身的教育体系、文化背景及社会发展需求，对这些指标进行适度的解释与调整。诸如，《欧洲教育和培训合作 2020 战略框架》确立的五大关键指标，主要包括青少年辍学率，接受高等教育的人口比例，学前教育的人口比例，青少年阅读、数学和科学能力，参与终身学习的成年人比例等。根据理事会要求，欧盟于 2011 年增加了学生就业能力指标和学习流动性指标。与此同时，世界银行作为联合国体系中的金融合作和国际发展机构，其使命在于使"全球化的资本逻辑受到一定的制约，使之符合全球大多数人的利益，实现最大限度的共赢、共享"。因此，世界银行参与全球教育治理的援助机制"主要基于教育援助治理议题、治理价值取向和治理手段等展开活动"。世界银行开发了面向教育系统的评估工具"为了更好学习结果的教育系统测评"（System Approach for Better Education Results，SABER），并已在全球 130 个国家和地区实施。SABER 的测评对象为世界各地的教育政策，直接面对的是教育管理部门，收集的主要是教育政策数据，对各国教育系统的影响更加重效度。世界银行主要以项目性援助支持教育改革，旨在通过数据分析和政策评估，推动各国在教育领域内的公平与包容。其主要援助性方向包括支持女童教育、残疾儿童受教权保障、危机环境下教育供给、重视早期儿童教育、凸显结果的教育质量、就业能力与生产能力的培训、改进教育管理系统。在实际应用中，SABER 将每个领域的发展水平总结为 4 个由低到高的级别，分别为"潜在""新兴""已建立""先进"。通过对这些指标的监测和分析，可以及时发现和解决教育领域中的不平等现象，推动教育的公平与包容。同时，这些监测指标也可以为各国政府和教育部门制定教育政策提供科学依据，促进教育的可持续发展。我国体现区域教育公共服务均等化公共属性最强的是义务教育监测，从 2005 年印发的《教育部关于进一步推进义务教育均衡发展的若干意见》提出政府部门要建立义务教育均衡发展监测制度，到《国家义务教育质量监测方案（2021 年修订版）》的实行，逐步形成了以"地方政府、学校、教师和学生"为主体内容的"四位一体"的评价制度体系，发挥了诊断、监督和导向的重要作用。

"以人民为中心"发展教育是中华人民共和国成立以来的教育体系的指导思想和理论基础，旨在实现教育公共服务的均等化，并提供高质量的教育机会。区域推进教育公共服务均等化是建设教育强国的核心内容之一，是不断提升教育服务供给水平的重要指标。参照国内外区域教育公共服务均等化治理实践及监测体系建设的经验，要保障教育公共服务均等化这一建设教育强国目标的实现，从区域层面，应采取确立"人民满意"的区域教育政策导向、扎根"中国特色社会主义"的区域教育内涵发展、创建"命运共同体"的城乡循环式教育机制、坚持"教育优先"的区域财政投入策略以及完善"多样化"的区域教育人才培养路径等系列举措，优化完善区域教育治理体系及提高教育治理能力。

目　录
CONTENTS

序言

第 一 章

区域教育公共服务均等化的治理理论基础

　　基本教育公共服务均等化是教育强国建设的重要目标，它以"公益普惠和优质均衡"为基本方向，最终目的是"办好人民满意的教育"①。"均等化"要解决的一个重要问题是如何利用有限的经济资源、有限理性的制度约束，使得教育公共服务的适用范围更广，为更多人提供受教育机会。理解"教育公共服务均等化"，从区域(包括省域和县域)更容易分析和透视其实现程度，更能把握区域内采取的治理措施。因而，本章从众多理论考察中，选取了新制度经济学、新公共管理理论和新时代中国特色社会主义教育理论，以期提供一个新的视角来探讨如何实现区域教育公共服务均等化。其中，新制度经济学的利益边界强调教育机会的产生和分配涉及多方利益相关者之间的权力和利益博弈，只有找到利益边界，才能制定出有效的政策和措施，实现教育机会的均等分配；新公共管理理论倡导将教育机会扩大到每个人，确保教育公共服务均等化与教育质量的提高之间的有机统一；中国特色社会主义教育理论强调坚持以人民为中心、全面发展人的个性和素质，确保每个人都能享受到优质的教育机会。

---

① 中共中央办公厅 国务院办公厅印发《关于构建优质均衡的基本公共教育服务体系的意见》[EB/OL]. https://www.gov.cn/zhengce/202306/content_6886110.htm. 2023-06-13.

着力构建优质均衡的基本公共教育服务体系，加快缩小区域、城乡差距。[①]

——习近平

① 习近平主持召开中央全面深化改革委员会第十六次会议强调 全面贯彻党的十九届五中全会精神 推动改革和发展深度融合高效联动 李克强王沪宁韩正出席[EB/OL]. https://jhsjk.people.cn/article/31916032. 2020-11-02.

第一节 新制度经济学：教育机会的利益边界

新制度经济学倡导的"逻辑实证主义方法论"、"以资源配置为主题"和"交易成本"的范式，尤其是"交易成本"带来的利益边界的划定，给教育公共服务均等化的理解带来新的理论突破口。"利益边界"是新制度经济学的核心概念之一，其运用于教育领域的研究能够揭示教育机会分配中的利益冲突与博弈，有助于从制度设计、政策制定、资源配置等方面，深入探讨如何通过优化教育资源配置、改善教育治理机制，提高教育质量和效益，进一步推动教育公共服务均等化的实现。

一、利益边界论主张教育机会资源的优化配置

新制度经济学流派中的阿罗（Kenneth Arrow）、科斯（Ronald H. Coase）、威廉姆森（Oliver E. Williamson）、诺斯（Douglass C. North）等[1]，通过对信息不对称、交易成本和制度安排等方面的研究，成为利益边界理论的主要代表。随着利益边界理论的普及，该理论被教育学者引入教育领域并用于分析教育公共服务的分配和效率，为教育机会均等化问题提供了理论基础和方法论。利益边界理论强调，任何一个社会系统中的资源分配都是由利益相关者的力量对抗和博弈产生的。教育资源作为一种特殊的资源，同样受到利益边界的影响。在教育资源分配中，各方利益相关者的力量对比和博弈，往往决定了资源的分配结果，从而影响教育公共服务的均等化程度。

利益边界理论主要强调以下几个方面。

一是强调利益边界。"把人和社会连接起来的唯一纽带是天然必然性，是需要和私人利益。"[2]在特定的教育环境下，各利益相关方之间利益划分的界限和机制。

---

① 程恩富，徐惠平. 新制度经济学派的成因、特点与总体评价：从海派经济学的角度来观察[J]. 当代经济研究，2004（9）：22-27.

② 马克思，恩格斯. 马克思恩格斯全集（第1卷）：1833年—1843年3月[M]. 2版. 中共中央马克思恩格斯列宁斯大林著作编译局编译. 北京：人民出版社，1995：439.

这些利益相关方包括政府、教育机构、学生及其家长等，它们在教育领域中拥有不同的权利和利益诉求。利益边界的形成受到政治、经济、社会等多方面因素的影响，决定了教育机会的分配和公平性。

二是强调利益分配。利益边界理论关注教育资源的分配问题，不均衡的教育资源分配导致教育机会的不平等。为实现教育机会的均等化，利益边界理论主张通过有效的市场机制和政府干预，促进教育资源的均衡配置。例如，可以建立公平的招生制度和多元化的教育途径，以确保不同阶层和地域的学生都能享有平等的教育机会。

三是强调制度安排。制度安排是实现教育机会均等化的关键。制度安排涉及政府政策、教育法规、教育管理和监管等方面的安排与调控。为促进教育机会的公平分配，利益边界理论主张建立透明、公正、有效的制度。例如，可以推行公平竞争的市场环境，加强教育质量监测和管理，提供公开透明的信息供学生和家长选择。

四是强调多维方法解决利益交叉的冲突。利益边界理论的研究逐渐超越经济学领域，融合了教育学、社会学、政治学等多个学科的研究方法和理论观点。该理论认为教育机会均等化是一个动态和演进的过程，强调不同利益相关者之间的沟通与协调，探索多个利益边界之间的相互作用和影响，以及如何实现不同利益相关方之间的协调和合作，从而推动教育制度的不断改进和创新。

五是强调教育公共服务的目标导向。首先，强调实现教育的社会目标，关注教育公共服务的社会公平性、可持续发展；其次，强调从家庭社会经济背景的角度深入研究学生受教育机会和学业成就，并制定相应的政策措施，以促进教育公共服务的均等化，为全体社会成员提供公平且恒定的教育机会；最后，强调教育的社会效益，要充分考虑经济关系对教育体制、师资素质、课程设置等因素产生的影响，通过制定相应的政策和措施，实现教育效益最大化。

二、教育机会不均等的主要影响因素

一是教育投入分配与教育机会不均等的循环化。教育投入的分配不平等导致教育机会的不均等，教育机会的不均等又会进一步加剧社会中的不平等现象。教育资源的分配并不总是公平的，往往受到财政资金、地区间的经济发展差异以及政府政策的影响等因素的制约。这种不均衡的投入会导致学校设施、师资力量、教学资源等方面的差异，进而影响学生获得高质量教育的机会。由于这种受教育机会的不均等，教育水平和社会地位之间的差异增大，并在一定程度上制约了个体的发展和社会的进步。为了打破这种循环，我们应该重视教育公共服务的均等化，提供平等的教育机会，以便每个人都有平等的机会去发展自己的才能和潜力。

二是城乡差距与教育机会不均等的循环化。由于经济、基础设施和资源等方面的差异，城市地区通常比农村地区拥有更好的教育资源和条件。城市学校往往设施更好，师资力量更强，教学资源更丰富，这使得城市学生更有机会接受高质量的教育。相比之下，农村地区的学校往往面临师资短缺、教学设施不完善等问题，限制了农村学生的教育机会。城乡差距的存在使得教育机会的不均等成为一个严重的问题，进而使得城乡学生在学校就读、升学、就业等方面面临着差异化的挑战。这种差异导致城乡之间的阶层固化和社会流动受到阻碍，进而加剧了社会的不平等现象。

三是家庭背景差异对教育机会不均等的传递效应。家庭社会经济地位高、文化资本丰富的学生更容易获得良好的教育资源和条件。他们可能接触到更多的学术资源，获得更好的教育培训，以及更好的升学机会。相比之下，家庭社会经济地位低、文化资本匮乏的学生往往面临着教育资源不足的问题，这些家庭往往面临经济困难和资源匮乏的问题，使得他们无法为孩子的教育发展提供足够的支持和资源，包括无法提供良好的学习环境、购买教育资源和参加辅导班等。这种教育机会的不均等现象通过代际传递、家庭环境和家庭教育方式等途径，进一步加剧了不同家庭背景学生之间的教育差距。家庭背景差异通过教育机会的传递效应影响了个体的成长和发展，家庭背景较差的孩子通常难以参与到社会经济活动中并取得成功。这种传递效应导致教育不公平问题的长期存在，使得社会中的不平等得以维持和扩大。

三、利益边界理论与教育管理模式变革

利益边界理论将教育机会视为多方利益的交互结果，强调利益相关者之间的平衡与调整。邓小平将社会主义的本质概括为"解放生产力、发展生产力、消灭剥削、消除两极分化、最终达到共同富裕"[①]。在教育公共服务创新中，利益边界理论可以指导决策者理解各方利益诉求并寻求利益的最大化。通过考虑家庭、学生、教育机构、政府和社会公众的利益，教育服务创新可以更加符合各方期望，

---

① 邓小平. 邓小平文选（第三卷）[M]. 北京：人民出版社，1993：373.

提供更为全面和有效的教育服务。

一是指引教育政策创新。利益边界理论倡导制定教育政策注重三个重心：首先，注重建立多元参与机制，引入多样化的利益参与者，确保各方利益得到合理满足；其次，强化"以人为本"理念，关注学生个体需求的多样性，促进教育公共服务的个性化和差异化；最后，加强行政管理与市场机制的结合，引入市场竞争机制，提高教育质量与效益，同时强调，针对不同利益方的需求，建立灵活的学校管理机制，加强与学生、家长、教职员工以及社会公众的沟通和协调，提高教育公共服务的均等化水平。

二是助力个体职业生涯规划。在职业发展过程中，个体与各方利益之间存在相互影响与交互作用。个体的职业选择与发展既受个人利益的影响，也受教育机构、政府、社会公众等各方利益的制约。在个体实现职业目标和社会价值的过程中，首先，应为个体提供全面的信息与资源，使其能够充分了解教育领域内各种职业选择与发展机会，强调个体与社会利益的平衡，要求职业发展过程中遵循道德原则，同时关注个体与社会的长远利益；其次，应强化职业教育的整体规划，使个体能够在不同教育阶段获得全面发展；再次，应提供多样化的发展机会，鼓励个体积极参与实践、实习等活动，拓宽职业选择和发展渠道；最后，应加强职业发展培训与辅导，提升个体的职业能力和竞争力。

三是加强多元文化教育。在实践中，应关注学生的文化认同和多元文化教育的目标，同时考虑教育机构的资源分配和社会公众的期望。一方面，教育机构应提供多元文化的教育课程和教材，以满足学生不同文化背景的学习需求；另一方面，政府应当制定相关政策支持政府、学校、家庭和社会之间的沟通与合作，形成多元文化教育的联动效应。因此，首先，提高教师专业发展水平，培养他们具备跨文化教育的能力和意识；其次，加强教育资源的配置和服务的均等化，缩小多元文化教育之间的差距；最后，促进多元文化教育的评估和监测，确保教育政策和实践的有效性及效果。

四是提升学校效能。学校内部管理体制的变革应当注重教师与学生的利益平衡，学校应提供多样化的职业发展机会和培训支持，激励教师不断提升自身的专业水平，并为其提供良好的工作环境和待遇。从外部来看，一方面，要深化与优化家校合作，通过家长参与校园活动、开展家庭教育指导、提供家庭支持等措施，加强学校与家庭的联动，共同促进学生的学业发展和综合素养的提升；另一方面，学校作为社会公共服务机构，应与社会各方面的利益相关者加强合作，实现利益的协同。学校应主动了解社会需求，根据社会的需求动态调整教育目标、课程设置和教学方法，以培养符合社会需求的人才；与社会各领域的企业、组织建立长期合作关系，搭建实习就业平台和产学研结合的合作模式，提供更多的职业发展机会和实践平台，为学生顺利就业和职业发展提供支持。

五是实施教育投入效益评估。教育经费投入的效益评价应关注各方利益的平衡。传统的教育经费评价往往仅关注教育产出指标，忽略了教育参与者的需求和权益。利益边界理论强调，教育经费投入应考虑各方利益，包括学生、教师、校领导、家长和社会等，倡导公平对待各方，确保教育服务的公正性和可持续性；应考虑教育机会的平等性、资源配置的合理配置和教育绩效改进等方面。具体体现在：①教育决策者在教学质量评估中全面地理解各方利益的平衡和需求，为改进教学质量和优化教学资源的配置提供科学依据与决策支持。②教师培训成果评价要注重教学实践和教师能力提升，使其能够更好地满足学生的需求，并提供高质量的教育服务。③校长作为学校教育公共服务的重要组织者和决策者，其领导力的发挥对教育公共服务均等化具有重要影响。校长的领导力呈现多元化，包括教学管理、校内资源配置、师资培养、校园文化建设等能力方面。对校长的评估要综合多种因素，突出校长在实现教育公共服务的长远目标和可持续发展方面的能力。④学生学业成就不仅意味着学生获得受教育机会，还意味着学生拥有在学业上实现个人潜力的机会。不同学生在学业上的起点和需求各不相同，因此，应将教育资源和支持服务有针对性地分配给不同学生群体，以满足其学业需求，促进学生的个人发展。同时，学生的学业支持需要教师、家长和社会的共同努力，学校、家庭和社区间形成良好合作机制，最终实现学生学业支持效益的协同提升。

第二节　新公共管理：教育机会的大众化

新公共管理理论倡导将市场机制引入教育领域，以期实现教育机会大众化，通过引入市场竞争机制、优化教育政策、提高教师素质、改进教学方法、提高学校管理效率等，促进教育质量的持续提升。

一、新公共管理理论主张教育领域引入市场竞争机制

新公共管理理论主张在教育领域引入市场机制，通过教育供给的多样化实现教育机会的大众化，在竞争机制中，采取优化教育政策、提高教师素质、改进教

学方法等手段，不断提升教育质量。

新公共管理理论起源于 20 世纪 70 年代后期，是对传统行政管理模式的一种抨击和改革。新公共管理运动致力于打造将"掌舵"和"划桨"分开的企业化政府，强调"掌舵的人应该看到一切问题和可能性的全貌，并且能对资源的竞争性需求加以平衡；划桨的人聚精会神于一项使命并且把这件事做好"①。它强调管理效率和效能，倡导市场化、竞争机制和结果导向。新公共管理理论与教育机会的扩展密不可分：首先，新公共管理理论提倡延伸公共管理的边界，使教育机会大众化成为可能；其次，通过市场化和竞争机制，新公共管理理论促进了教育服务的提质增效；最后，公民参与和合作治理的理念可以为教育机会的公平分配提供更好的机制。

一是强调教育公共服务的效率与质量。它强调市场竞争和选择，强调公共组织的自主性和透明度。在教育领域中，新公共管理通过强调公共学校的自主权，为家长提供更多的选择权，以实现教育机会的大众化和均等化。新公共管理理论提倡建立多元的教育供应者，为学生和家长提供更多的选择，以促进教育资源的合理分配和更好地满足不同群体的需求。这一理论引入了市场导向的选校机制，鼓励学校之间的竞争和合作，推动了教育质量的提升。此外，新公共管理理论还强调公共组织的绩效评估和管理，为教育公共服务的均等化提供了有效的治理实践。通过建立科学的绩效评估体系，可以对教育机构的运作状况进行全面评估和监督，有利于提高教育公共服务的质量和效率。此外，新公共管理理论还倡导透明和负责任的决策过程，提升公众参与度和信息公开度，以确保教育公共服务的均等化与公平性。总之，新公共管理理论对教育公共服务均等化具有重要的影响。通过引入市场机制和管理方法，新公共管理理论提供了一种可行的途径，能够促进教育机会的大众化和均等化。

二是强调目标导向的教育治理。新公共管理理论主张将目标导向、效能与绩效追求、公共参与和社会合作等原则引入教育改革领域。针对传统的官僚化、低效率教育体制，新公共管理理论着眼于明确的目标导向，通过建立公平的资源分配机制和促进教育市场的发展，能够增强教育机会的多样性与选择性；制定明确的目标指标和评估体系，能够使教育改革的进展得以量化和客观地衡量，以提高教育资源配置的效能和效率；倡导公共参与和社会合作，建立更加开放和包容的教育体制，实现教育机会的扩展。特别关注的是，它强调建立灵活的管理机制和

---

① 戴维·奥斯本，特德·盖布勒. 改革政府：企业精神如何改革着公营部门[M]. 上海市政协编译组，东方编译所编译. 上海：上海译文出版社，1996：12.

科学的管理体制，以提高教育资源的分配效率和教育服务的满意度。这种机制和体制的创新有助于减少教育资源的浪费与不均衡现象，为更多的学生提供平等的教育机会。

三是强调提高学校管理者的领导力。学校作为教育机会扩展的重要场所，其管理和领导力发挥着至关重要的作用。学校的行政管理应服从教育政策和法律法规的指导，并以专业知识和经验为基础进行运作。学校行政管理者应理解和关注不同学生的需求差异，确保各项教育资源的合理配置和有效利用，以满足学生的学习需求和教育机会的扩展。同时，学校行政管理还要加强与家长和社区的沟通和合作，突出强调家庭教育的专业化和规范化，通过民主参与的方式，实现教育公共服务的均等化。

四是倡导校际合作与联盟建设。新公共管理理论强调通过建立学校间的合作与联盟关系，共同致力于提供均等的教育机会。通过学校间的合作，不同的学校可以共享教育资源，包括师资力量、教学设备、教材等方面的资源。这种资源的共享和互补可以提高对学生的服务质量，缩小不同学校之间的差距，从而实现均等的教育机会。而且，校际合作还提供了一个互学互鉴的平台，促进了教育创新和经验分享。不同学校通过交流合作，可以共同探讨教育问题和面临的挑战，分享成功的经验和做法。这样的交流与合作可以促进教育的改进和创新，进一步提高教育质量，进而实现教育机会均等。当然，校际合作与联盟建设需要各方建立起相互信任的关系，明确目标和任务，要考虑各学校资源分配的公平性，以防止部分学校在合作中获得不当利益，进而加剧教育机会的不均等问题。

二、市场竞争机制扩大教育机会大众化的影响因素

一是教育政策目标。政策制定者需要确立受教育者机会均等化的基本思想，即确保每个学生都能够平等享有接受高质量教育的机会。这意味着要消除各种障碍，如地理位置、经济状况和社会背景等因素对教育机会分配的影响，因此，教育政策目标应该非常明确，为地方政府和学校提供明确的方向和指引；还必须制订保障这些政策目标的行动计划、监测和评估政策执行情况的机制，并采取适当的调整措施；同时，要确保政策的执行过程公开透明，使其能够获得各方利益相关者的持续参与和监督。

二是学生学习和成长的社会环境。学生成长环境是学生学习和成长的社会环境，包括学校、家庭和社区等因素的综合影响。学校应提供优质的教育资源，包

括师资力量、教学设施和教学方法等，以满足不同学生的学习需求和发展要求；要注重培养学生的综合素质和创新能力，通过丰富多样的教育活动和课外拓展，为学生提供更广阔的成长空间。家庭应提供温暖和睦的家庭氛围，关注学生的学习情况，为学生提供稳定的学习和成长环境。社区应提供各种丰富的学习资源和教育活动，组织教育互助活动和家校合作，为学生提供开阔的学习视野和更多的学习机会。

三是学生自主发展的条件。教育机会大众化能够保障每个学生平等地获得教育资源和教育机会，但学生最终能否受益，也与学生自身的接受情况有很大关系。

首先，教育机会大众化要关注学生身心健康。学校要提供安全的校园、优质的食品和饮水环境、科学的运动健身设施等，开设健康教育课程和丰富多样的体育活动，开通与家庭和社区无障碍沟通渠道，确保学生身心健康发展并有基础能力接受教育机会和实现全面发展。

其次，教育机会大众化与学生创造能力和职业发展密切相关。学生的创造力是其独特的思维能力和创新潜力的体现，这种创造力使他们具有问题解决能力和新思想产生能力。创造力培养是一种针对个体差异的教育方式，旨在激发学生的创造潜能和发展创造能力，促使他们在面临挑战时能够独立思考、灵活应对。学校要开设创新课程、组织科技创新竞赛等；教师应具备培养创造力的专业知识和能力，注重培养学生的自主学习和批判性思维能力，为社会培养更多具有创新能力和创造精神的人才，以推动社会进步和可持续发展。创新课程和多样化的选择对学生综合素质的培养具有支撑作用。学校应与企业、社区建立良好关系，为学生提供更多的社会课程和实践，这有助于培养学生诸如沟通能力、解决问题的能力和团队合作精神等职业核心能力，帮助学生在职业领域中更好地适应和成长。

最后，教育机会大众化受限于学生自主意识水平的发展。学生文化认同是指学生对自身所属文化的接受和认同程度。学校和教师应了解学生的语言、价值观和传统习俗，在多元化和包容性的学习环境中，根据学生的文化特性设计教学内容和教学方法，从而提高学生的文化认同感、跨文化交流能力，增强学生的自信心和主体意识，使其更好地运用教育机会大众化带来的机会和发展空间。

三、新公共管理理论与教育公共服务的供给能力提升

作为一种新的治理模式，新公共管理理论主张在教育领域引入市场机制，试图通过市场竞争和供需调节的方式，促进教育资源的优化配置和满足多元化的教

育需求。一方面，教育市场化可以提升教育主体的责任意识和投入度。在市场机制的驱动下，学校和机构将更加关注学生和家长的需求，提供更好的教育体验，以满足他们的期望。另一方面，在市场竞争中，一些顶级学校和知名教育机构可能吸引到更多的优秀师资及资源，可能加剧教育不平等现象，导致教育公共服务均等化受到阻碍。因此，政府必须在市场引导中发挥重要作用，加强监管和政策引导，引导学生、家长避免盲目追逐学校及机构的名声和排名，并建立健全的评估和监测机制，以确保教育资源的公平分配和教育公共服务的均等化。

一是促进国内教育资源的多元化供给。随着新公共管理理论的引入，教育领域出现了多种类型的教育机构，如私立学校、特色学校、职业教育机构等。这种多样性的供给机制使得教育资源的类型和形式更为多元，让学生和家庭能够根据自身需求选择适合的教育资源，满足不同群体的教育需求。多样化的资源配置，鼓励教育公共服务供给以绩效为导向，采取绩效评估和奖惩机制，促使教育机构提高教育资源的质量和竞争力。多样化的市场供给的溢出效应，也有利于促进教育资源的区域均衡发展，形成区域竞争和资源共享的机制，促进了区域之间教育资源的互补与合作，从而螺旋式提升教育公共服务的均等化水平。

二是拓展国际教育资源的合作空间。新公共管理倡导公共部门与私营部门之间的合作和伙伴关系。在国际教育资源合作中，通过与其他国家的教育机构、非营利组织和企业合作，实现跨国教育资源的共享和互补，并提高资源的利用效率；通过借鉴和吸取其他国家的优秀教育公共服务供给的经验，促进教育公共服务的均等化，并提升教育质量。国际教育资源更强调"效率优先"，注重资源的优化配置和评估监督，强调信息共享和透明度。通过建立信息平台和数据交换机制，各国教育机构可以更好地了解其他国家的教育资源情况，及时分享教育发展的最新成果和经验，促进教育公共服务的均等化。在教育资源共享和交互支撑中，进一步加强不同国别、不同文化背景的教育机构之间的合作，加速不同文化间的融合与包容，有利于构建更加包容和开放的教育体系。

三是优化学校治理体系和提升学校治理能力。新公共管理作为一种以效率为核心的公共部门治理模式，对教育机构的管理创新具有重要影响。在新公共管理的视角下，学校领导力的创新成为推动教育公共服务均等化的关键因素。

从治理体系结构上看，新公共管理视域下，学校治理体系的第一要素是学校领导力，其突出特征体现在以下几个方面。①客户导向：学校领导者应坚持以学生为中心，关注学生的需求和利益。通过建立学生评估和反馈机制，根据学生需求进行学校管理的调整和优化。②分权分责：学校领导者应赋予教师更多的决策权和自主权，将权力下放到基层。同时，教师也要承担相应的责任，积极参与学校管理，共同促进学校的发展。③创新和变革：学校领导者应鼓励创新和变革，引导教师开展教育教学改革的实践，通过建立创新团队和提供相应的支持，推动学校教育管理的改进和创新。这种学校领导力，有助于学校引入市场化机制和绩效评估，提高学校管理的效率和效果；有助于提高学校管理的透明度和公正性，确保学校管理的公平性和公正性；有助于推动学校的特色发展和多元化供给，提供不同类型的教育服务，以满足学生和家庭的多样化需求。

从治理能力角度分析，传统的学校治理结构通常以校长为核心，决策垂直集中；在新公共管理视域下，学校的决策权应当更多地下放给专业教师团队，并让学生参与决策，实现以学校为基础的民主决策和管理。在学校实现扁平化管理后，通过竞争激励和评价，学校内部各部门之间容易形成竞争机制和合作机制，其结果就是既能促进学校内部的自我完善和提升，又能加速学校与家长、学生和社区之间建立更加密切的合作关系，从而提高学校教育教学质量。

四是坚持绩效导向的学校创新管理。绩效管理应从以下方面着手：①设立多维度的绩效评估指标。学校绩效管理应设计多维度的绩效评估指标，包括学生成绩、师资队伍质量、教育资源配置等方面，以全面评估学校的绩效水平。同时，需要根据学校的特点和目标确定权重和评估方法，确保评估的公正性和科学性。②建立反馈和改进机制。学校绩效管理应建立有效的反馈和改进机制，及时将绩效评估结果反馈给学校管理者和教师，呈现学校的优势和不足之处。通过建立反馈系统和组织集体研讨会等方式，推动学校管理的改进和创新。③提供专业培训和支持。要进行学校绩效管理创新，就需要学校领导者和教师具备相关的知识和技能。因此，学校应提供专业培训和支持，使学校管理者和教师能够适应绩效管理的要求，提升自身的能力和素质。

学校作为实现教育公共服务均等化的关键载体，需要不断进行变革，以应对来自社会、家长和学生的需求变化。①学校要做好科学规划。以科学的方法和理论为指导，协调学校相关利益者参与制度建设和资源配置，制定适合学校开展教学实践和研究活动的近期规划及发展战略，不断提高学校的综合实力和教育质量。②创新学校人力资源管理方式。以聘任制和岗位制相结合的人力资源开发为抓手，建立包括薪酬、职称、晋升、培训和评价等方面的学校激励机制，优化教职工的人力资源配置，提升教职员工的工作积极性和专业拓展能力。③防控风险管理。一所学校的发展变革涉及众多家庭和社会因素，防控风险成为有效提供教育服务的重要措施之一。结合自身的地理位置、环境条件、教情学情、教育舆情等，学校要对教师职业发展、学生学业困难、自然安全灾害等方面进行风险识别与评估，制定校内有针对性的策略和规章制度，建立风险管理团队，加强风险教育和宣传，形成监控和反馈机制，保障校园安全和稳定，保护师生权益，为学校持续创建良好的校内外环境。

第三节　以人民为中心：教育公共服务的优质均衡

习近平指出，"为了人民而改革，改革才有意义；依靠人民而改革，改革才有动力"①。"人民对美好生活的向往，就是我们的奋斗目标。"②党的十八大以来，坚持"办好人民满意的教育"，是对马克思主义唯物史观的创新性发展，深刻体现了中国共产党坚定执着的人民立场，使新时代教育改革与发展的价值立场更加明确，人民群众在教育中的地位更加鲜明。这不仅是对中国共产党全心全意为人民服务根本宗旨的生动体现，还是对新时代中国特色社会主义教育的本质体现，极大地彰显了马克思主义关于人民至上的唯物史观，充分反映了中国共产党人"为中国人民谋幸福，为中华民族谋复兴"的初心和使命，它既是新时代我国教育事业改革与发展的出发点和落脚点，也是中国特色社会主义教育的根本追求。③"以人民为中心"探索教育公共服务均等化，为中国特色社会主义教育改革提供了新视野和新途径。

一、"以人民为中心"主张高质量的教育公共服务均等化

"以人民为中心"发展教育是中华人民共和国成立以来的教育体系的指导思想和理论基础，旨在实现教育公共服务的均等化，并提供高质量的教育机会。"以人民为中心"的落脚点就是"办好人民满意的教育"，强调以促进个体全面发展、提高公民素质和培养创新人才为核心原则，将均等、优质、有特色的教育服务作为目标，从而推动我国教育体系向更加公平与高效的方向发展。

① 中共中央党史和文献研究院，中央"不忘初心、牢记使命"主题教育领导小组办公室. 习近平关于"不忘初心、牢记使命"论述摘编[M]. 北京：党建读物出版社，中央文献出版社，2019：129.
② 习近平. 论把握新发展阶段、贯彻新发展理念、构建新发展格局[M]. 北京：中央文献出版社，2021：22.
③ 马飞. 办好人民满意的教育：历史、理论与实践逻辑——深入学习贯彻党的二十大精神[J]. 中国教育学刊，2023（7）：7-13.

一是坚持党为人民服务的根本宗旨。2012 年 11 月 15 日，习近平总书记在新任政治局常委与记者见面会上强调，"人民是历史的创造者，群众是真正的英雄"①。2016 年 1 月 18 日，习近平总书记在省部级主要领导干部学习贯彻党的十八届五中全会精神专题研讨班上指出，"着力践行以人民为中心的发展思想"②。2017 年 10 月 18 日，习近平总书记在党的十九大报告中指出，"人民是历史的创造者，是决定党和国家前途命运的根本力量"③。2022 年 10 月 16 日，习近平总书记在党的二十大报告中指出，"深入贯彻以人民为中心的发展思想"④。"人民是历史创造者"要求中国共产党必须始终全心全意为人民服务，这也是新时代中国特色社会主义教育理论的基石。"为人民服务""办好人民满意的教育"是马克思主义理论与中国教育实际相结合的结果，是新时代马克思主义理论在中国教育发展进程中的时代化、中国化的重要体现。在这种理论指导下，中国抒写了华丽的教育画卷，全国普九、高等教育大众化、从幼儿园至高等教育的资助体系等实践标杆，为世界众多发展中国家的教育改革提供了中国经验。

二是坚持"以人民为中心"发展教育。"以人民为中心"发展教育的第一要义就是教育公共服务的均等化，我国教育体系致力于确保每个公民都能享受到公平且适当的教育机会。习近平总书记多次强调，"我们要坚持我国教育现代化的社会主义方向，坚持教育公益性原则，把教育公平作为国家基本教育政策"⑤，"努力让每个孩子都能享有公平而有质量的教育"⑥，"必须全面发展各级各类教育，全面关注各类各层次人员，完善助学、贷学制度，努力实现教育公平"⑦，"教育公平是社会公平的重要基础，要不断促进教育发展成果更多更公平惠及全体人民，以教育公平促进社会公平正义"⑧。显然，均等化教育服务的实现要求教育资源的公平分配，消除社会阶层和区域之间的不平等，确保所有学生都能在相同的起跑线上接受教育。坚持均衡的同时强调优质，强调培养德智体美劳五育并举、五育

---

① 习近平等十八届中共中央政治局常委同中外记者见面[EB/OL]. https://jhsjk.people.cn/article/19591246. 2012-11-15.

② 习近平在省部级主要领导干部学习贯彻党的十八届五中全会精神专题研讨班上的讲话[EB/OL]. https://jhsjk.people.cn/article/28337020. 2016-05-10.

③ 习近平在中国共产党第十九次全国代表大会上的报告[EB/OL]. https://jhsjk.people.cn/article/29613660. 2017-10-28.

④ 习近平. 高举中国特色社会主义伟大旗帜 为全面建设社会主义现代化国家而团结奋斗：在中国共产党第二十次全国代表大会上的报告[M]. 北京：人民出版社，2022：10.

⑤ 习近平. 论坚持全面深化改革[M]. 北京：中央文献出版社，2018：472.

⑥ 习近平. 论坚持全面深化改革[M]. 北京：中央文献出版社，2018：373.

⑦ 习近平. 干在实处 走在前列：推进浙江新发展的思考与实践[M]. 北京：中共中央党校出版社，2006：337.

⑧ 全面贯彻落实党的教育方针 努力把我国基础教育越办越好[N]. 人民日报，2016-09-10.

融合的人才，注重学生创新精神和创新能力的培养，突出社会实践育人功能；为学生和家长提供多样化选择，逐步满足人民群众不断增长的教育公共服务需求。

三是坚持教育适度超前发展。党的二十大报告强调"教育、科技、人才是全面建设社会主义现代化国家的基础性、战略性支撑"。教育作为民生之首，阐释了教育对强国建设所发挥的基础性、战略性支撑的作用。"适度超前发展"是教育对我国进入小康社会后人民对教育的新需求的一种积极有效回应，是融合科技发展的一种战略判断，是人才队伍建设的指南针，是强国建设的有效途径。"适度超前发展"需要制定积极的教育财政政策，提供充足优质的以及均等化的教育公共服务；需要建设一批批优质的师资队伍，依据不同地域的学生发展实情，对学科、教材、教学等方面开展差异化研究，提供适合的多样性的育人方案；需要提前研究和部署科技创新引领的产教融合的人才结构调整升级，加强实践教育和 STEM 教育，为新时代强国建设源源不断提供"产教科"融合的立体式人才。

二、"以人民为中心"发展教育面临系列挑战

发展教育是中国共产党人"为中国人民谋幸福，为中华民族谋复兴"初心使命的题中之义。教育发展要想不偏离航向，就必须以人民群众为"定盘星"，坚持以人民为中心不动摇，这是实现共产党人"初心使命"的内在要求，也指明了教育改革发展的根本目标。①当前，教育综合改革正处于"深水区"，很多过去被忽视和掩盖的问题集中暴露，伴随经济发展、技术进步和全球化产生的新问题亦层出不穷，使得老百姓对教育"不满意"的地方颇多，突出体现在以下领域。

一是教育结构不协调的挑战。我国不同区域的教育层级结构差异性大，学前教育和高中阶段教育在基础教育结构体系上衔接不够紧密。部分区域内的学前教育机构数量不足、质量不高，导致学前儿童入园难；经过普通高中布局调整，很多区县的普通高中弱化，数量减少，家长和学生对中考后的"普职分流"政策抵触很大；普职分流后的职业高中，办学水平还有待进一步提高。由于以上三类问题在区县内普遍存在，直接影响区域内教育结构体系的稳定性和可持续性，给解决教育发展中的不充分问题带来阻力。

二是教育资源配置不均的挑战。在实践中，教育不均衡的首要问题就是资源配置在区域间、区域内和学校间的不均衡。其次是"五育并举"依然是"智育第

---

① 王嘉毅. 坚持以人民为中心发展更加公平、更高质量的教育[J]. 教育研究，2022（1）：4-10.

一、德育至上"，"德育、体育、美育、劳动"课程开发不充分。为应对考试，"唯分数""唯升学"的观念短期内难以改变，"刷题"和机械记忆往往成为教与学的重要抓手。凡此种种，都与"五育并举"相违背，与全面育人的差距较大，与新时代人民群众的教育新期待相背离。传统的教育价值观念与教学方式需要转形态、转体态、转样态，强化教育教学过程中的多元化、多维度、多选择，强化师生在知识转化上的动态性、应用性、发展性，因地因校制宜，推动多样、特色、优质教育发展，在尊重差异中推进学生身心健康发展。

三是教育质量整体不高的挑战。习近平总书记在全国教育大会上强调，"深化教育体制改革，目的是提高教育质量"，"要着眼于'教好'，围绕教师、教材、教法推进改革"，"要着眼于'学好'，围绕立德立志、增智健体、成才用才推进改革"，"要着眼于'管好'，坚持依法治教、依法办学、依法治校"。①当前，我国不同区域的学校教育同质性明显，区域特色、学校特色不够鲜明。针对这一困境，我们应从教育理论和教育实践双向审视，以学校内部的治理结构优化和治理能力提升为抓手，重心在于培育一批批有思想的校长、有个性且学科知识丰富的优质师资队伍；要把过去"学生虚化"转换成"真实的人"，立足于人的本质需要来理解学生的发展，从而在学校结构治理体系上下功夫，结合区情、校情、学情推动教育教学变革。

三、"以人民为中心"理论促进优质教育公共服务均等化

以人民为中心的教育发展思想，始终不变的是教育的根本立场，中国共产党秉持教育的人民立场，无论教育在不同时期的价值使命如何，党办教育的人民立场都从未动摇；不断丰富和发展的是以人民为中心发展教育的理论内涵。②党对人才培养规格和全面发展以及全面教育的认识不断深化，推进了"以人民为中心"理论加速教育公共服务均等化进程。

一是优化课程与教学方法。通过优化教育课程与学校教学方法，可以提高教育的质量和效果，缩小不同学校之间的差距。这将有助于实现教育公共服务的均等化，使每个学生都能享受到高质量的教育资源和服务。①特色课程的建设与推广。不同地区和学校的教育资源不同，因此，应根据实际情况设计特色课程，满足学生的多元需求。特色课程的建设应注重培养学生的综合素质，鼓励学生自主

---

① 王嘉毅. 坚持以人民为中心发展更加公平、更高质量的教育[J]. 教育研究，2022（1）：4-10.

② 李松楠，杨兆山. 以人民为中心教育发展思想的百年审思[J]. 国家教育行政学院学报，2021（6）：27-34.

学习和实践，提高他们的创新能力和问题解决能力。建设和推广特色课程可以更好地调动学生的学习积极性，促进他们的全面发展，并实现校际课程资源平衡。②教学方法的创新与个性化教育。优化学校的教学方法是提高教育质量的关键。传统的教学方式往往以灌输和考试为主，忽视了学生的个体差异和兴趣特长。因此，应推动教学方法的创新，注重个性化教育。个性化教育根据学生的特点和需求，量身定制教学计划，并采用灵活多样的教学方法，激发学生的学习兴趣，优化学习效果。通过个性化教育，不同学生能够获得适合自己的教学资源和辅导，实现更好的个人发展。在教育公共服务均等化的实践中，个性化教育有助于缩小教育差距，增强教育公平性。③教育评价与监测体系的建立。优化教育课程和学校教学方法还需要建立健全的教育评价与监测体系。教育评价体系应从多个维度对学生的学习成果进行评估，既重视学科知识的掌握，又注重学生的综合素质和创新能力的培养。同时，教育评价应注重对教师的教学质量进行评价，激励教师改进教学方法，优化教学效果。通过监测体系，则可以实时了解教育质量的情况，及时发现和解决教育差距问题，为教育公共服务均等化提供科学的数据支持。

二是提升教师专业发展和教育质量。通过提升教师专业发展和教育质量，可以进一步促进教育公共服务的均等化。教师作为教育的主体，其专业水平和教学质量的提升将直接影响学生的学习成果及未来发展。因此，应该重视教师的培养和培训，为其提供持续的职业发展机会与支持，并建立有效的教育评价和反馈机制，以推动教育公共服务的均等化进程。①建立健全的教师培养和选拔机制。教师是教育公共服务的核心要素，他们对学生的教育影响深远，因此应注重教师的专业培养和素质提升。教师培养机制应包括丰富的课程设置、明确的培养目标以及有效的实践环节。同时，选拔教师应注重综合素质的评估，不仅考查其学科知识水平，还要充分考虑其教育教学能力、创新能力和师德素养等方面。②提供持续的职业发展机会与支持。教师的职业发展是提升教育质量的重要保障。为了实现教育公共服务的均等化，应为教师提供持续的职业发展机会和个性化支持。教师应有机会参与专业培训和学习，更新教育理念和教学方法。同时，学校和政府应提供相应的支持政策，如提供奖励机制和晋升通道，激励教师投入到教育改革和创新实践中。通过提供持续的职业发展机会与支持，可以提高教师的教学能力和专业素养，进而不断提升教育质量。③建立有效的教育评价和反馈机制。建立有效的教育评价和反馈机制，可以帮助教师了解自己的教学效果，及时调整教学策略，提高教学质量。教育评价应注重全面评估教师的教学效果，包括学生成绩、课堂表现和学生评价等方面；同时，应为教师提供反馈和指导，帮助他们不断改进自己的教学方法。通过建立有效的教育评价和反馈机制，可以提高教师的反思能力和教学水平，进而推动教育质量的持续提升。

三是利用教育科技推动教育资源均等分配。随着信息技术的迅猛发展，教育科技为推动教育公共服务均等化提供了新的思路和方法。利用教育科技可以打破地域限制，将优质教育资源无缝传递给每一个需要的学生。①远程教育和在线学习平台。远程教育和在线学习平台可以较好地解决教育资源分布不均的问题。通过搭建远程教育平台，可以让学生在家中就能接收到优质的教育资源。学生无论身处城市还是身处农村，都能通过互联网获取相当的教育机会。在线学习平台可以提供多样化的学习内容和学习方式，满足不同学生的学习需求，实现教育资源的均等分配。②虚拟实验室和在线教学工具。教育科技还可以提供虚拟实验室和在线教学工具，让学生在不具备实际实验设备的情况下进行实验学习。通过虚拟实验室，学生可以进行交互式的实验操作和模拟实验，加深对知识的理解和实践能力的培养。在线教学工具可以提供丰富的教学资源和多媒体教学材料，帮助学生更好地掌握知识。③数据分析和智能化教育管理。教育科技的快速发展还使得教育数据分析和智能化教育管理成为可能。通过对大数据的分析，可以了解不同地区、不同学校、不同学生的学习需求和特点，更好地进行教育资源的配置和分配。智能化教育管理可以提供个性化的教学服务，帮助学生充分发展潜能，实现教育公共服务的均等化和质量的提升。

四是大数据技术与教育公共服务的共享与优化。大数据技术与教育公共服务的共享与优化有着广泛的前景和潜力，它可以通过数据的共享和整合、教育预测与决策支持等方式，提升教育公共服务的均等化水平和质量。然而，大数据技术的应用也面临一些挑战，如数据隐私保护、伦理和数据安全等方面的问题。要充分发挥大数据技术在教育公共服务中的作用，就需要政府、教育机构和科技企业共同努力，加强技术研发和实践探索，推动教育公共服务的均等化和高质量发展。①数据共享与资源整合。大数据技术可以实现不同教育机构之间的数据共享与资源整合。通过数据的互通和整合，可以更好地了解教育资源的分布和利用情况，发现资源的闲置和浪费问题，并通过合理调配和共享，提高资源的利用效率和公平性。此外，大数据技术还可以通过对学生的学习数据进行分析和挖掘，为学生提供个性化的学习资源和支持，帮助学生实现更好的学习效果。②教育预测与决策支持。大数据技术可以通过对教育数据的深入分析和预测，为教育决策提供科学的依据和决策支持。通过对历史教育数据和学生信息的分析，可以预测学生的学习成绩和发展趋势，及时发现学生的问题和需求，并采取相应的教育措施和支持措施。此外，大数据技术还可以通过对教育政策和措施的评估与反馈，提供科学的政策建议和决策支持，促进教育公共服务的改进。③数据隐私保护与伦理问题。在大数据技术的应用过程中，数据隐私保护和伦理问题也需要引起足够的重视。教育数据涉及学生个人隐私和敏感信息，需要确保数据的安全和保护。同时，大数据技术的应用也需要遵守数据使用的伦理准则，尊重个人权益和隐私，确保数据的使用合法、公正、透明。

五是开展优质教育资源共享与交流合作。

（1）加强在线教育资源共享与交流合作。在线教育资源共享是指通过互联网将各地的教学资源进行共享。要实现在线教育资源的共享，首先需要建设统一的在线教育平台，为教师和学生提供一个集中管理及访问教育资源的平台。同时，各地教育部门要加强资源整合和归集，建立全面且覆盖面广的教育资源库，确保在线教育资源的丰富度和质量。在线教育资源交流合作是指通过各种形式的互动交流，促进不同地区教育机构之间的合作与共赢。这种合作可以包括线上的教师培训、教学研讨、学科竞赛等活动，也可以包括线下的师资交流、联合办学等形式。通过在线教育资源交流合作，不仅可以提高教师的教学水平和专业素养，还可以促进各地区间教育理念互通有无，推动教育改革的深化。

（2）构建跨区域教育资源共享与交流合作机制。跨区域教育资源共享是指不同地区的教育机构通过协作合作，共享教育资源。这种共享可以包括教材、教案、教学视频等各类教育资源的交流共享，也可以包括师资力量的互通有无。通过共享优质教育资源，可以提高学生的学习效果和学习兴趣，弥补不同地区教育资源的不足，促进教育资源的合理配置。跨区域教育资源交流合作是指通过各种形式的交流和合作，促进不同地区教育机构之间的互动与互惠。这种合作可以包括师资培训、研讨会、学术交流等活动，也可以包括学生交流、联合办学等形式。通过交流合作，不仅可以促进教育理念的碰撞与融合，以及学生之间的互动，还能够提升师资队伍的素质和能力水平，推动教育工作的创新与发展。

（3）推动教育科研机构间优质研究资源共享与交流合作。教育科研机构是推动教育发展和提升教育质量的重要力量，汇聚了众多专业人才与前沿研究成果。在实现教育公共服务均等化的过程中，各地教育发展水平存在差异，推动教育科研机构间的优质研究资源共享与交流合作具有重要意义。落后地区的教育科研机构能汲取先进地区的经验与智慧，加速自身发展；先进地区能在与不同地区的交流中碰撞出新的思想火花，进一步深化研究，为教育事业的蓬勃发展贡献力量。

（4）推动教育科技机构间优质科技资源共享与交流合作。教育科技机构承担着研发和应用先进科技手段的任务，为教育提供了许多优质的科技资源。教育科技机构间的资源共享和交流合作，将有助于提升教育教学的研究和创新水平，促进教育科技的发展与应用。通过交流与合作，不仅可以促进科技成果的互通有无，还能够推动研究思路的创新与交叉，提升科技研究的水平和质量。

（5）开展中外教育资源共享与交流合作。开展中外教育资源共享与交流合作，有助于提高教育教学的国际化水平，拓宽教育资源的获取渠道，丰富教育内容和手段。首先，要加强与外国教育机构的合作与交流，开展师生互访、学术研讨、课程交流等活动。通过与外国教育机构的合作，我们可以借鉴其先进的教育理念和经验，深化对国际教育的认识和理解。其次，要引进和吸收国外的优质教育资源，包括优秀的教育教学方法、先进的教育技术和设备等。通过引进国外的优质教育资源，可以提高我国教育的质量和水平。同时，还应积极开展中外教育项目合作，推动教育资源的共建共享。开展中外教育资源共享与交流合作，既是对国内教育的一种借鉴与补充，也是对国外教育的一种推广与传播。通过与外国教育机构的合作与交流，可以打破传统的教育边界，拓展教育的视野和广度。这有利于推动教育科学研究的专业水平的提升，并符合当前教育科学所倡导的内容，如培养创新创造能力、提高跨文化交流能力等。

（6）推动各级教育行政部门间优质资源共享与交流合作。教育行政部门在制定教育政策和实施教育管理方面发挥着重要的作用，对实现教育公共服务均等化起到了关键的引导和推动作用。在推动各级教育行政部门间优质资源共享方面，首先需要建立统一的资源共享平台。这个平台应具备资源集中存储和管理能力，以便于各级行政部门将优质资源进行共享和交流。同时，还需要加强资源的标准化和分类工作，以提高资源的可用性和可访问性。其次，要鼓励各级教育行政部门加强与其他部门的合作，共同推动资源共享与交流，形成资源共享的良好机制。通过交流合作，各级行政部门可以共同分享成功的经验和创新实践，相互借鉴和学习，以提升教育服务的质量和水平。推动各级教育行政部门间优质资源共享与交流合作，关键在于加强治理和管理。

第四节 均等化理想：我国区域教育公共服务的困境

教育公共服务均等化的实现，影响和制约因素比较复杂，呈现出来的问题也具有多样化和交叉化特征。立足于新制度经济学理论、新公共管理理论和"以人民为中心"导向，区域教育公共服务均等化还存在一定的差距。

一、区域教育公共服务的不均衡性

教育公共服务的均等化是一个国家教育发展的重要目标，也是实现社会公平的基础条件。然而，我国教育公共服务的供给存在明显的区域不均衡性，这种不均衡突出体现在省际、城乡、校际。

1. 省际教育公共服务差距的表现

一是省际教育资源分配不均。义务教育财政投入依然过于依赖地方财政，在地方税体系尚未健全的条件下，地方对义务教育增支乏力，省级财政统筹能力还未得到充分发挥[①]。有研究显示，我国中小学财政投入占比要比经济合作与发展组织国家平均水平低，省际教育经费配置能力与地方政府财政支出偏好结构有着密切关联，并受到地方财政和政治制度特征的影响[②]。因而，一些经济发达省份的教育资源投入更为充裕，使得这些地区的教育设施、师资等方面相对更好；一些经济欠发达省份则由于经济条件限制等多种因素，其教育经费投入相对较少。由于经费投入的差距，教育发展水平差异日益明显。经济欠发达省份呈现出教育供给不足，优秀教育人才流失，进一步加剧省际教育资源配置差距。其直接结果就是教育机会的不平等，给经济欠发达省份的学生带来了教育壁垒。教育机会的不平等使得底层社会群体更难以获得良好的教育资源，加剧了社会的不公平现象，扩大了贫富差距，出现了社会阶层的固化现象。

二是省际课程教材资源开发不平衡。课程教材资源是教育教学的重要基础，然而，教材编写和出版通常集中在发达省份。一方面，由于经济发达省份拥有更多的教育投入和优质的教育资源，它们更有能力编写和出版高质量的教材；另一方面，由于不同省份的地理、历史和文化背景差异，欠发达省份的教材内容浅，教学内容的开发程度和使用率低，尤其是部分经济落后省份更强调地方特色，反而忽视了全国性和国际性的知识内容。其结果影响了省内区域学生的全面发展，进一步加剧了省际教育公共服务的不均衡。

三是省际教育创新资源不对等。教育创新资源是促进教育公共服务均等化的

---

① 李波，黄斌，汪栋. 回顾与前瞻：中国义务教育财政体制 70 年[J]. 华中师范大学学报（人文社会科学版），2019（6）：35-44.

② 陈纯槿，郅庭瑾. 世界主要国家教育经费投入规模与配置结构[J]. 中国高教研究，2017（11）：77-85+105.

重要推动力量，然而在我国不同省份之间存在着教育创新资源的不对等现象，这对教育公共服务均等化造成了制约。突出体现在：①创新资源的集中分布。发达省份由于经济和科技实力的支持，投入更多资金和人力在教育创新研究上，因此在教育创新资源积累和应用上的优势相对明显。欠发达省份受资源限制，缺乏足够的资金和研究机构，导致教育创新资源的获取和利用能力较弱。②创新成果的转化和推广面临难题。教育创新研究的成果需要通过转化和推广才能真正为学校及学生所用。然而，在我国存在省际创新成果转化和推广不平衡的现象，一些经济发达省份在创新资源的转化和推广方面投入更多精力与资源，一些经济欠发达省份则面临转化和推广能力不足的问题，导致教育创新成果存在省际差异。

四是民族地区教育公共服务供给能力弱。民族地区的教育与全国教育发展程度不一致，有着诸多影响因素。诸如，从外在因素看，民族地区的教育资源相对匮乏。民族地区往往人口分布较为分散，地理环境较为复杂，导致基础设施建设和教育资源配置存在困难。从内在因素看，民族地区的文化差异导致教育方式的不同。不同民族拥有特定的文化背景和传统习俗，这在一定程度上影响了教育方式和教学方法的选择。在教育内容和教学方法上，民族地区可能更加注重传统文化的传承和弘扬，与其他地区存在差异。这种文化差异也可能对教育质量产生一定的影响。

2. 城乡教育公共服务的差异与不平衡

城乡教育公共服务的差异与不平衡一直是我国教育领域的一个重要问题。主要表现在以下几个方面。

一是城乡教育资源配置差异，具体体现在多个方面，诸如城乡地方政府对教育重视程度不一，多功能学校分布不均，教师专业素质素养差异大，基础教育设施更新速度不同，师生交流互动的频率和效果有差别等。城乡所在地的地方政府在经济、文化、社会发展水平等方面存在差异，这些差异会影响地方政府的教育投入和政策制定。乡村地方政府通常更加注重教育的经济效益，其政策导向往往更加注重考试成绩和升学率，忽视学生的全面发展。与其伴随的是，地方政府对教育管理不够重视，教育管理制度和监督机制不够完善，教育管理水平较低。

二是城乡教育软资源差异明显。表现在评估中的教学质量、学生综合素质、教师专业培训机会、校际的资源流动与共享、城乡文化等方面。在此，特别关注城乡文化差异引发的教育发展差异。城乡文化是指城乡各自特有的文化价值观念、社会习俗和历史传统。城乡文化对教育质量的影响十分显著。首先，城乡文化对城乡学生的学习态度和价值观念产生直接影响。其次，城乡文化对教育资源分配和教育投入产生间接影响。城乡的文化和价值观念会对政府教育资源的分配与学校的教育投入产生影响：城市通常注重经济发展和科技创新，会更加重视教育资源的配置和学校的教育投入；乡村往往更注重谋生和就业，更容易出现教育的功利性和不可持续性问题。最后，城乡文化对教育方式和教育方法的选择产生影响。不同地区的文化特点决定了教育方式和方法的选择存在差异。城市学校通常更加注重创新与发展，可能更倾向于采用现代化的教育方式和教育方法；乡村教师往往更倾向于采用简单、实用、易用的教育方式和方法，向学生传递书本知识。

三是城乡教育教师的职业敬业度和认可度不同，专业成就差距明显。主要表现在：①由于农村教师享受的薪资和福利待遇通常比城市低，农村地区的教师职业敬业度、社会认可度和吸引力相对较低。②农村教师与城市教师在教学创新意识上存在一定的差距。一方面，由于农村教师的教育背景和专业素养相对较低，他们对教学创新的认识和理解可能相对欠缺，往往难以将前沿教育思想和方法运用到教学实践中；另一方面，农村教师面临的教育资源匮乏、培训机会有限等问题，限制了他们获取、掌握先进的教学创新理念和技能。③城乡教师专业发展机会差异较大。在城市教育体系中，城市教师可以参加各种教师培训和进修课程，提高自身的专业知识和教学技能水平；他们更容易获得参与教育研究项目的机会，积累研究成果和学术经验；他们还可以参与学术交流会议和教育展览，与其他同行分享经验和学习。反之，乡村教师的培训和进修课程较少，参与教育研究和学术交流的机会也较少。④城乡教师期望值差异明显。城市教师群体通常有较高的教育期望与发展需求。城市教师普遍受过较高水平的教育，具备较高的专业素质，对自身的教育水平和教学能力有较高的要求。他们追求更广阔的职业发展空间和晋升机会，渴望在教育领域中取得更高的成就和地位。乡村教师的教育期望与发展需求相对较低，他们往往更关注自身收入的稳定和生活质量的提升，更注重稳定的工作和生活。

四是城乡教育机构获取社会资本的能力差异大。城市由于经济资本的流动性强，优质学校多，往往优先获得社会资本的支持。在社会资本的支持下，城市教育资源共享机制更容易建立，教育资助体系更加完善，导致城乡教育之间差距大。此外，城乡文化环境还通过家庭教育，间接影响了城乡教育质量的差异。城乡间的家庭教育风格和教育资源的投入不同，对学生的学习态度、学习环境和学术氛围产生的影响也不同。城市家庭往往更加重视家庭教育和学校教育的协同作用，这促进了学生的全面发展和学术成就的提升；乡村家庭通常存在家庭教育缺乏和教育资源相对不足的问题，这可能限制学生的学习机会和发展空间。

3. 校际教育资源配置的不均衡问题

一是校际的硬件资源配置不均衡。同一区域内不同学校之间在教育设施、教学资源、师资队伍方面也存在明显差异，进而导致学生接受教育的条件和质量不均衡。诸如，在同省域内选取经济位置处于较发达县（A）、中等水平县（B）和经济欠发达县（C）的普通高中教育投入增长进行比较，五年间，C县增长最快，B县居中，A县居于末位；但C县普通高中生均教育经费校际差异呈现扩大的趋势，且组间（县际）差距增加①。一些高水平学校拥有先进的教育设施，如实验室、图书馆、计算机实验室等，这些设施为学生提供了更加优质的学习环境和学习条件。而在一些城郊接合部及城市边缘地区的学校，由于条件有限，教育设施相对简陋，无法满足学生的学习需求。这导致不同学校的学生在教育资源方面存在较大差异，影响了他们的学习和发展。

二是校际的内涵发展差异突出。主要表现在：①校际教育课程与评价体系的差异，这种不均衡导致不同学校之间可能有不同的教育课程设置和内容安排，学生在接受教育的过程中，所获得的知识和技能存在差异，尤其是在个性化和多样性选择方面，薄弱学校的孩子选择机会更少。在课程设置和内容安排不同的基础上，不同学校对学生学习成果和发展状况的综合评定也会不同，其评价效果直接影响学生的学习动力和发展潜力。②校际教育科研与教学改革的不均衡。校际科研资源分配不均衡，其中名校和实验校拥有更多的科研经费及优质的教学设备，使得这些学校能够开展更多的科研项目和高水平的教研活动。科研经费的差异直接影响教师科研能力和教学水平的提升，对教师扩大专业视野、接受新的教育理念和使用多种教学方法产生很大影响，容易加剧校际同学科教师间的差距，扩大校际教育服务水平的差距。③不同学校的文化建设与新技术使用频率差异大。文化建设是指学校的办学理念、管理方式、学生行为规范等方面长期积淀的校风学风氛围。优质学校非常注重培养学生的创新思维和综合素质，重视学生独立思考和实践能力的培养，鼓励引导师生接受新思想新技术，强调师生发展共同体。通常，越是薄弱学校，越单一地强调应试教育，对师生发展越不利，这样进一步造成区域内校际非均衡发展。

三是校际教育信息化建设差异大。现代教育信息化在教育领域发挥着重要的

---

① 谭俊英，邹媛. 省域内普通高中教育投入差距测度与分析：基于西部A省3县的调查[J]. 教育导刊，2016（10）：45-49.

作用，为教学、学习、管理提供便捷和高效的手段与工具。然而，校际教育信息化建设差异导致教育公共服务的不均衡。①不同学校在信息技术设备和软件方面的投入存在差异。一些优质学校拥有先进的计算机、网络设备和软件资源，能够提供高质量的教育信息化服务；而一些薄弱学校在这方面的投入较少，无法为学生提供相同水平的教育体验。②师资队伍对信息化教育的了解和应用程度差异较大。优质学校往往有能力雇佣技术熟练的教师，并为其提供相关培训和支持；而一些资源匮乏的学校则缺乏这方面的条件，导致教师在信息化教学方面的能力相对较弱。③信息化教育资源的内容和质量存在差异。一些学校拥有精心设计的在线课程、教材资源和学习平台，能够满足学生的个性化学习需求；而一些学校由于缺乏资源或者知识产权问题，无法为学生提供同样丰富多样的教育资源。

二、经济发展水平高低带来的教育供给能力差异

经济发展水平是实现"优先发展教育"的重要衡量指标。从显性视角分析，经济是决定教育发展的基础，是深化教育改革发展的关键因素。一方面，经济发展水平越高的地区，其教育投入就越多，教育软硬件配置就越好；另一方面，由于教育投入结构不合理，教育资源浪费与教育效益难以发挥的现象并存。总体上看，经济发展水平的高低与学生受教育机会的多少呈正相关。发达地区经济实力强，财政收入较高，可以提供更多的教育经费用于改善教育设施、提高教师待遇和配置教育资源。相比之下，欠发达地区经济条件较差，财政支出有限，导致教育经费投入不足，无法满足教育公共服务的需求。由此产生的后果就是经济发达地区吸引了大量优秀的教师和教育人才，能够为其提供更好的待遇和职业发展机会；反之，经济欠发达地区由于薪酬和福利水平较低，往往无法吸引和留住高素质教师，这些地区的教师资源流出加速。此外，经济欠发达地区经济发展总量较小，财政收入较少，教育经费配置比例大但总量非常小，造成教育投入结构失衡和使用不科学。

1. 经济发展差异影响教育发展整体水平不均衡

经济发展不均衡是导致我国区域教育公共服务不均衡的主要原因之一。在经济发展不均衡的背景下，不同地区的财政收入和支出也存在差异，这直接影响了教育投入的合理性和公正性。

一是地方财政收入高低决定了政府投入教育的意愿。在经济发达的地区，政

府通常有更多的财政资源用于改善教育设施和教育教学条件、增加教师数量等方面的投入。经济欠发达地区则因财政资源有限，教育发展的需求通常难以得到满足。此外，经济发展不均衡还会影响教育投入的优先级和合理性。在经济发达地区，政府更容易将教育列为优先发展领域，加大教育投入的力度。经济欠发达地区受经济的限制，教育在政府决策中的优先级较低，导致其教育投入不足。这种不平衡的投入优先级使得教育公共服务的均等化难以实现。

二是经济发展不均衡影响教育机构布局调整。一方面，在经济发达地区，由于财政收入较为充裕，政府能够在教育领域投入更多的资金，教育资源更加丰富，包括学校、教师、教学设备等，教育机构的规模随之扩大、数量也随之增加，吸引了更多学生前往就读；另一方面，在经济欠发达地区，由于经济资源的匮乏，教育机构更加依赖政府的财政支持，缺乏多元化的资金来源。这使得这些地区的教育机构在获取外部资源和发展机会方面相对困难，进一步加剧了区域教育公共服务的不均等。

三是经济发展差异引发教育机会不均等。在教育公共服务的治理过程中，经济欠发达地区的政府和家庭教育投入相对较低，导致学生容易陷入教育资源匮乏的困境，其所获取的教育机会、选择机会更少。

2. 经济发展差异导致教育人才资源结构不合理

在我国，经济发展不均衡带来了不平衡的人才流动现象，这进一步制约了教育公共服务的均等化。人才流动的不平衡体现在，优质人才和教育资源集中在经济发达地区，经济欠发达地区则面临人才匮乏和教育资源短缺的问题。这种长期的人才单向流动，会引发教育人才资源结构失衡。

一是教育服务质量水平引发教育人才流动。由于经济发达地区的吸引力更大、机会更多，优秀的人才往往更倾向于向这些地区流动。这导致经济欠发达地区的人才流失，使得这些地区在教育资源和人才培养方面处于不利地位。经济发达地区的人才和资源集中，因此这些地区拥有更多的高水平教育机构，而经济欠发达地区则面临教育资源匮乏或质量不高的问题。高水平的教育机构能为当地居民提供更好的教育服务。在经济发达地区形成了高层次人才—高水平教育机构—高质量教育服务—吸引高层次人才的良性循环。而经济欠发达地区由于教育资源和人才的匮乏，往往难以提供同样水平的教育服务。同理，经济发达地区的教育与人才之间的良性循环，进一步提高教育人才的薪资和福利待遇，获得职业发展机会和升迁空间。反之，经济欠发达地区的教育人才发展机会有限，教育资源相对匮乏，教育环境较差，难以为教育人才提供足够的发展空间。

二是人才流动不均衡影响教育投入效益。人才流动不均衡导致教育投入的非均衡状态。由于经济发达地区吸引力较大，教育人才普遍向其聚集，使得这些地区的教育资源投入更为充足。经济欠发达地区则面临教育资源流失和投入不足的困境。这种人才流动不均衡极大地影响了教育投入的均衡性与有效性，教育资源难以充分惠及每个地区，进而制约了教育公共服务的均等化。其最直观的后果是，经济欠发达地区陷入人才流失和人才引进的恶性循环，本地教育人才水平偏低，教育质量提升困难重重。长此以往，人才流动不均衡加剧了地区间教育质量差异，使得教育公共服务的均等化目标难以实现。此外，这一现象也加大了城乡教育发展的差距，乡村地区的教育同样陷入人才匮乏、投入不足的困局。

三是经济发展不平衡影响教育人才流动的空间格局。经济发达地区的教育机会多、发展机会多，吸引了大量优秀的教育人才流入，在教育领域形成了人才聚集和专业化。这使得经济发达地区在教育领域的专业优势得到了进一步的巩固和发展。而在经济欠发达地区，由于人才流失和资源匮乏，教育人才的结构相对单一，缺乏多样性和专业化，加之教师培训和发展计划不完善，因此教师职业吸引力降低。这对教育资源的均等化和提升教育质量产生了不利影响。

3. 经济发展差异引发城乡教育资源浪费

经济快速发展的地区有大量的优质教育资源和高薪就业机会，教师倾向于向这些地区流动，出现教育资源和人才集中的现象。相反，经济欠发达地区教育资源匮乏和薪酬待遇不佳，因此无法留住和吸引优秀的教师人才，导致人才流失严重，形成了教育公共服务的人才断层。优秀的教师向公务员、向发达地区流动加速，经济欠发达地区的教育投入带来的边际效益递减，造成一定程度的浪费。

一是教育公共服务投入效益降低。经济发展不均衡引起教育资源的分配不均和失衡，直接影响了教育公共服务的投入效益。在经济发达地区，过于密集的教育投入并不一定带来相应的教育质量提升和学生综合素质提升。一方面，过高的投入可能导致资源分散、教师数量过剩和教学活动冗余，进而影响教学质量和学生的学习效果；另一方面，过高的投入可能引发教育资源运行效率的下降，以及资源浪费现象的频发，这将在很大程度上阻碍教育公共服务均等化的有效实现。在经济欠发达地区，由于财政压力较大，教育资源投入相对不足，在一定程度上影响了基础教育的开展和公平性。资源匮乏进一步制约了教育活动的开展，导致教育质量下降。

二是教育资源的流失问题。经济发达地区由于财力充足，可能在某一教育阶段拥有过多的教育机构，却无法充分利用其教育资源，使得部分学校面临教师编制不足的问题。这不仅造成了资源浪费，还降低了教育公共服务的均等化程度。在经济欠发达地区，政府教育资源的供给能力弱，教育资源的均衡配置水平低，往往存在注重硬件投入轻视软件建设的问题，导致部分骨干教师和特优教师向其他地区流动。在城乡教育治理实践中，教育科研功能尚未得到充分发挥，一些地方政府在教育资源配置中采取的策略和方法不科学，没有相应的智库提供支持。

三是教育资源短缺的问题。"资源短缺"是一个相对的概念，即使在经济发达地区，高质量教育服务的资源需求也是不足的。与经济发达地区相比，欠发达地区的资源短缺呈现出整体的资源不足现象，即在校园校舍、教学设备、教育共享平台、对外交流合作等方面都存在不足，甚至在育人理念、教学方法、课程开发、地方文化建设等领域也存在诸多困境。资源短缺的另一面是教育资源的浪费，诸如农村地区的中小学，加大投入校园基础设施建设力度，有的学校刚建成甚至还没建成就成了空壳学校，没有生源可进行招生。城市近几年出现学位紧张的问题，为缓解这一状况，相关部门加大了联盟校、名校分校的建设力度，然而，随着人口出生率的下降，若干年后这些学校可能面临招生不足的情况，甚至连较优质的中小学也将面临生源不足的困境。这种教育资源"浪费"现象预计将在未来一段时间显现，成为我国教育布局面临的新挑战。

4. 经济发展差异产生升学机会的不均等分配

经济发展不均衡是制约我国区域教育公共服务均等发展的重要因素之一，尤其对升学机会的公平性产生了深远影响。经济发达地区拥有更多的高等教育资源，包括高水平的大学和研究机构；义务教育阶段优质教育资源也较为丰富，学校师资力量强大，教学设施齐全。这种情况使得经济发达地区的学生能够接受更高质量的义务教育，并获得更多的升学机会，进而造成区域间学生受教育机会不公平。

一是经济发展差异限制了升学机会的选择自由度。升学是每个学生追求教育公平与发展的重要环节，然而，我国的经济发展不均衡性制约了升学机会的平等和选择自由度。经济发达地区拥有更多的教育资源和优质学校，使其学生在升学竞争中处于有利地位。经济欠发达地区的教育资源相对匮乏，学生面临较少的升学机会。同时，经济发展不均衡带来的地区经济压力使得学生在选择升学机会时更加注重就业前景而非个人兴趣与能力；家庭经济条件差的学生为了维持生活，往往不得不放弃与自身兴趣和能力相匹配的更高层次的升学选择，转而选择费用更低、更易负担的升学途径，这无疑限制了他们的选择自由度。

二是经济发展差异固化了升学机会的阶层差距。经济发展不均衡加剧了升学机会的阶层差距，对教育公共服务的均等化构成了制约。无论是在经济发达地区还是在欠发达地区，生活在相对富裕家庭中的学生更有机会接受所在地的优质教育；经济条件差的家庭则无法为孩子提供足够的教育支持，获得优质的受教育机会更少，特别是欠发达地区经济条件差家庭的孩子，面对教育资源紧张、竞争压力大的处境，获得优质教育的机会就更少。这种由经济发展不均衡引起的教育资源分配不平衡，直接导致升学机会的阶层差距。这种阶层差距的固化，虽然并不直接可见，却在实际升学过程中产生了深远的影响，部分学校将升学机会有意或无意地进行歧视性的分配。

三是经济发展不平衡阻碍了升学机会的透明度。经济发展不均衡使得不同地区的升学机会信息不对称。经济发达地区由于优质教育资源的积累和传统，拥有更多的知名学校和高水平的教育机构，其升学机会更加广泛和多样化，对外宣传和发布的信息比较完整。然而，经济欠发达地区由于资源有限，学校数量较少，优质教育机构缺乏，学生所面临的升学选择相对较少，各类升学信息发布不集中甚至不完整。这种信息不对称使得经济欠发达地区的学生往往无法得知其他地区的升学机会，导致升学机会的透明度受到限制。即使是在同一区域内，经济条件差的家庭的孩子也缺乏升学辅助服务，例如家庭补习班、培训机构等，其升学机会的选择相对单一，信息的获取和交流渠道受限。

三、教育管理体制制约教育公共服务均等化

管理体制是推进公共服务均等化的重要因素，特别是新公共管理运动以来，世界各国注重教育效率和教育机会扩大化，以期政府可以提供最优化的教育公共服务。然而，教育管理体制的"管办评""放管服"进程还不够快，跟不上经济发展速度，其结果就是阻碍了教育公共服务均等化进程。

1. 教育管理机制不协调

特别是在与经济发展的不匹配方面，教育管理体制的信息共享不畅通对教育公共服务的均等化造成了一定影响。

一是教育管理体制中的信息共享不畅通导致教育资源的配置不均衡。由于信息传递的滞后和局限性，教育管理部门难以准确了解各地教育资源的分布情况和

需求状况，无法及时进行合理的资源配置。这导致一些地区的教育资源过剩，而另一些地区资源匮乏，从而造成区域教育公共服务不均等的局面。例如，一些经济发达地区的学校座位被浪费或过度使用，而经济相对欠发达地区的学校却面临座位供不应求的问题。

二是教育管理体制制约了教育机构间的合作与交流。在教育公共服务均等化的过程中，各级教育管理部门、学校和教师之间应当加强合作与交流，共同分享教育经验、学术成果和教育成效。然而，由于信息共享机制不够完善，教育机构之间的合作与交流受到一定限制。这使得教育管理体制难以有效汇集各地优质教育资源和经验，难以形成教育公共服务均等化的良好实践。

三是教育管理体制变革进程缓慢。信息不流畅的本质是体制中的"权力本位"与"利益固化"。主要表现在：①教育管理体制的改革过程缺乏整体性和连续性。在我国，教育管理不仅涉及多个部门和层级，还涉及教育资源的配置、学校管理、师资培养等多个方面。然而，这些改革举措往往是零散的、局部的，缺乏整体规划和协调，导致改革进程缓慢。②教育管理体制改革中存在着权力过于集中的问题。在过去的教育管理中，决策和资源的分配往往由上级机构集中掌握，学校和教师的自主权受到限制。这导致教育资源的配置不够灵活和透明，也限制了学校教育公共服务的灵活性和均等化。③教育管理体制改革中缺乏有效的监督机制和评估体系。我国目前的教育管理体制中缺乏长效的监督机制和评估体系，导致一些改革措施无法及时纠正和优化。

2. 支持薄弱校师生政策不健全不完善

由于教育管理体制与当前经济、社会发展的需求不匹配，以及学校的扶持政策不完善，教育公共服务的均等化进程受到制约。

一是教育资源配置向薄弱学校倾斜不够。在不同地区都存在打造优质学校、实验学校的情况，资源向这类学校投放。而在经济欠发达地区，薄弱学校获取的资源有限，这进一步拉大了薄弱学校与那些实验校、优质校之间的差距。为了能够有效争取各类资源，薄弱学校及教师往往更注重应试教育和应试技巧的训练，把学生的"分数"作为撬动学校发展的"利器"，无形中形成了一场隐性的"资源争夺战"。

二是经济欠发达地区和薄弱学校的教师激励机制不完善。一些经济发达地区的教师待遇和职业发展机会较好，而经济相对欠发达地区的教师则面临着待遇和职业发展方面的制约。这种激励机制的不平衡引发教师队伍的流动，优秀教师更倾向于到发达地区工作，从而进一步加剧了教育资源的不均衡分配。城市学校待遇好、竞争压力大，教师自我提升动力足，教师会主动去寻求专业发展机会。乡村学校的教师则倾向于学历提高和职称晋级，抓住一些扶持政策做功课，却往往忽视了课堂教学和教学方法的创新与运用。这种错位的教师激励机制，容易引发城乡教师间、优质学校与薄弱学校间的教师队伍建设的不科学、不可持续发展。

三是对学生的个性化发展关注不足。我国传统的教育管理标准通常倾向于推行一种标准化的、普遍适用的教育模式，以实现集中管理的目标。这种模式往往忽视了学生的个体差异，难以满足不同学生的特殊需求。教育管理体制所倡导的"一刀切"教育方法，使得教育公共服务过于注重知识传授而忽视了学生的个性化发展。这种缺陷导致不同学生的差异化需求得不到关注，破坏了教育公共服务的均等化。管理模式化最显著的表现就是评价的标准化，学生的学术成就和竞争力常常成为评价的主要参考标准。这种评价导向虽然能最直接地体现成效，但使学生在追求高分数的同时，忽视了创造力、沟通与合作能力、领导才能等非学科能力的发展。

3. 教育体制改革中"管办评"机制不健全

评估监督机制的健全不仅是指规章制度的完整，更是指影响学校管理和师生发展的导向。

一是重学校监督评估轻政府内部机构的监督评估。教育管理的监督和评估是确保教育改革顺利进行的重要手段。在我国的教育管理体制中，各级政府层面的监督和评估机制尚不完善。当行政目标无法实现时，执行起来鞭子往往是"高高举起轻轻放下"，缺乏对政府执行不力的有效监督。实际上这种监督机制很容易导致政府在设立教育教学评估指标时趋利避害，注重学生考试成绩而轻视学生的综合素质和教育教学过程。在考试成绩作为核心指标确立后，学校管理就进入规范和标准的程序化，学校自主发展和特色建设就难以实现。

二是学校办学自主权难以真正落实。学校办学自主权最重要的就是师资与招生。政府行政往往会干预教师招聘、选拔和任用过程，在决定教师的数量和分配时起到主导作用。这导致在教师招聘过程中政府部门的决策可能基于行政考虑而非真正的教学需求，造成部分学校教师结构不合理，呈现出学校教师编制已满、部分学科教师严重缺失的怪象。同时，政府部门在学校招生政策的制定过程中扮演着主导角色，但各学校在地理位置、学生需求和教育资源等方面存在差异，学校在招生政策制定中缺乏灵活性和适应性，使得学校招生资源难以多样化、特色化，进而难以有效满足片区内的学生需求。另外，学校开展校际合作受到制约：一方面，政府部门监管和指导不到位，导致校际合作活动质量不高、效果不明显；另一方面，财政专项投入少，学校之间难以发挥各自优势资源进行合作。

三是教育平台与咨询机构服务能力不足。教育改革需要专业的咨询与支持服务，从而获得政策制定和教育实践中的建议与指导。由于政府对这方面的重视程度有待提高，因此对教育咨询与支持服务的投入还不够充分，组织和机构建设相对薄弱。在部分地区，扮演智库的教育咨询机构设置不完善、专业人才不足，其提供的服务水平和效果难以解决一线教育实践面临的问题。另外，各种教育平台建设也缺乏统一规划和协调机制，各级部门和机构存在职责划分不清、管理体制分散等问题，导致不同教育管理主体之间信息不畅通、资源共享不充分。

四是教育管理决策滞后。教育管理决策机制是指在教育决策过程中所涉及的决策方式、决策参与者及其权力结构等因素。由于各种历史原因和现实考虑，决策机制存在滞后的情况，决策机制相对僵化，缺乏灵活性和及时性。教育改革是一个不断演进和变化的过程，需要紧跟社会发展的步伐，随时做出相应的调整和创新。从决策程序上看，由于教育改革涉及广泛的利益关系和多方利益的协调，需要政府、学校、师生、家长等相关利益者参与；从制度依赖出发，我国上级机构对下级机构的管理力度较大，学校和教师的自主权受到限制，因此学校和教师在教育改革中的积极性及创造性受到一定程度的限制。当相关利益者参与度低时，决策效率可能提高，但存在决策不科学、不民主的风险；当相关利益者参与度高时，决策程序"自上而下""自下而上"相互结合，体现了民主基础上的集中，往往需要较长时间做出决策。从决策协同上看，我国的教育管理涉及多个部门，如教育、财政、人力资源等，各部门之间的信息共享还不够通畅，资源调配均衡水平还有待提高，部门之间的协作和合作关系存在不够紧密及低效的问题。

4. 课程、学生、教师三类评价的科学性不足

评价是指挥棒，课程、学生、教师三驾马车的导向对人才培养质量起着决定性作用。要实现教育、科技、人才三位一体，就需要深入剖析评价的主要导向和精准性，发现其中亟须解决的关键问题。

一是课程评价的统一性、标准化与地区和学校多样性之间的矛盾。课程是实施教育教学的重要载体，是学生成长的知识库。课程改革的决策和规划由政府管理，地方学校和教师的发言权相对较少。课程改革后，不同版本的课程教材出现，不同省份可自主选用相关教材，但学校几乎没有自主选择权，这给学校实施过程

带来了一些困难。由于忽视了学校多样性，在课程教材使用过程中，最直接受到影响的就是教师。每一次课程改革，教师都需要投入大量时间进行研究，以吃透新教材。如果地方的教师专业发展机制不完善，教师在课程改革中就会面临更大的压力，其在教学中的自主学习和创新教学也会变得更加困难，进而导致对教师新颖的教育理念和实践经验缺乏足够的包容与支持。此外，课程改革面临评估和监测机制不足的问题：一方面，课程改革缺乏系统性评估，缺乏清晰的评价标准和评估体系，难以客观地评估改革效果和回馈问题；另一方面，监测机制的薄弱使得课程改革难以及时发现问题和进行调整，课程改革往往停留在表面，无法真正满足学生个性化的学习需求，阻碍了教育公共服务均等化的实现。

二是学生评价的单一性与学生个性化发展之间的矛盾。当前，多数学生评价体系注重学术成绩和考试成绩，以此作为评判学生能力和学习成就的唯一标准。然而，学生的发展是多元的，不仅体现在学术方面，还体现在艺术、体育、社交等多个领域。单一的评价标准无法客观评估学生的综合能力和潜力，这对教育公共服务均等化是一种制约。忽视学生的多元发展，容易造成评价偏见和不公平现象。学生评价体系的单一性可能导致教育资源的集中分配，使得那些在非学术领域表现优异但学术成绩相对一般的学生容易被忽视，甚至被边缘化。这种偏见和不公平现象不仅不利于教育公共服务均等化的实现，还可能影响学生的心理健康和整体发展。此外，传统的学科知识评估偏重客观性和量化性，重视通过考试成绩等来评判学生的学术成就。这样的评价标准对学生道德素质和人文素养的评估是不充分的，因为这些方面的发展往往无法用简单的数字来衡量。学生的道德品质、人际关系、社会责任感、创新能力等方面的发展需要更深入、更细致的评估方法。

三是教师评价与教师创新能力培养之间的矛盾。教师评价主要依靠教学考核和学生成绩等指标来评估教师的教学质量。然而，这种评价方式存在着一定的局限性。单一的考核方式往往难以全面地反映教师在教学过程中的有效表现。仅仅依靠学生成绩等定量指标来评价教师的教学质量，无法真实地反映教师的教育教学能力和专业素养。而且，评价体系对教师教学质量的衡量过于注重表面性的成果，缺乏对教师教学过程和方法的系统评价。这种评价方式容易导致教师追求学生成绩，而忽视教学过程中的个别差异和学生的个性化需求。由此产生几种连锁效应：①评价体系往往过于强调学生的表现和学习成绩，忽视了教师的教育方法和创新能力，也缺乏对教师的专业发展和成长的关注。当前的教育评价主要侧重于学生的考试成绩和知识掌握程度，这导致教师更注重对学生知识的传授和应试技巧的培养，而忽视了丰富学生思维、培养创新能力的教学方法。评价体系应该更加关注教师的教学方法和创新能力，为教师提供更多展示和发展创新能力的机会与支持。②教师作为教育改革的重要主体，在培养学生综合素质、推动教学创新、引领教育发展等方面具有重要作用。不过，教师评价体系倾向于量化和单一指标的评估，主要关注教学成绩和学术研究等方面的表现。此外，教师的专业能力和教育理念对推动教育改革、提供优质教育服务至关重要，但这些方面在评价体系中的地位相对较低，多元化的评价方法（如同行评议、教师自我评价、学生评价等）的综合运用程度不够。③教师的课程设计能力与个性化教育难以体现。课程设计是教育教学中的重要环节，它涉及教师的教育思想、教学目标、教学方法等方面。然而，目前的教师评价体系往往偏重对教师的教学效果的评估，忽视了对教师在课程设计方面的能力的考查。与课程设计紧密相连的就是教师在个性化教育方面的能力，尤其是教师对学生思维方式和方法的引导。个性化教育是一个需要不断学习和发展的领域，教师需要不断提升自己在这方面的专业能力。然而，教师在个性化教育方面表现出的能力和成果不容易被准确评估与认可，且现行的评价体系往往没有提供足够的培训和支持机制，使得教师无法全面发展在个性化教育方面的能力。

第 二 章

西方发达国家教育公共服务均等化的治理探索

在这个全球化、信息化的时代，教育公共服务均等化不仅是各国发展的必然趋势，还是推动社会公平与经济增长的重要保障。本章以西方发达国家为参照，选取了教育公共服务均等化支撑机制、多元化学校选择和入学机会分配、高质量教师队伍建设、家校社多边合作机制等方面，呈现其整体推进的基本面貌。

第一节 发达国家建立教育公共服务均等化支撑机制

发达国家在实现教育公共服务均等化方面积累了丰富的经验与成功的实践。一是发达国家注重教育经费的公平分配。发达国家普遍采取了配套的政策和机制来确保教育经费的公平分配，设置了专门的教育经费分配机构，制定了公正透明的分配标准和办法，以确保资源的合理配置和使用。二是发达国家重视优质教育资源的均衡分布。发达国家在资源配置上注重学校布局的合理规划，设立了特殊学校和特色学校，通过对学校的资源投入和教育质量的监测评估，确保各地区、各学校能够平等地获得优质教育资源。三是发达国家重视教育质量的提升与监测。发达国家在教师培训、课程设置、教育评估、学生考试等方面加大力度，以全面提升教育质量，并通过教育质量监测评估系统，及时发现问题并采取有效措施加以纠正。四是发达国家注重家庭教育环境和社会支持体系的建立。发达国家通过制定相关政策和提供相应的家庭教育指导服务，加强了家庭与学校的合作，营造了良好的教育环境和社会氛围，提供了全方位的支持和帮助，促进了教育公共服务的均等化。

一、美国的教育公共服务均等化支撑举措

美国作为世界上教育水平较高的国家之一，一直致力于实现教育公共服务的均等化。为了达到这一目标，美国政府采取了一系列政策和机制，努力实现教育资源的公平配置和公共服务的均等化。

（1）从配置机制上看，在美国，通过公立学校系统提供免费教育是实现教育公共服务均等化的基石。公立学校接受政府资助，为学生提供基本的教育服务，包括教师薪资、教育资源和学校设施等。这使得每个孩子都有机会接受教育，无论其家庭背景和经济状况如何。根据贫富差距和地区差异，美国联邦政府为教育资源相对匮乏的地区提供额外的资金支持，以缩小教育差异。政府通过制定教育法律和政策，以及教育经费分配标准和公式，考虑地区的经济水平、人口密度、

学生特殊需求等因素，确保所有学生都能平等地接受教育；通过建立全国教育经费审计系统与监督机制，确保教育经费的使用和分配过程公开、透明。州政府在基础教育财政体系中承担的责任越来越大，为低收入学区提供更多的教育资金支持，维持州教育财政体系的公平和（或）充足①。联邦政府允许部分州尝试通过学区边界调整或合并，减少基于地理和经济条件造成的教育资源分配不均现象；一些州和学区推行公开招生或特许学校制度，允许学生跨学区入学，理论上增加学生选择高质量教育的机会。此外，为持续推动社会力量参与学校的发展，美国教育部邀请全国性、地区性和地方性的非营利组织、基金会、企业、社区组织分享它们对推进学校可持续发展的承诺，其中包括基础设施、环境可持续发展教育、气候和环境保护②。同时，美国还鼓励和支持各地区建设高质量的学校，促进优质教育资源向偏远地区和贫困地区倾斜，以缩小教育差距。

（2）从补偿机制上看，美国还为经济困难的家庭提供各种形式的教育资助，以帮助其降低教育成本。诸如，美国《初等与中等教育法》专门针对接收低收入家庭学生的学校提供额外资金，助力缩小学业成绩差距。例如，贫困家庭可以申请获得免费或低成本的学费援助，以及教科书、交通和午餐补助等福利。美国各州建立了各种教育奖学金和助学金项目，以帮助优秀学生和需要资助的学生继续深造。这些奖学金和助学金的目的是鼓励学生努力学习，并减轻他们在教育方面的经济负担。这为更多的学生提供了接受高等教育的机会，并提升了教育公共服务的均等化水平。在美国，教育资源的差异主要与地区的经济状况和社会背景有关。一些地区或学校可能面临经济困难，学生背景复杂，而其他地区则拥有更多的资源和优势条件。为了解决这个问题，美国政府通过联邦教育资助来补偿经济困难地区的教育资源。联邦政府向低收入地区提供额外的教育拨款，用于改善学校的基础设施、优化教学资源配置和加强师资队伍建设。这样可以缩小地区之间的资源差距，确保所有学生都能获得良好的教育条件。联邦政府制定了《平等教育机会法案》《不让一个孩子掉队法案》，禁止对学生进行种族、性别、宗教等方面的歧视，以确保教育公平和公正。此外，政府支持学校的选择性入学机制和特殊教育项目，为学生提供更多的选择和个性化教育。美国政府通过实施教育改革政策和法规，规范教育资源的管理和分配。同时，各州和地方政府也采取措施，建立教育资源监管机构，对学校的人员配备、教师培训、学校设施等方面进行严格监督和管理。

---

① 张荣馨，邹沁怡. 美国基础教育财政改革：从公平到充足的变迁[J]. 合肥师范学院学报，2021（1）：92-95+129.
② 舒美豪. 美国：推动社会力量参与学校的可持续性发展[J]. 人民教育，2024（8）：37-38.

（3）从资源开放与共享机制上看，作为全球教育领域的翘楚，美国各州积极推动教育资源的开放共享，旨在促进各地区和学校之间的资源均衡配置，提升整体教育水平。一方面，美国政府鼓励学校间共享教育资源，包括师资、课程、教学材料等。通过建立教育资源交流平台和合作机制，学校能够分享优质资源，丰富教学内容，提高教育质量。与此同时，教育机构被鼓励开设在线课程，使得学生在各个地区都能够获得高质量的教育资源，进而缩小地区间的教育差距。另一方面，美国政府倡导创造开放的教育环境，鼓励学校与社区、民间组织等共同推动教育公共服务的均等化。多元主体参与的教育体制能够有效整合社会资源，在各个层面推动教育公共服务的均等化。例如，美国的公立图书馆积极开展教育活动，并向社区提供教育资源和服务，使更多学习者受益，弥补教育资源不均衡的问题。在实践中，美国政府和高等教育机构积极推广开放式教育资源（open educational resources，OER）的使用，通过创建和分享免费教材、课程材料等，降低教育成本，增加获取知识的途径。例如，美国教育部的"Go Open"倡议鼓励学区采用和贡献 OER，以减少教材费用，提高教育质量。美国众多顶尖大学也通过 Coursera、edX 等平台提供慕课，使全球学习者能够免费或低成本地获得高质量教育内容。这些课程涵盖从基础科学到高级研究的广泛领域，有助于缩小知识获取的差距。

（4）从特殊群体受教育机制看，美国通过制定法律和政策，保障特殊群体的教育权益。例如，美国通过《残疾人教育法案》，确保残疾儿童和青少年享有平等的教育机会，并提供与其残疾程度相适应的教育服务[①]；通过制定特殊教育计划和资助机制，确保特殊群体学生能够获得适合他们需求的教育资源和支持。为此，美国开展了多种形式的特殊教育服务，例如，提供个别化的教育计划（Individualized Education Programs，IEP），为学生提供个性化的支持和服务；设立专门的特殊教育学校（special school）和班级，提供专业化的教育环境和师资支持。美国推广融合教育模式，尽可能将特殊教育学生融入常规班级，与非特殊需求学生一起学习，同时提供必要的支持服务，如资源教室、助教、言语和职业治疗等，以促进特殊教育学生的包容性和社会交往能力。学校利用技术手段，如电子书、语音识别软件、视觉辅助工具等，帮助特殊需求学生克服学习障碍，提升学习效率和独立性。

---

① 肖非，梁海萍. 特殊教育的发展需要立法的保障：美国现行两部重要的特殊教育法案介绍[J]. 现代特殊教育，2004（12）：35-37.

二、法国的教育公共服务均等化支撑举措

在法国，政府采取了多方面的措施，确保教育资源的公平配置和公共服务的均等化。

（1）从配置机制上看，法国实行了全面的义务教育制度，确保每个孩子都能够接受12年的基础教育。《法国宪法》规定：国家有义务"提供各级免费、义务、世俗教育"①。在法国的教育体系中，公立学校是主要的义务教育提供者，学生可以免费在公立学校接受教育。这一措施有效地减轻了家庭经济状况较差的学生的经济负担，增加了他们接受教育的机会。法国以中央政府集中为主，统筹规划和管理教育事务，政府建立了横向和纵向的协调机制，通过中央政府对各个地区和学校的教育经费进行统筹与分配，确保教师和其他教育工作人员在不同地区之间轮换，以平衡教育资源和提高教育质量。法国实施了绩效合同制度，学校与政府签订合同，明确教育目标和经费使用情况，以提高经费使用的效率和透明度。根据贫富差距和地区差异，政府通过资金的分配和调整，确保教育经费能够公平地用于各个地区和学校；注重提高教育公共服务的可及性，在偏远地区和贫困地区投入更多资源。

（2）从补偿机制上看，法国的教育资助机制提供了一系列的补助和津贴，以帮助家庭支付学费和教育相关费用。比如，法国的学校餐饮补助计划为家庭经济困难的学生提供免费或低成本的午餐，以确保他们能够获得健康的营养。教科书购买补助金和交通费用津贴等，用于帮助家庭购买教科书和支付学生上下学的交通费用。在教育经费方面，法国政府实行了按需分配的原则，根据各个地区学生的具体需求和学校的实际情况，合理分配教育经费。政府会根据学校的规模、学生的特殊需求、地区的经济背景等，确保每个学生都能获得良好的教育资源和服务。针对经济和社会条件较差的地区，实施优先教育区（zones d'éducation prioritaires，ZEP）政策，这些区域的学校可以获得额外的资金支持、更多的教师资源和特别的教学项目，以提升教育质量和学生表现。而且，在私立教育经费投入方面，除托儿所、自修室、半寄宿学校、寄宿学校的学费由学生家长承担之外，其他与政府签署协议的教育机构的办学公共经费及教师工资均由国家负担。②

此外，政府通过设立特殊基金，将教育资源集中投入经济困难地区和社会弱

---

① 李安琪. 经合组织国家教育立法的逻辑起点与结构特征：兼谈对我国教育法法典化的启示[J]. 外国教育研究，2023（11）：105-128.

② 刘敏. 浅议法国私立学校变迁及发展特点[J]. 法国研究，2021（2）：38-44.

势学校，以帮助它们改善学校基础设施、增加教师数量、获得更多的教育资源；推行特殊政策，为具有特殊需求的学生提供额外的教育支持和补贴，确保他们能够平等地接受教育。

（3）从资源开放与共享机制上看，法国政府鼓励学校间的资源共享和合作。法国政府推出了数字学校平台（Plateforme Numérique de l'École，PNE），旨在为教师和学生提供丰富的教学内容及工具。PNE包含大量的互动课程、电子书籍、教学软件和视频，促进了教育内容的共享与访问均等化。通过建立教育资源共享平台，学校可以共享教材、教学工具、教师培训等资源，从而提高教育公共服务的均等化水平。政府还鼓励学校开展合作项目，如师生交流、联合研究等，以促进资源互补和共同发展；注重公共教育机构和民间教育机构的合作，公共教育机构不仅向民间教育机构开放资源，还与其共同开展教育项目。此外，政府积极推动数字化教育资源的开放共享，致力于突破地域限制，让学生在任何地方都能获得优质教育资源。

（4）从特殊群体受教育机制看，法国政府通过专项预算为特殊教育需求提供资金支持，确保这些资源能够到达需要的地方。学校根据接收特殊需求学生的数量和需求程度，获得相应的财政补助和人员配置。针对移民子女和经济贫困家庭，法国制定了相应的教育援助政策，提供资金和资源支持。法国还鼓励普通学校教师接受特殊教育学习，提高他们对特殊群体学生的教育意识和适应能力，以更好地满足特殊群体学生的需求。另外，法国政府还为有特殊需求儿童的家庭提供家庭补助和税务减免，以减轻其经济负担；鼓励与非政府组织和社会服务的合作，为学生及其家庭提供全方位的支持。此外，法国特殊教育资源的供给不足，特殊群体学生在普通学校中的融合问题一直难以得到解决。

三、德国的教育公共服务均等化支撑举措

由于德国是一个联邦制国家，各个邦、州在教育上各有一套体系，所以教育体制复杂，各种情况并存，但都实行12年义务教育。[1][2]其中，学生有9—10年的

① 德国的义务教育期限在多数联邦州为12年，分为普通学校义务教育和职业学校义务教育。前者的时间为9年（在柏林、勃兰登堡和不来梅为10年），儿童通常在6周岁左右入学，在15岁时完成普通学校义务教育。在完成普通学校义务教育之后，学生必须在年满18岁之前进入普通教育的高级中学或全日制职业教育学校继续学习或者参加双元制职业教育，以完成职业学校义务教育。本文涉及的主要是普通学校义务教育以及职业学校义务教育阶段的普通高级中学教育部分，等同于我国所说的基础教育，即从小学直到普通高中。

② 朱建国. 让人敬畏的德国教育[J]. 观察与思考，2006（18）：52-54.

时间需要进全日制学校学习，对于另外2—3年的义务教育，可以选择继续完成全日制学习，或者进入职业学校接受非全日制教育；如果在这个时间里学生没有按照要求接受教育，家长将承担严重的法律责任。[①]

（1）从配置机制上看，德国教育经费主要由联邦、州和地方政府共同负责，其中联邦政府承担整体指导和部分资金支持的职责，州政府负责具体的教育政策和经费分配，地方政府则负责教育设施和资源的管理；政府根据地区的人口和经济情况，设计出教育经费分配的公式和标准，并确保公立学校都能够获得基本的教育资源和资金支持。这种合作机制旨在确保教育经费的公平分配，减少区域间的教育差距。德国近半个世纪以来促进教育均衡发展的努力表明，教育起点层面的均衡发展问题会随着教育改革和社会经济发展而逐渐得到解决或缓解。[②]德国通过立法确保教育投入，例如《基本法》规定，各州有义务提供充分的教育设施，联邦政府则通过特定的教育投资计划提供补充资金。在某些情况下，德国采用教育券形式，给予家庭更多选择权，特别是用于支持特殊需要儿童的教育服务，确保资源的个性化分配。德国政府推行严格的师资培养制度，要求教师具备高水平的专业知识和教育能力；教师的职业发展和晋升依据的是绩效评估及教育质量，以确保教师的工作能力和公平薪酬分配。

（2）从补偿机制上看，德国政府采取了多种策略以确保资源的平等分配。除了免费的义务教育，德国还提供一系列补助和津贴，以降低家庭的教育支出。例如，《联邦教育促进法》为有家庭的年轻人提供启动津贴，如他们在学习之初无力支付的搬迁、入学和信息技术设备等费用。同时，德国的学校供餐项目为家庭经济困难的学生提供免费或低成本的营养餐，以确保他们获得健康的成长环境。同时，德国还有教材补助金和交通费用津贴等，用于帮助家庭购买教材和支付学生上下学的交通费用。经济困难地区和社会边缘地带的学校会得到额外的经费支持，以弥补他们在硬件设施、教师配备等方面的不足。为了纠正资源不均的现象，政府通过设立特殊基金，提供额外的教育资源和支持，用于帮助经济相对落后的地区改善学校设施、增加教师数量以及引入先进的教育科技设备。另外，德国教育体系中存在着强调地方自治的特点。各地区政府在教育领域有较大的决策权，这为地方教育经费的分配提供了一定的灵活性。德国通过社会平衡班级（Soziale Durchmischung）政策，鼓励学校接纳来自不同社会背景的学生，促进社会融合与

---

① 姜思源，韩仪菲. 德国教育体制及其启示[J]. 吉林农业科技学院学报，2019（1）：22-24+116.

② 孙进. 教育均衡发展政策的"结果困境"：德国义务教育均衡发展的现状、问题与启示[J]. 复旦教育论坛，2012（5）：81-86.

理解。

（3）从资源开放与共享机制上看，德国鼓励学校和教师之间的资源共享，包括教材、教学工具和教育技术等。政府重视公共教育机构和私立教育机构之间的合作。德国不仅鼓励公立学校和私立学校之间的合作项目，如师生交流和联合研究，还鼓励私立学校向公立学校开放资源和设施，以促进教育资源的互补和共享。此外，德国政府积极推动开放教育资源和在线教育。德国的高等教育机构广泛开放课程和资源，提供免费的在线教育课程，让更多人能够接触到高质量的教育资源。针对学业成绩较低或社会经济背景较差的学校，德国推出"学校发展计划"（Schulentwicklungsplan），旨在通过提供更多的教育专家支持、改进教学方法和设施升级，提升学校教育质量，缩小学校间的表现差异。德国政府通过"数字机遇"（Digitale Chancen）等项目，致力于缩小城乡、不同社会经济背景学生之间的数字鸿沟。这些项目提供必要的硬件设备、互联网接入以及数字技能培训，确保所有学生都能平等地参与数字学习。

（4）从特殊群体受教育机制看，德国通过特殊群体教育资源的优化来实现公共服务的均等化。这些特殊群体包括残疾学生、移民子女、经济贫困家庭的学生等。德国政府通过为这些群体设立特殊学校、班级或提供专门的教育课程，确保他们能够获得适当的教育资源。例如，针对残疾学生，德国设立了特殊学校和支持中心，提供针对不同残疾类型的个性化教育。对于移民子女和经济贫困家庭学生，德国通过提供多元化的教育支持，包括专门的语言课程和学习支持，以满足他们的教育需求。德国还设立了融合大学，为少数族裔和移民背景的学生提供额外的支持，以帮助他们克服语言和文化障碍，更好地融入高等教育体系。同时，德国注重提高特殊群体教育师资力量和专业化水平，强化对特殊教育教师的培训和发展，确保他们具备专业的知识和技能，满足特殊群体学生的需求。此外，德国倡导社区参与，促进特殊群体教育资源的共享与整合，建立多方协作的教育网络和资源中心，为特殊群体提供相应的教育支持和服务。

四、澳大利亚的教育公共服务均等化支撑举措

澳大利亚为了确保每个学生都能够享受公平、优质的教育机会，政府采取了国家评估、差别化补助等多种策略与机制。

（1）从配置机制上看，政府将教育经费按需分配到不同的学校和地区，根据学生的需求和学校的背景进行合理调整。澳大利亚在"教育2030"计划中，通过

提高教育质量和公平性，确保所有学生都能达到国际高水平教育标准。该计划侧重于提升教师质量、增强学校领导力、改善学习环境和提高学生参与度。澳大利亚课程、评估与报告管理局（Australian Curriculum, Assessment and Reporting Authority，ACARA）负责制定国家课程、评估标准和报告框架，确保教育内容的一致性和高标准，同时监管教育服务质量，推动全国教育质量的提升。特别是对于处于经济困难地区或少数族裔学生，政府会投入更多资源，提供额外的支持，以弥补教育差距。教育管理机构负责评估学校的绩效，监督教育资源的分配和使用；政府支持教师的专业培训和发展，鼓励教师参与持续的教育研修，提高其教学能力和专业素养。此外，政府还提供多样化的教育项目和课程，以满足学生不同的需求和兴趣，实现个性化的教育。澳大利亚政府通过提供多元化的教育选项和服务来促进公共服务的均等化。澳大利亚的教育体系包括公立学校、私立学校、特殊教育学校以及远程教育等多种类型的学校①，家长和学生可以根据自己的需求及兴趣选择适合的教育方式。澳大利亚还引入"国家学校改进工具"（National School Improvement Tool）框架，用于评估学校效能和学生学习成果，帮助学校识别改进领域，并指导资源的有效分配，确保教育资源的高效利用。

（2）从补偿机制上看，澳大利亚在教育经费的分配上采取了差异化的策略。澳大利亚的教育体系采用联邦制结构，联邦政府与州和地区政府紧密合作，共同制定教育政策和资金分配规则，以确保资源在全国范围内均衡分配。澳大利亚制定了明确的资助标准，以有差别的资金投入来确保每个学生都有机会享有优质教育。②在学校教育方面，政府主要通过额外资助实现按需资助，从残障学生的残障程度、社会教育劣势程度、英语熟练度、学校地理位置的偏远指数、原住民和托雷斯海峡岛民学生的占比、学校规模大小等六个方面考察每所学校的教育资助需求并给予相应的资助金额③。澳大利亚实施了多项目标导向的教育资助计划，如"需求导向的学校资金模式"（Gonski Reforms），该模式基于学生需求分配资金，特别是为处境不利的学生群体提供额外支持。除了免费的公立教育，澳大利亚还通过一系列补助和津贴来帮助家庭支付其他教育相关费用。比如，澳大利亚政府实施了"福利转移计划"，向低收入家庭提供额外的资金，用于支付学杂费、教科书和学校活动的费用。此外，澳大利亚还有专门的学生奖学金和助学金计划，用于支

---

① 刘昊琛，方蕾蕾，冯永刚. 澳大利亚基础教育学制改革研究[J]. 基础教育参考，2023（9）：49-56.

② 邝艺敏，曾文婕，王永丽. 追求优质与公平：澳大利亚教育强国建设经验分析[J]. 基础教育参考，2023（8）：68-80.

③ 巫倩雯. 澳大利亚基础教育资助的制度创新[J]. 世界教育信息，2021（3）：68-74.

持受教育条件有限的学生。经济相对落后的地区和低收入家庭所在的学校会优先得到更多的经费支持，以确保其提供与其他地区同等水平的教育设施和资源。为了弥补教育资源的差异，政府实施了一系列政策，例如"一体化教育"政策，旨在将特殊教育学生与普通学生融合在一起，共同接受教育。此外，政府还设立了专门的学校改进基金，用于改善贫困地区和少数族群学生的学校设施和教育条件。为了解决特定群体的教育不平等问题，政府设立了专项基金，如原住民和托雷斯海峡岛民教育战略基金，以提高这些群体的教育成果。

（3）从资源开放与共享机制上看，澳大利亚采取了一系列措施，包括制定具体的教育经费分配标准，将更多的教育经费用于教育资源较为匮乏的地区，确保资源的合理配置。澳大利亚政府注重推动教育资源的开放共享，鼓励私立学校与公立学校共享教育资源，以缩小教育服务的差距。政府提倡学校之间的合作与交流，鼓励教育机构共享优质教育资源。通过建立教育资源共享平台，澳大利亚学校可以共享教学内容、教材、技术设备等资源，以提高教育公共服务的均等化水平。此外，澳大利亚重视数字化教育资源的开放共享。政府投资建设了在线教育平台和数字教育资源库，为所有学生提供公共教育资源。这种努力让学生无论身处何地都能获得优质教育资源，进一步促进了教育公共服务的均等化。通过"国家宽带网络"（National Broadband Network，NBN）项目和"数字教育革命"（Digital Education Revolution）等计划，澳大利亚投资于教育技术，确保所有学校和学生都能访问高质量的数字化学习资源，缩小城乡和不同社会经济背景学生之间的数字鸿沟。

（4）从特殊群体受教育机制看，澳大利亚作为一个发达国家，在教育公共服务均等化方面采取了积极的策略来优化特殊群体的教育资源，以实现公共服务的均等化。一是根据不同特殊需求学生的具体情况，澳大利亚教育部门提供多元化的支持措施，包括提供专门的学习资源、提供个别化的教育计划和辅导服务等，以满足特殊需求学生的学习和发展需求并建立了特殊需求学生的评估体系，通过评估和监测，确保特殊需求学生获得公平的教育资源和支持。为帮助残疾学生达到相应的教育要求，澳大利亚各州教育委员会特别制定特殊教育补充教材，包括英语、个人发展、健康与体育、数学等。学校可以利用这些教材，依据残疾学生的身心特点和需求组织教育教学。二是学校、家长可以在教育委员会提供的课程标准框架内，共同商定学生学习的目标，并按照学生的具体情况调整学习计划。这些做法主要针对的是聋、盲和肢残学生。[①]对智障学生，学校一般会为其设立"生

---

① 刘岚. 澳大利亚特殊教育概览及启示[J]. 天津教育，2011（4）：36-38.

活技能学习项目"（Life Skills Programs of Study），主要目的是促进学生参与学校活动并提高其独立性和生活适应能力。同时，澳大利亚推行了综合学校体系，促进特殊需求学生的融合教育（inclusive education）。综合学校是一种将特殊需求学生和普通学生同等对待的学校模式，这种学校设立援助班，特殊需求学生与普通学生共同学习、生活，并享有相同的教育权益。这种融合教育的模式旨在消除对特殊需求学生的歧视，促进他们的社会融入和自我发展。澳大利亚残疾儿童少年特殊教育形式主要有三种①：融合教育，即残疾儿童少年在普通学校与普通学生混合编班一起就读；特殊教育学校，即单独为残疾儿童少年建立的学校；援助班级（support class），即在普通学校为残疾儿童少年设立特殊教育班。融合教育主要是针对轻度和中度残疾学生，目前澳大利亚绝大多数残疾儿童少年采取此种受教育方式。三是澳大利亚政府致力于提供优质的特殊教育教师队伍。澳大利亚教育部门通过制定教育政策和提供相应的培训项目，支持特殊教育教师的专业发展，以满足特殊需求学生的个别化教育需求。教师本人如果觉得在教育教学中某一方面需要加强，可以向学校提出参加培训的申请，学校会视情况为教师安排相应的时间和提供资金进行培训，培训机构由教师自主选择，充分体现了教师继续教育"缺什么补什么"的特点。另外，澳大利亚还有专门的特殊教育——远程教育项目，为那些因行为障碍无法入学而必须待在家里的学生提供网络教育服务。澳大利亚每个州都设有一个特殊教育中心，为残疾儿童少年教育评估、家长建议、特殊教育实施计划等提供服务，还能将一些适用的康复仪器设备借给他们使用。②

第二节　发达国家实施多元化学校选择与入学机会分配

发达国家通过多元化的学校选择和入学机会，促进教育公共服务的均等化。他们意识到，通过提供多种不同类型的学校，并确保每个学生都有平等的入学机会，满足不同学生的教育需求，达到教育公共服务均等化的目标。一方面，发达国家在公立学校方面实施了多元化的学校选择政策，鼓励公立学校在学校类型、学校特色、课程设置等方面的多样化发展；采取一系列措施，如公平的招生政策、入学考试的去地域化、学生选拔的多元化评价等，确保每个学生有平等的入学机

① 刘岚. 澳大利亚特殊教育概览及启示[J]. 天津教育，2011（4）：36-38.
② 刘岚. 澳大利亚特殊教育概览及启示[J]. 天津教育，2011（4）：36-38.

会。另一方面，与公立学校相比，私立学校在提供优质教育方面发挥了积极作用。私立学校通常具有更好的教学资源、师资力量和校园设施，能够提供更加个性化和多元化的教育课程。私立学校的存在丰富了教育领域的多样性，提供了更多的学术和教育发展机会，促进了教育公共服务的均等化。

一、美国的多元化学校选择

1. 公立学校的均等化

公立学校是美国基础教育系统中的重要组成部分。为实现学校的多元化选择和入学机会平等化，美国采取了一系列措施来推动公立学校的发展。美国通过公立学校选择政策为学生和家长提供适合自己需求及兴趣的学校。这种选择政策可以包括公立学校之间的自由转学、特殊学区的设置和学校多样性计划等。特别是在一些大城市，美国政府设立了特殊的学区，以解决学校之间资源分配不均的问题。这些学区通过对学校的位置和资源进行合理规划和分配，使得不同地区的学生有公平的入学机会。此外，为了确保多元化的学校选择，一些学区还推出了学校多样性计划，通过组合学校的招生政策和种族配额，实现学生群体的多样性和平衡。为了平等化入学机会，美国通过立法明确禁止基于种族、性别和残疾等任何形式的歧视行为；提供一系列的入学辅助措施，包括奖学金、贷款和补助金等，以帮助学生克服经济困难，进入理想的学校。

2. 私立学校的角色

美国的私立学校在招生上有较大的自由度，但受到反歧视法律的约束，如不能因种族、性别、宗教等因素拒绝学生入学。监管机构确保私立学校的招生政策符合公平和非歧视原则。美国的私立学校系统非常庞大且多样化，包括宗教附属学校、独立私校、特许学校等。这些学校往往提供与公立学校不同的教育方法和课程设置，增强了家长和学生的选择多样性。私立学校通常是非营利性机构，拥有更大的自主权，可以根据学校自身的教育理念和目标制定课程，并为学生提供更加个性化的教育内容。私立学校也常常注重学生的综合素质培养，提供更丰富的课外活动和资源，为学生的全面发展提供更多机会。为了促进教育资源的均衡分布，美国推广磁石学校（提供特色课程吸引多样学生群体）和特许学校（独立运营但受公共资金支持的学校）[①]。这些学校通常设计用来吸引不同背景的学生，

---

① 孔令帅，张佳. 美国特许学校授权机构的职责、类型与监督措施[J]. 教育科学，2019（6）：86-93.

打破地域限制,增加教育选择的多样性,从而间接促进资源均衡。为确保私立学校入学机会的公平分配,美国教育部和各州政府制定了规范的入学流程和录取标准,确保每个学生都有平等的机会进入私立学校。同时,人口普查机构在统计数据中包含私立学校的相关信息,确保私立学校的入学机会得到适当的监管和审核。此外,美国政府还提供财政支持来减轻家庭的经济负担,确保家庭经济状况不会成为学生入学的障碍。

3. 考试选拔与学生主动选择

在美国,入学考试是学生选拔的重要环节,以评估学生的学术能力和适应力,并决定学生是否被录取。不同类型和层次的学校可以采用不同的入学考试,如标准化考试(SAT、ACT)或特定学科考试。这些入学考试为学校提供了一个客观的评估标准,避免了人为干预的主观因素,确保了学生被录取的公平性。近年来,美国多地对标准化测试在大学录取中的作用进行了重新评估,一些高校宣布变为"可选提交"(Test-Optional)甚至完全不考虑标准化考试成绩,以减少考试成绩对来自资源不足地区学生的不利影响,促进更多样化的录取。越来越多的高等教育机构采用综合评价录取模式,除了学术成绩外,还会考虑学生的个人背景、经历、社区贡献等因素,以构建更多元化的学生群体。除了入学考试,美国的招生政策也起到了促进多元化学校选择的重要作用。美国的教育系统主张学生和家长有权选择适合他们的学校,不仅限于公立学校。一些地区和学校实施公平招生计划,旨在消除基于居住地的教育机会不平等,比如通过设定地理分区配额或优先考虑来自低收入家庭学生的申请,来确保学校的生源构成更加均衡和多元。私立学校、特许学校、派位学校等也是多元化学校选择的一部分。招生政策确保学生和家长可以自由选择他们认为最适合的学校,并积极推动学校间的竞争,提高学校的质量和效果。

4. 入学政策与特色培养

一是美国注重开发和支持学生的特长教育。学生的特长和兴趣多种多样,美国政府鼓励学校针对不同的特长领域设立专门的课程和项目,以满足学生的需求。例如,学校可以提供音乐、艺术、体育等特长领域的课程,鼓励学生在这些领域发展自己的特长才能。通过特长教育,学生能够在自己擅长的领域获得更好的发展机会,同时也为多元化的学校选择提供更多的可能性。二是美国的学校入学政策具有多样性。在美国,学校入学政策由各个州、城市或学区自主制定,因此存在着多样的入学政策。例如,一些地区实行公立学校划片入学制度,学生根据居住地的划分来就读当地的公立学校；一些地区则开放了学校选择，家长可以根据学校的特色、教学理念和学术声誉为孩子选择学校。学生和家长可以选择公立学校、私立学校、职业学校、农村学校等各类学校，以适应个人的学习需求和兴趣爱好。此外，美国还推行了磋商式入学政策，即学生和家长与学校进行磋商、沟通，共同确定适合学生的最佳学校。这种实践既促进了学生、家长和学校之间的互动和合作，也保障了优质的教育服务。三是美国倡导具有多元化课程的学校选择政策。美国的教育体系允许学生根据自身兴趣、能力和学术目标选择适合自己的学校和课程。学生可以选择参加传统学科、艺术、体育或职业技术教育等不同类型的课程。学校提供广泛的学科领域，包括科学、数学、历史、文学、音乐、艺术等。诸如，美国的磁石学校和特许学校围绕特定主题、教学方法或学科领域设计课程；高中阶段普遍实施学分制度，学生可以根据兴趣选择广泛的选修课程，包括高级安置课程（Advanced Placement，AP）、国际文凭课程（International Baccalaureate，IB）等，这些课程不仅丰富了学习体验，还为学生进入大学或职业生涯做准备。学生有机会选择自己感兴趣的学科进行深入学习，并在多个领域展示自己的才能和潜力。这种多样化的学校课程实践旨在培养学生的综合能力和创造力。

二、法国的多元化学校选择

1. 公立学校的均等化

公立学校在实现多元化学校选择和入学机会平等化方面发挥着重要作用。一方面，法国政府创建优先教育网络，实施一系列卓越教育计划，提供额外资源、师资支持和特别教学计划，促进社会经济较弱地区的学校发展，推动教师专业发展，优化学校管理，增强家庭和学校合作，促进了学校之间的质量均衡，增加了学生和家庭的选择。另一方面，赋予学生和家长公立学校选择权利。法国政府为了确保学校的多元化，将学校的特色和专业定位作为招生和录取的重要考虑因素。这样，不同学校侧重不同领域的教育和培养，学生和家长结合自身需求选择相应的学校。为确保每个学生都有公平的入学机会，法国政府通过制定法律法规来禁止任何形式的歧视，例如种族、性别和经济状况等。在提供入学辅助措施方面，法国设立了补助金和奖学金制度，为经济困难家庭的学生提供经济支持，帮助他们接受更好的教育。

2. 私立学校的角色

法国政府通过与私立学校签订协议，直接购买教育服务的方式，为私立教育提供资金支持。这种做法旨在扩大教育服务供给，同时确保私立学校遵守国家教育标准和课程要求，促进教育质量的一致性。法国的私立学校分为"合约学校"（包括与政府签订协议的私立学校和与政府签订简单协议的私立学校）和"无合约学校"（协议外学校/与政府无关系的学校）①。合约学校接受国家监管，遵循国家教育大纲，有时还能得到国家财政补贴，为学生提供与公立学校类似的教育机会。无合约学校则享有更大的教学自主权，但不接受国家直接资助，学生家庭需要承担全部费用。为保障私立学校入学机会的公平分配，在入学流程上，私立学校与公立学校同样需要遵守法定的入学程序和标准。学生的录取基于学术能力和个人特长的综合评估，并且公立学校和私立学校之间在录取标准上没有差异对待。在入学机会的公平分配上，法国政府采取了一系列政策，提供了相应的教育补贴和财政支持，帮助家庭支付私立学校的学费，减轻了其经济负担。

3. 考试选拔与学生主动选择

法国通过限制入学考试的角色，促进了多元化的学校选择。在基础教育阶段，法国实行学区制度，确保学生按照家庭住址就近入学，减少了因家庭经济状况导致的教育机会差异。对于初中（Collège）和高中（Lycée）的入学，一般不需要入学考试，确保了教育路径的连贯性。在高中阶段，尤其是对于一些专业方向的高中（Lycées professionnels 或 Lycées généraux avecoptions professionnelles），学生可以根据兴趣和职业规划选择特定的专业方向，这体现了教育选择的多元化。虽然大多数情况下不设正式入学考试，但某些专业或精英学校（如高等预科班，Classe Préparatoire aux Grandes Écoles）可能有选拔性考试或基于学生之前的学业成绩进行录取。法国高等教育体系包括大学（Universités）和高等专业学院（Grandes Écoles）。大学通常对所有持有高中毕业文凭（Baccalauréat）的学生开放，体现高度的入学机会均等。高等专业学院则往往要求通过竞争激烈的入学考试，但近年来也在逐渐增强多样性和包容性，例如通过设立预备课程帮助来自非传统学术背景的学生准备入学考试。这种以考试为基础的录取制度可能导致学生的选择范围受限，学生被限制在一所学校中。为了打破这种限制，法国逐渐减弱了入学考试的重要性，转向更加综合评估的方式，以便更好地了解学生的综合素质和潜力，从而促进多元化的学校选择。法国通过改革招生政策，确保入学机会的公平分配。

① 刘敏. 浅议法国私立学校变迁及发展特点[J]. 法国研究，2021（2）：38-44.

法国的招生政策强调平等原则，禁止学校以种族、性别、宗教或其他非教育因素歧视学生。学校在招生过程中需要公开透明地公布招生政策、录取标准和录取方式，确保所有学生都有平等的机会申请和被录取。此外，法国还鼓励学校开展多元化的招生计划，并提供特殊招生渠道来纠正教育不平等现象，确保每个学生都有适合自己的学校选择。

4. 入学政策与特色培养

一是法国注重学校特长教育的发展。特长教育涵盖了各个领域，包括文学、艺术、体育、科学等。为了给学生提供多样化的特长教育机会，法国政府鼓励学校开设各种类型的特长班和特色课程，例如音乐学校、艺术学校、体育学校等。这些学校致力于培养学生在特定领域的才能，并提供相应的专业指导和资源支持。学生可以根据自己的兴趣和特长进行选择，并在相关领域得到更深入的学习和发展。二是法国的教育体系中，学校入学政策的设计和执行具有一定的特点和策略，旨在确保每个学生都有公平的入学机会。法国的学校系统中拥有不同类型的学校，例如普通中学、职业学校、艺术学校等，每个学校都有自己的特点和专业性，诸如高中能提供专业认证课程（Baccalauréat Professionnel），以及文学、科学、经济等方向的深入研究课程（Sections d'enseignement général et professionnel adapté，SEGPA）。学生有权利选择适合自己兴趣和能力发展的学校，并根据学校的需求和要求进行入学申请。这种多元化的学校选择实践为学生提供了更好的发展机会和适应性，能够满足不同学生的学习需求。三是法国倡导丰富多样的学科课程设置。法国的教育体系注重学生全面发展，为学生提供广泛的学科选择。除了基础学科如数学、科学和语言外，法国的课程也注重人文科学、艺术和体育等领域的培养。

三、德国的多元化学校选择

1. 公立学校的均等化

德国的小学初级教育提倡教育多样化，课程多样化，除了书本知识外，烹饪、园艺、手工等专题课也是孩子们的必修课程。[①]进入中等教育阶段后，德国的公立学校按学校类型和教育方向进行分类，包括综合学校、职业学校和文理学校等。其中，德国的综合中学是一种提供多种教育路径的公立学校类型，学生不论成绩

---

① 刘莹. 中德教育体制对比浅析[J]. 文学教育（上），2017（8）：177.

如何,都可以在同一所学校内选择普通中学(Hauptschule)、实科中学(Realschule)或文理中学(Gymnasium)的学习轨道。这种制度设计旨在促进社会融合,提供平等的教育机会,让所有学生都有机会升入高等教育。家长和学生可以根据自身需求、兴趣选择适合的学校类型与教育方向。这种多元化的学校选择,为不同学生提供了不同的学习环境和发展机会,促进了学生的个性发展和全面素质提升。德国的公立学校招生和录取过程要求公开透明,遵循公正的原则,确保每个学生都有机会进入自己理想的学校。

2. 私立学校的角色

德国拥有大量私立学校,包括宗教学校、国际学校和特殊理念学校(如华德福学校)。德国的私立学校通常由教育团体、宗教组织或非营利机构管理。这些私立学校拥有一定的自主权和教育创新的能力,可以根据学校自身的特点和宗旨制定独特的教育方案。私立学校也注重学生个性化的培养,为学生提供更加灵活的教学方法和多元化的课程选择,以及更多的发展机会。另外,德国政府通过监管和审核确保私立学校的入学机会公平分配。私立学校的招生政策受到国家法律和政府的监管,私立学校必须公布招生要求、录取比例以及选择标准等信息,以确保录取过程的公正性和透明度。德国政府也鼓励私立学校与公立学校之间的合作,确保学生在公平竞争的环境中获得入学机会。

3. 考试选拔与学生主动选择

德国的教育系统很早就对学生进行了分流,不同的学校对应不同的教育水平和职业方向,这使得学生可以根据自己的能力和兴趣做出选择[1]。为了提升学校教育的质量,保证让在德国不同地区、不同学校中学习、有着不同家庭背景的学生能够达到相同的、最低的标准要求,德国引入国家教育标准(Nationale Bildungs Standards),明确规定了学生在修完特定的年级时应该达到的最低能力水平[2]。实施统一的教育标准和定期的学业评估,确保所有学校都达到一定的教育质量水平,这有助于在维持教育均等化的同时,促进学校间的质量竞争。近年来,德国的入学考试与招生政策强调学生的整体发展和综合素质评估。德国目前采取综合评估的方式,包括学业成绩、面试、推荐信等多个因素来评估学生的能力和潜力。这样的综合评估方式有助于避免单一考试成绩对学生未来学校选择的限制,并能更好地发现学生的特长和潜能,从而促进多元化的学校选择。德国的招生政

---

① 周海霞. 德国主体中学消亡现象探析[J]. 全球教育展望, 2018(8): 82-98.
② 孙进. 变革中的教育体制: 新世纪德国普通中等教育改革[J]. 比较教育研究, 2010(7): 36-40.

策注重公平，禁止学校以种族、性别、宗教或其他非教育因素歧视学生。学校在招生过程中要严格按照规定的录取标准和程序进行，并确保透明公开，让学生和家长明确了解招生政策和录取标准。此外，德国也鼓励学校与企业、社会组织等合作，推出项目或特殊招生通道，给予有特殊能力或背景的学生更多的入学机会。

4. 入学政策与特色培养

一是德国高度重视学校特长教育。德国出台了《各州关于资优的基本立场》（2009 年）、《资优生促进策略》（2015 年）、《联邦与各州有关促进资优学生的联合倡议》（2016 年）等政策条例，建立了"以优质促公平"的资优教育体系，形成了四种基本的培养模式，即分离（Separation）——单独建校或分班培养、全纳（Inklusion）——常规课堂内的个性化教学、加速（Akzeleration）——缩短学业完成时间、富集（Enrichment）——丰富课外活动机会，保护女生、有移民背景的学生和社会经济处于弱势地位的学生，消除因教育再生产、单一评价和性别偏见等引起的教育不公，提高学校教育的质量[①]。同时，德国的学校教育体系十分多元化，学生可以根据自己的兴趣和特长选择不同类型的学校。例如，德国的职业学校为那些更适合职业教育的学生提供了相关的课程和机会；德国也有特色学校，如音乐学校和体育学校，为那些在特定领域有较强特长的学生提供专业的培训。德国的学校选择主要通过成绩和能力来确定，学生的能力水平和学术成绩将直接影响他们的学校选择及入学机会。德国采用一种叫作"中学推荐制度"的机制，通过学校教师的推荐来评估学生的学术能力和适应能力，从而为学生提供适合的学校选择。

二是德国实行多元化的学校类型和专业选择。德国的教育体系中包括多种类型的学校，例如综合学校、职业学校、文理学校等，每种类型的学校都有其独特的专业特色。学生可以根据自身的兴趣、能力和职业发展的需求，在各种学校类型中进行选择。在学校招生时，学生的成绩和背景被综合考虑，以确保公平和透明的录取过程。

三是德国鼓励学生参与多样化的课程学习。德国的学校课程设置注重学科对等和全面发展，每个学科都受到平等的重视。学生可以选择自己感兴趣的学科进行深入学习，并在不同学科领域发展自己的技能和潜力。这种多样化的课程设置

---

① 金子涵，陈红燕."以优质促公平"：德国资优教育的传统与新进展[J]. 绍兴文理学院学报，2024（10）：56-65.

旨在满足学生的个性化学习需求，为他们提供广泛的学科选择。此外，德国还设有专门的"精英学校"，通过选拔机制招收在特定领域有天赋的学生。

四、澳大利亚的多元化学校选择

1. 公立学校的均等化

基于教育在确保国家持续经济繁荣和社会凝聚力方面发挥着至关重要作用的认识，澳大利亚于 2019 年 12 月发布了旨在为构建卓越与公平的教育体系提供一套新指导原则的《艾丽斯·斯普林斯（马班图阿）教育宣言》①。该宣言确立了两个相互关联的目标：一是建成卓越而公平的澳大利亚教育体系；二是使所有澳大利亚青少年成为自信且有创造力的个体、成功的终身学习者、积极的社区参与者。因而，澳大利亚支持并鼓励公立学校提供多元化的教育选择。在澳大利亚，公立学校通过不同的学习项目和专业方向，满足学生的不同需求和兴趣。学校提供的课程具有很强的选择性，尤其在高中阶段。②以塔格龙湖（Lake Tuggeranong）高中为例，学校提供的课程分为 T、V、A、R、M 五种类型。T 课程对通过 AST 考试和申请大学入学机会非常重要；V 课程是基于职业技能标准编制的，学生完成 V 课程后可以获得国内认可的职业能力证书；A 课程的理论性及深度不及 T 和 V 课程，主要用来满足和发展学生的一般兴趣；R 课程旨在满足学生的兴趣爱好，设有运动、郊游、休闲、社区活动等内容；M 课程是专门为那些有特殊需要的学生制定的。这种多元化的学校选择确保了学生在教育路径方面有更大的自由度，能够更好地发展自己的特长和兴趣。为确保每个学生都能够平等地获得入学机会，政府制定了明确的标准和程序，确保学生的申请和录取过程公正和非歧视。虽然澳大利亚的公立学校系统普遍遵循学区划分原则，但很多州和地区实施了灵活的择校政策，允许学生跨学区申请入学，特别是在学校有空余学位的情况下。同时，澳大利亚设立了全国性课程框架（Australian Curriculum），确保所有学生不论身处何地，都能接受到符合统一标准的教育内容，同时允许各州和领地在此基础上进行适度调整，以适应本地需求。此外，对于有特殊教育需要的学生，有专门的安排确保他们进入适合自己的学校。

---

① 唐科莉. 澳大利亚发布《艾丽斯·斯普林斯（马班图阿）教育宣言》：勾画学校教育新图景[J]. 上海教育，2020（17）：50-53.

② 赵冬臣，胡秀威. 澳大利亚中小学教育印象[J]. 现代中小学教育，2010（4）：57-59+62.

2. 私立学校的角色

澳大利亚拥有公立、天主教和独立私立学校等多种教育体系，为家庭提供了广泛的选择。政府支持这种多样性，认为它能够满足不同学生的需求。澳大利亚的私立学校在教育体系中享有一定的自主权和教育创新的空间。这些学校通常由教育组织、宗教机构或非营利机构运营，提供与公立学校相补充的教育服务。私立学校在教学内容、教学方法以及学生培养方面具有更强的灵活性，它们可以根据学生的需求和家长的期望，设计符合个体差异的教育方案，并致力于提供高质量的教育。私立学校必须公开透明地公布招生要求、录取比例、选择标准以及入学程序等信息，确保录取过程的公正性和透明度。政府通过严格的监管机制，对私立学校的招生政策进行审核和评估，确保其符合公平竞争的原则。

3. 考试选拔与学生主动选择

澳大利亚采用了基于地理区域的招生政策。根据地理区域划分不同的学区，学生根据其家庭住址被分配到相应的学校，以确保学生就近入学。这一政策可以避免学生因为住址区域不同而面临不公平的入学机会，同时也促进了学校在地理上的分散，缩小了学生之间的差距。澳大利亚也鼓励学校开展特殊招生计划，确保入学机会的公平性。特殊招生计划针对那些有特殊需求或处于弱势群体的学生，提供额外的支持和帮助，确保他们有机会接受良好的教育。这些特殊招生计划包括为有特殊才能的学生提供特殊培训项目，为新移民或非英语母语学生提供英语支持等，以确保他们融入学校环境并获得公平的教育机会。此外，通过澳大利亚课程、评估与报告管理局定期对全国教育标准进行审查和修订，确保教育内容的现代性和相关性，同时实施全国性评估项目如"全国读写算评估计划"（National Assessment Program Literacy and Numeracy，NAPLAN），监测学生学习进展，促进教学改进。

4. 入学政策与特色培养

一是澳大利亚教育系统致力于培养学生不同领域的特长和潜能。在澳大利亚，学生可以选择特殊学校或专业学校来发展自己的特长，比如音乐学校、表演艺术学校等。这些特殊学校为学生提供了专业的教学资源和培训，帮助他们充分发展自己在特定领域的才能。此外，澳大利亚的课程设置也注重培养学生的个性和创造力，鼓励学生在学术和非学术领域都能取得成功。澳大利亚学校的入学通常基于学生的成绩、面试和推荐信等综合评估。

二是澳大利亚的学校入学政策允许学生有机会选择公立学校或私立学校。澳大利亚存在一系列选择性学校和特长学校，专注于特定领域，如音乐、体育、科技或学术卓越。这些学校通常通过考试或试演选拔学生，确保高水平的教学与学生才能的培养。学生有权利根据自己的兴趣、能力和学术目标选择适合自己的学校。澳大利亚的学校选择实践强调个性化发展和多样性，致力于满足学生的不同学习需求。

三是澳大利亚的教育体系鼓励学生在课程选择方面展示个性化需求。学校课程设置注重学科的多元性，旨在培养学生的综合能力和兴趣特长。澳大利亚的学生可以根据自己的兴趣选择不同的学科和课程，例如科学、艺术、体育等。这种多样化的课程设置促使学生充分发展自身潜能，并在多个领域取得成功。

第三节　发达国家建设高质量教师队伍

教育公共服务的均等化依赖教师的专业素养和能力水平。发达国家在实现教育公共服务均等化的过程中，采取建设专业师资队伍并提供多样化的教师培训和职业发展支持、改善教师工作环境、鼓励教师科研创新等多种举措。

一、美国的高质量教师队伍建设

1. 以能力为核心的教师培训

美国的教师培训和支持机制旨在提升教师的专业能力和教学水平，以确保每位学生都能接受到高质量的教育。《改进美国学校法》提出了"全国教师培训方案"（National Teacher Training Project）、"提高教学的州计划"（State Plan to Improve Teaching and Learning）、"专业发展示范方案"（Professional Development Demonstration Project）等项目。①2002 年实施的"高质量教师"（Highly Qualified Teachers）计划确立了几项核心要求：第一，拥有州完全合格教师资格证书（full state certification）或通过州教师资格测试，其中所拥有的州教师资格证书（不能是临时资格证书或紧急资格证书）包括选择性路径教师资格证书；第二，教师至

---

① U.S. Department of Education. Improving America's Schools Act of 1994[EB/OL]. http://www2.ed.gov/legislation/ESEA/toc.html. 1995-07-01.

少应拥有学士学位；第三，教师应通过各州相关的严格测试，并在所教的核心学科展现出专业知识水平。①诸如，俄亥俄州的"教师质量伙伴"（Teach Quality Partnership）行动，是在联邦政府和州政府拨款的支持下，同时又得到社会各界财力的支援，由该州的50所高校、各学区和K-12各校共同参与的一项研究行动，目的是考察影响学生成绩的教师素质和教师培养实践，从而找到高质量教师的最佳成长路径，以便更有效地提高学生成绩。②教师可以选择参加大学课程、专业研讨会、教师专业发展项目等来提升自己的教育专业知识和教学技能。美国还鼓励教师参与跨学科交流和专业成长活动，例如参加教育研究论坛，共同探讨教学实践和教育改革的最新发展。在教师职业生涯中，美国鼓励教师参与专业社群和教学团队，进行教学经验和教学资源的共享和交流。

此外，美国还设立了专门的教师评估机制，例如教师导师计划和教师评估系统，用于评估教师的教学质量和发展需求，并为教师提供个性化的职业发展支持。美国通过国家专业教学标准委员会（National Board for Professional Teaching Standards，NBPTS）等机构，鼓励并认可教师的持续专业成长，通常要求教师定期完成一定的继续教育学分以保持认证。这种长期的职业发展支持为教师提供了持续的成长机会，帮助他们在教育领域中不断发展和进步。为此，部分州和学区实施"差异化薪酬计划"（Differentiated Pay Programs），根据教师的工作表现、承担额外职责（如在困难学校或科目领域任教）或取得高级资质提供奖励，以此吸引并留住优秀教师在挑战性环境中工作；为在低收入学校或紧缺学科领域任教的教师提供贷款减免，激励有志于教育事业的毕业生选择这些岗位，以缓解教育资源分配不均的问题。

2. 鼓励教师开展科研

美国作为一个发达国家，在教育公共服务均等化方面，注重鼓励教师参与教育研究和课程设计，以提高教学质量和创新能力。美国各级教育机构积极推动教师参与教育研究项目，鼓励教师通过实践和反思来改进教学方法和策略。教师可以参与学校或政府资助的研究项目，探索教学问题和解决方案。这种参与研究的机制促使教师保持专业素养和学术能力，并能在教学中应用最新的研究成果。美国重视教师的课程设计能力，以满足学生多样化的学习需求和人才培养目标。教

---

① U.S.Department of Education. No Child Left Behind Act of 2001[EB/OL]. http://www2.ed.gov/policy/elsec/leg/esea02/index.html. 2010-12-06.

② 刘保卫，洪明. 美国提高教师质量的实证研究：俄亥俄州教师质量伙伴模式探析[J]. 外国中小学教育，2007（7）：35-38.

师在制订教学计划和选择教材时有很大的自主权,可以根据学生的兴趣和学习特点进行个性化、差异化的课程设计,以增强教学的相关性和有效性。这种灵活的课程设计能够提高学生的参与度和学习效果,促进教育公共服务的均等化。

3. 推行教师个性化①发展

美国提供多样的专业发展途径。教师可以选择参加各类专业发展研讨会、学术研究项目、教育硕士课程等,以满足其个人学术成长和专业发展的需求。同时,美国还鼓励教师积极参与教学团队和校际交流活动,促进教师之间的合作与共享。美国教育体系中存在着多个教师职业发展阶段和职位层级,教师可以根据自己的兴趣、经验和能力,逐渐晋升至更高级别的职位,例如教学领导者、教研专家、学科协调员等,从而扩展自己的职业发展路径。美国推行"教师领导力发展"(Teacher Leader Development)项目,鼓励并支持在职教师成为教学领导者,通过提供专业成长机会,如领导力培训、课程设计和教学策略创新,这些教师随后可以在自己的学校或学区中传播最佳实践经验,提升整体教学质量。

最为引人瞩目的是教师个体化发展计划,包括:①个性化规划。根据每位教师的专业背景、教学经验、个人兴趣和职业目标量身定制,确保发展活动与教师的实际需要紧密相关,从而提高其参与度和有效性。②自我评估与目标设定。鼓励教师通过自我评估工具识别自身优势和改进领域,与学校管理者或专业发展顾问共同设定短期和长期职业发展目标。③多途径发展路径。提供多元化的学习机会,包括在线课程、研讨会、工作坊、同行观察、导师指导、学术研究参与等,以满足不同教师的学习风格和偏好。④持续跟踪与反馈。实施定期的进度检查和评估,确保教师发展计划的有效执行。通过反馈机制,教师可以调整发展计划,保持其相关性和针对性。⑤认证与激励机制。一些州将完成教师个体化发展计划与教师的认证续期、职级晋升或薪酬增加挂钩,以此激励教师积极参与并持续提升专业能力。

4. 加强教师技术能力培养

在数字化教育时代,教师的技术能力已经成为教学的一项重要要求。美国政府出台了《让每个学生成功法案》,发布了《为未来做准备的学习:重塑技术在教育中的角色》计划,要求教师熟练地掌握新技术,引导学生实施正式学习和非正式学习,同时教师应该通过网络扮演学生"学习共同体"的角色,促进教师基于

---

① 贾汇亮,陈燕. 引领教师个性化成长的教师培训策略研究:基于美国康涅狄格州教师培训的思考[J]. 教育导刊, 2024(3):91-96.

技术的教学能力提升①。

美国特别重视教师的数字化素养培养，培育"未来教师"，明确教师在数字化教育时代需要掌握各种教育技术工具和平台的使用，以提供更丰富多样的教学环境。美国的教育机构提供了丰富的在线教育资源和培训课程，帮助教师学习和掌握数字化教育工具的使用技巧，从而提高他们的数字化素养。美国倡导鼓励学校之间建立合作网络，分享在技术整合和数字化教学方面的成功案例，通过研讨会、工作坊和在线社区促进教师之间的交流学习。教师可以通过参加专业发展活动、教师社群和研讨会等形式，与同行进行经验交流和合作学习。这种合作学习的模式可以促使教师之间共同反思和提高，获得更多的数字化教学策略和经验分享，进一步提高教师的技术能力。

此外，美国注重教师职业发展中的数字化教育内容。美国的教师培训机构提供了大量关于数字化教育的培训课程和专业认证，帮助教师学习并掌握数字化教育的理论和实践。这些培训课程涵盖线上教学工具、教学设计、在线评估和数据分析等方面的内容，帮助教师更好地应对数字化教育的挑战。

二、法国的高质量教师队伍建设

1. 以能力为核心的教师培训

法国采用的是多样化的教师培训途径。1997 年，法国国民教育部出台了小学和中学教师专业能力参照元素，着重培养教师专业素质并提升教师专业化，通过聚焦核心能力标准的政策文本，指导大学师范学院内的教师素质培养、能力评估及招聘工作。②2006 年颁布的《高等教育委员会对师资培育建议事项》（Recommandations du Haut Conseil de l'Éducation pour la Formation des Maîtres），在延续叠加历年颁布的教师专业能力标准法令基础上，明确提出教师发展的专业能力标准，即以人为本的能力、法语能力、专业科目及文化能力、教学组织能力、体察学生间差异的能力、班级管理能力、评价能力、咨询及沟通技术的能力，同时包括与学生家长保持良好关系及合作的能力、与学校其他成员的合作能力、对教学具备自省创新及自修的能力等标准框架，并指出教育作为一项公共服务应负有相应的责

---

① U.S. Department of Education Office of Educational Technology. Future ready learning：Reimagining the role of technology in education[EB/OL]. http://tech.ed.gov/files/2015/12/NETP16.pdf. 2020-05-20.

② 汪凌. 法国中小学教师专业能力标准述评[J]. 全球教育展望，2006（2）：18-22.

任。①2019 年，法国国民教育部出台的针对《教育教学与培训职业》（Métiers de l'enseignement，de l'éducation et de la formation）修订的 156 号法令，更新细化了 2013 年教师专业能力标准，新标准保留了 2013 年所列的 14 项细化指标，依旧从"共同能力"与"专业能力"两个层面规范教师应具备的能力基础。其中，作为国民公共教育服务与教育共同体的行动者的教师专业能力主要包括分享共和国的价值观、将教师行动置于教育制度的基本原则和学校的治理框架内、协助学生完成课程学习、作为一个负责任的教育工作者遵循道德原则、掌握法语并可以沟通交流、整合工作所需的数字化元素、团队合作、为教育界的行动做出贡献、与家长合作、与校际合作伙伴合作。②

在法国，有不同类型和层次的教师培训机构，包括大学、师范学校、教育研究院等。这些机构提供了针对不同教育阶段和教学领域的教师培训课程。教师在培训过程中，除了学习教育理论和教学技巧外，还需要进行实践教学和实习，以提高教学能力和专业素养。这样的多样化培训途径能够满足不同类型和层次教师的需求，以提供高质量的教师队伍。在法国的教育体系中，教师有机会参与各种专业发展活动，包括参加研讨会、培训课程、教育研究等。这些活动旨在提高教师的专业知识和技能水平，同时鼓励教师进行教育研究和创新实践。例如，执行"新教师合同"，为新入职教师提供为期两年的支持和评估期，确保他们能够在有经验教师的指导下顺利过渡到教学岗位，同时也有助于筛选和培养高质量的教师人才。法国实行教师轮岗制度，使得教师可以在不同地区、不同类型的学校之间交流，分享最佳教学实践。此外，法国为教师专业发展提供经费和资源支持，以保证教师能够持续学习和发展。这样的职业发展支持政策和措施能够激励教师的教学热情、创造力，提升教育的质量和效果。

2. 鼓励教师开展科研

法国鼓励教师参与教育研究项目，通过开展教育实践研究、参与课程改革和发表教育论文等方式，促进教师的专业成长和教学质量的提高。教师以科研为引领，积极参与课程设计。教师参与课程设计是激发教师创新能力和适应教学需求的重要途径。法国鼓励教师参与各级课程设置和教材编写的过程，保证课程的针对性和质量。此外，法国注重科研资源投入，鼓励教师在教育专业研究机构、教师职业协会等组织参与教育政策的讨论和制定，以确保教师的声音被充分听取和尊重。

---

① 张丹，李润. 法国教师专业化改革的演化脉络与能力标准研究[J]. 全球教育展望，2024（3）：60-71.

② Légifrance. Journal officiel électronique authentifié n° 0300 du 28/12/2006[EB/OL]. https://www.legifrance.gouv.fr/download/pdf?id=7XPO50LiC3i3iSkHP6aXsmSwOeCkt4FYJF3AsstU8dc=，2006-12-28/2018-12-01.

3. 推行教师性化发展

法国提供丰富的职业发展机会。教师可以选择参加各类专业发展研讨会、学术研究项目和教学培训课程，以提高教学质量和专业能力。法国注重建立教师专业发展体系。法国设立了不同级别的教师职位，包括教授、高级教师、校长等，教师可以通过专业发展的不同阶段逐步晋升，担任更高级别的职位。同时，法国还为教师提供职业发展指导和咨询，以帮助他们制定个人发展规划和目标。此外，法国教育系统还鼓励教师参与学术研究和教育创新。教师可以申请研究基金和奖励，开展教育研究项目，为教育实践和政策制定提供实证基础。此外，法国还鼓励教师参与国际交流和合作，以促进全球教育的共同发展。

4. 加强教师数字教学技能

法国注重向教师提供专业化的数字化教育培训，提升教育系统的数字化水平，包括教师的数字素养和使用数字工具的能力。法国政府打造教育数字资源平台，创建教师"资源账户"，共享精品在线课程、教学模板和数字教材等教育资源。提供教师数字教学技术的使用指南和安全标准，同时推出在线认证工具"Pix+Edu"，通过该平台，教师不仅可以依据教师数字技能参考框架（Cadre de référence des compétences numériques，CRCN）评估数字教学技能，还能匹配适合其技能水平的培训课程，以个性化方式提高数字教学技能。[1]同时，法国支持数字教学工具研发和应用，发起 E-Fran 项目征集大赛，包括数字技能培训、教学研究创新和课程动画设计制作等。[2]教师在数字化教育领域的发展需要不断地学习和实践，合作学习和经验分享可以提供更多的机会及资源。教师数字技能是开展高质量教学的基本保障，为教师提供支持、培训和指导是该战略采取的重要举措。[3]

三、德国的高质量教师队伍建设

1. 以能力为核心的教师培训

德国联邦政府与各州合作，致力于提升教师教育的质量，包括加强教师培训

---

① Ministère de l'Education Nationale et de la Jeunesse. Document d'accompagnement：mise en œuvre du cadre de référence descompétences numériques（CRCN）[EB/OL]. https://eduscol.education.fr/document/940/download? attachment. 2019-09-30.

② Ministère de l'Education Nationale et de la Jeunesse.E-Fran：des territoires éducatifs d'innovation numérique [EB/OL].）https://www.education.gouv.fr/e-fran-des-territoires-educatifs-d-innovation-numerique-326083. 2021-11-10.

③ 凌鹊，王艳. 法国教育数字化转型的动因、路径与挑战：基于《2023—2027 年教育数字化战略》的分析 [J]. 电化教育研究，2024（2）：121-128.

课程的内容与实践联系，确保新教师具备良好的学科知识、教学法和班级管理能力。德国实施双轨教师培训体系，即理论学习和实践训练并重。教师候选人通常在大学接受为期四年的教育，同时在实际的学校环境中进行实习。德国的教师培养主要在大学进行，其师范学院为培养教师提供了系统化的教育，包括教育科学、教育心理学、教育技术等方面的学习。在实践环节中，"学生教师"有机会参与学校实习，在实际教学环境中锻炼自己的教学能力。实习期间的表现由学校打分、校长签字，但校长无权录用教师，必须由教育局决定是否录用。①

德国还提供了终身学习的机会，教师可以通过参加各种培训和进修课程不断提高自己的教学水平与专业素养。教师在职业发展方面有多种机会，他们可以参加国家或地区组织的研讨会、研究课程以及教师专业发展项目。此外，德国的学校也为教师提供了充足的时间和资源，让他们进行教育研究和创新实践。例如，德国的一些学校鼓励教师开展教学创新项目，并为其提供资金支持和专业指导。这些举措能够激发教师的创造力和热情，推动教育公共服务的均等化。

2. 鼓励教师开展科研

德国鼓励教师参与教育研究项目，通过参与科研课题和教学实践研究，提高专业能力和教育智慧。此外，德国还鼓励教师与大学研究机构合作，促进理论与实践的有效结合。德国鼓励教师参与课程制定和教材编写，以保证教学内容的质量和创新性。教师作为课程的设计者和开发者，能够更好地满足学生的需求，提供个性化的教学方案。此外，德国还通过建立教师专业发展中心和教师职业发展机构，为教师提供专业指导和培训机会，提高他们的教学水平和专业知识。

3. 推行教师个性化发展

德国实行统一的教师资格认证体系，确保全国范围内教师教育的质量标准一致，从而提高教师队伍的整体素质。同时，德国重视教师专业发展的多样性。德国的教师培训体系为教师发展提供了丰富的选择，包括高等教育机构提供的教育学专业学位、特定领域的进修课程和教师职业发展的导师制度等。德国倡导教师在专业发展过程中进行反思和自主学习。教师培训体系鼓励教师通过反思实践、交流经验和主动学习，不断提升教学能力和专业素养。教师可以参加各种教学法研讨会、教学反思小组和教师专业交流活动，以促进自身的成长和发展。此外，德国注重培养教师的领导能力和专业创新能力。在教师职业发展过程中，学校和

---

① 戴光辉. 德国教育考察纪实[J]. 北京教育，2001（4）：37-38.

教育当局通常会与教师一起制定个人职业规划，教师在一定框架内可以根据个人职业规划选择适合自己的发展路径，选择参与针对校内教育改革项目和课程发展项目等，提升自己的领导能力和专业创新能力，进而确保这些计划既符合教师的个人目标，也符合学校和教育系统的总体目标。

4. 加强教师技术能力培养

德国注重为教师提供系统的数字化教育培训，在教师培训过程中加强对数字化教学工具和方法的培训，确保教师能够有效地将数字技术融入课堂教学，提升教学质量和效率。2019 年，德国文教部长联席会议修订的《教师教育标准》明确规定了师范生必须具有三项能力：一是能够从特定学科和学科教学的角度，合宜地接受数字化领域的发展，并对数字化的可能性和局限性进行批判性思考；二是可以把获得的知识用于学科教学场景，并将其带入教学和课程概念的进一步发展中；三是对数字学习媒体的可及性敏感，也能够在课堂上使用数字媒体进行差异化和个性化教学支持。[①]

此外，德国的教师培训机构针对不同学科和年级的教师，开设了专门的教育技术培训课程。这些培训课程包括教师如何使用教育软件和在线教学平台、如何设计和评估数字化教学资源等内容。通过这些培训，教师可以提升自己的技术水平，开展合作学习和经验分享。

四、澳大利亚的高质量教师队伍建设

1. 以能力为核心的教师培训

澳大利亚政府推行《澳大利亚优质教师计划（2011—2013）》，旨在提高中小学教师的专业素质与专业理解力，从而更好地应对新时代所赋予教师的使命与要求，顺应澳大利亚教育的发展方向。[②]它通过提高教师教育的入门标准、加强职前教师教育的实践环节，以及实施持续的专业发展，确保所有教师都具备高质量的教学能力。一是经费支出主要用于学校以下九大关键学科领域的教师专业学习：文学（英语）、数字计算能力（数学）、科学（包括可持续发展的环境教育）、历史、地理、信息和通信技术、语言、职业教育、音乐。主要的目标群体是有十年及以

---

① 吴梦徽，王中奎. 融合理念下德国教师教育数字化转型：举措、成效与隐忧[J]. 比较教育研究，2023（8）：83-93.

② 冯大鸣. 美国、英国、澳大利亚教师专业发展研究新进展[J]. 教育研究，2008（5）：93-99.

上教学经验的教师，离开教学岗位一段时间后又重返讲台的教师，临时教师，土著学生的教师，农村地区、边远地区、城市贫穷地区的教师。[1]二是注重提供多样化的教师培训途径。教师培训的主要机构包括大学、师范学院和教育研究机构。这些机构提供专门的教师培训课程，涵盖不同教育阶段和学科领域的培养。通过培训课程，教师能够学习教育学理论、教学技巧，以及专业的学科知识。三是实践教学和实习也是教师培训过程中的重要组成部分，旨在培养教师的实际教学能力。在教师职业发展方面，澳大利亚制定了详细的职业发展框架和政策。教师可以参加各种专业发展计划、课程和研讨会，以提高自己的教学能力和专业素养。

2. 鼓励教师开展科研

澳大利亚重视教师的领导力发展和参与决策的机会，鼓励教师参与学校管理和领导，提供专业发展课程和培训机会，帮助教师提升领导力和管理能力。澳大利亚的学校通常采用合作决策模式，鼓励教师、学生和家长共同参与学校事务的决策及规划。此外，澳大利亚鼓励教师参与各类教育研究项目，通过参与调查研究、实践研究和交流分享等方式，促进教师在教学实践中的专业成长和教学效果的提升。澳大利亚鼓励教师参与课程制定和教材编写，以保证课程的质量和适应性。此外，澳大利亚还鼓励教师参与学校内部的教学团队和专业发展计划，提升教师的专业素养和教学能力。

3. 推行教师个性化发展

澳大利亚建立了一套完善的教师培训和认证体系，澳大利亚设有专门的"专业发展学校"（Professional Learning Schools），这些学校既是教学实践的场所，也是教师培训和教育研究的中心，促进了理论与实践的紧密结合。澳大利亚规定，所有新任教师至少应完成本科学历教育，若为本科层次，可获得教育学士学位，若进一步深造至研究生层次，需取得相应教育专业的学习成果凭证（如教育硕士学位证书等），以确保教师具备扎实的学科知识和教育理论基础。澳大利亚各州和领地均设有教师注册局，负责教师的注册与认证，以确保教师持续达到专业标准。这包括定期的职涯反思、专业学习要求，以及针对特定教学领域的进一步发展。教师在入行前需要接受专业教育学位的培训，并在培训期间进行教学实习。完成培训后，教师需要参与终身学习，以不断提高自身专业能力。澳大利亚政府通过制定相关政策和标准，确保教师培训和认证的质量和一致性。

---

① 李丹，沈旸. 中澳教师教育政策比较研究：以"国培计划"与"优质教师计划"为例[J]. 继续教育研究，2014（7）：139-141.

澳大利亚鼓励教师参与不同的职业发展项目和活动，以满足其不同的发展需求。教师可以选择参加专业学习课程、研讨会和研究项目等，以提升自己的专业素养和教学能力。澳大利亚教育部门还提供了一系列职业发展计划和资源，允许教师根据自身需求、兴趣和职业目标选择合适的培训课程或项目，以支持教师制定个性化的专业发展规划。此外，澳大利亚鼓励教师进行专业交流和合作。教师可以参与教研活动、学术会议和教师社群，与其他教师分享经验和教学方法，以促进共同进步。澳大利亚鼓励教师加入或建立专业学习社群，通过同行学习、合作备课和分享最佳教学实践，促进教师之间的知识共享和专业成长。澳大利亚还通过优质的教育资源和技术支持，为教师提供在线学习平台和教学工具，满足教师的个性化发展需求。

4. 加强教师技术能力培养

澳大利亚发布《学校中运用生成式人工智能框架》，强调教育要负责任地运用人工智能技术，将教学成果、透明度、公正性和问责性作为优先考虑的要素，以促进教与学的质量提升，同时有效规避潜在风险①。澳大利亚积极推动教师数字化教育的专业发展和培训，强调提升教师的数字素养，通过专业发展项目帮助教师掌握如何有效利用技术改进教学和评估方法。政府采取措施，重点培养一批数字技术领导者和创新者，他们在各自学校或区域内部署和推广数字战略，同时作为技术应用的模范和导师，带领其他教师一同成长。政府和教育机构鼓励教师参与多样化的培训项目及课程，包括线上和线下的学习机会。这些培训项目旨在帮助教师掌握使用教育技术工具和资源的技能，提高他们在数字化教育环境中的专业水平。澳大利亚注重教师之间的协作学习和经验分享，鼓励教师组成学习共同体，共同研究和分享数字化教育的最佳实践。学校提供专门的研讨会和工作坊，教师可在此互相启发、交流、分享经验和教学资源。教师在数字化教育领域的专业成长被纳入职业发展和评估的体系中。澳大利亚教育机构设立专门的教育科技岗位，鼓励教师参与教育技术和创新项目，以推动数字化教育的应用和发展。

第四节　发达国家健全家校社多边合作机制

家校社合作是提高教育公共服务质量的一个重要途径。西方发达国家基本倾

---

① 曹晟文编译. 澳大利亚：发布《学校中运用生成式人工智能框架》[J]. 人民教育，2024（8）：37.

向于采取访谈和问卷调查，了解家长的需求和期望，建立完善家校社的合作关系。通过家庭、社区和社会公众等教育利益相关者合作机制，进一步提升教育公共服务均等化水平。

一、美国的家校社多边合作机制

1. 提高家长的教育意识和能力

许多美国学校和地区制订了家庭参与计划，定期进行家庭访谈和问卷调查，收集家长对学校课程、教学方法、学校文化、安全以及学生支持服务的看法和建议。家长教育和培训在美国的教育体系中发挥着重要的作用，旨在提高家长的教育意识和能力，以更好地支持孩子的学习和发展。这种形式的培训包括教育心理学、学习方法和家庭教育技巧等方面的内容。通过接受这些培训，家长可以更好地理解教育体系和学校教育的目标，更好地参与到孩子的教育进程中。在美国，家长教育和培训由学校、社区组织、教育机构共同提供。学校通过组织家长会议、研讨会和家庭访问等方式，与家长进行沟通和交流。社区组织也会举办与家庭教育相关的讲座和活动，为家长提供互助和支持的平台。其中，美国的"社区在学校"（Communities in Schools，CIS）组织拓展了学校和社区之间关系的重要潜能。在学校内部，CIS 设置了站点协调员（site coordinators）作为学校和社区的"牵线者"。一方面，站点协调员着眼于学校、家庭和个别学生的需求，与学校领导和当地教育部门合作，为学校和学生提供具有针对性的服务；另一方面，站点协调员与社会服务机构、医疗保健行业、企业和志愿者都建立起合作伙伴关系。[①]

此外，教育机构还开设了一些面向家长的课程和培训项目，帮助家长了解最新的教育理念和方法。通过开展家长教育和培训，美国强化了家庭与学校之间的合作关系。家长能够更好地理解学校的教育目标和教学方式，与教师建立起积极的合作关系。同时，家长教育和培训还帮助家长掌握一些能够帮助孩子学习、发展的方法及技巧，提高了家长的教育能力。

2. 设立家长志愿者组织参与学校决策

设立家长志愿者组织是美国家庭与学校合作关系中的重要环节，旨在为家长

---

① 吴娜娜，韩卓言. 美国"社区在学校"组织：社区以学生为中心提供综合性支持[J]. 上海教育，2024（29）：29-31.

提供更多的参与机会。这种组织通常由家长自愿加入，并承担一定的义务和责任。家长志愿者组织为家长与学校之间架起了沟通的桥梁，成为促进家校互动的平台。通过参与志愿者组织，家长可以更好地了解学校的运作和教学活动，并为学校和学生提供各种形式的支持。美国的家长志愿者组织覆盖范围很广，既包括学校内的家长教师协会和家长委员会、家庭学校联络员，也包括社区组织中的家长志愿者组织。这些组织通过组织各类活动和项目，为家长提供参与学校和社区活动的机会。家长可以参与到学校课程规划、学生活动组织、学校管理和社区服务等工作中。这不仅帮助家长更好地了解学校和社区的需求，而且促进了家庭与学校的紧密合作关系，使双方共同提升教育公共服务的质量和效率。家长志愿者组织在美国的教育体系中具有重要的意义：为家长提供了更多参与教育的机会，增强了家长对教育的关注和投入；家长通过参与到教育决策和活动中，能够更好地了解学校的需求和教学目标，更好地支持孩子的学习和成长；帮助学校和社区发现、利用家长的资源与才能，促进了家校之间的相互信任和合作。家长志愿者组织的设立也反映了美国社会的价值观，即教育需要得到家校社共同关注并为此做出积极贡献，需要三方共同努力来实现教育公共服务的均等化。

3. 加强教师与家长之间的合作

美国的亲师合作队伍旨在将教师与家长之间的合作提升到更高的层次。通过培养教师与家长之间的互信和理解，共同促进学生的学习和发展。亲师合作队伍的建立侧重于教师与家长之间的沟通与合作，以实现家庭和学校的良好互动。亲师合作队伍的建立需要付诸一定的努力。首先，美国的教育机构鼓励教师与家长之间进行频繁的沟通和交流，以共同制定学生的学习目标和个别教学计划。教师通过与家长的定期会议、电话和电子邮件等多种方式与家长保持联系，及时了解学生的学习情况，并与家长一同探讨学生的进步和需要改进的方面。其次，美国的学校鼓励教师与家长在学校活动中积极参与，如家长参观日、家长会议和学校庆典等。这些活动为教师与家长提供了面对面交流的机会，促进了双方的相互了解和互动。通过参与这些活动，家长能够更好地了解学校的教育理念和教学方式，为学生的学校生活提供更多的支持。在亲师合作队伍的建立过程中，美国还注重加强教师的家庭联系技能培训。教师需要具备与不同家庭沟通和合作的能力，理解并尊重不同家庭的文化和价值观。教师还需要学会与家长建立积极的合作关系，共同关注学生的学习和发展。为此，美国的教师培训机构和学校提供了相应的培训和资源，帮助教师提升家庭联系技能，并提供具体的指导和支持。

4. 制定家校合作激励机制

《美国学校教育提高法案》（Improving America's School Act，1994）要求，学校与家庭和社区建立伙伴关系，鼓励和支持家长参与学校教育及管理，三方携手帮助孩子更好地完成学业。同年颁布的《美国教育改革法》也有同样的要求。[①]此外，美国教育部会定期举办家校合作案例评选活动。在这一活动中，学校和家长都可以申请参与，提交他们合作的相关成果和经验。专家团队将对申请案例进行评审，并选出优秀的合作案例进行表彰。学校在每学年末还会举办家庭奖励典礼。这个典礼的目的是表彰具有卓越家庭教育伙伴关系的学生家庭，以及为学校做出杰出贡献的家长。学校会根据家庭与学校的合作成果、家长参与学校活动的频率和质量，以及家庭支持学校教育的方式等方面进行评估和筛选。获得奖励的家庭将成为其他家庭的榜样，这也会进一步激励其他家庭与学校合作。此外，美国还鼓励学校与家庭建立互动平台，以促进合作和信息交流。许多学校设立由学校管理者、教师和家长共同组成的家校合作委员会，定期开会交流并制订合作计划。学校通过家校合作委员会为家长提供教育资源和培训机会，并征求家长的意见和建议，以便更好地满足学生和家庭的需求。

二、法国的家校社多边合作机制

1. 开展家长教育和培训

为了提高家长的教育意识和能力，法国积极开展家长教育和培训，以促进家庭与学校的紧密合作。家长教育和培训在法国的教育体系中扮演着重要的角色，目的是使家长更好地理解、支持孩子的学习和发展。在法国，政府、学校和社区组织共同承担起开展家长教育及培训的责任。政府开办了大量的家长培训课程，包括在教育机构和社区中的研讨会、讲座和工作坊等。一是家长会议成为法国学校系统中一个常规的做法，学校定期组织家长与教师的面对面会议，让家长有机会直接表达对孩子教育的看法、需求和期望。这些会议不仅讨论学生的学习进展，还涉及学生在校的行为、社交情况以及可能遇到的任何问题。二是在法国学校中，教育顾问负责协调学校与家庭之间的关系，他们经常参与或主导家访，特别是对需要特别关注的学生家庭。家访不仅能够了解家庭背景和教育环境，还能直接听

---

① 姜志坚. 美国家长教师协会研究[D]. 成都：四川师范大学，2010.

取家长对教育的期望和担忧。三是社区组织也积极开展与家庭教育相关的活动，为家长提供交流和互助平台。通过家长教育和培训，法国强化了家庭与学校的密切合作关系。家长对教育的认知和理解不断加深，有助于与教师建立更紧密的合作关系，并在教育中提供更加有效的帮助。此外，家长教育和培训还能提供一些具体的教育方法和技巧，帮助家长更好地引导孩子的学习和发展。

2. 设立家长志愿者组织

法国鼓励家长积极参与学校事务，并为此设立了家长志愿者组织。这些组织由家长自愿组成，旨在增强家长与学校之间的合作及协作，共同促进学校教育质量的提升。家长志愿者组织为家长提供了更多参与学校事务的机会。值得注意的是"家庭教育伴侣计划"，它是一个全国性的非营利组织提供各类家长教育课程和工作坊，内容涵盖儿童成长心理学、亲子沟通技巧、学习方法指导等，旨在帮助家长更好地理解孩子的教育需求，提升家庭教育的质量。家长可以通过参与这些活动，了解学校的运作机制和教育政策，更好地掌握孩子在学校的学习和成长。在家长志愿者组织中，家长还可以与其他家长互相交流，分享育儿经验和教育心得。通过这种互动，家长能够更好地理解和支持孩子在学校中的发展。法国的家长志愿者组织由学校和社区共同支持、组织。学校通常会在开学时成立家长志愿者组织，并举办相关的培训和会议，帮助家长了解组织的职责和任务。社区也会配合学校的工作，提供相关资源和支持。这种学校与社区的紧密协作，使家长志愿者组织得以顺利运作，并为家长提供更多参与学校事务的机会。

3. 加强教师与家长之间的合作

在法国，建立亲师合作队伍的目标是加强教师与家长之间的合作和互动，以实现学生全面的发展。法国鼓励教师与家庭保持密切的联系，并通过不同的方式促进教师与家长之间的沟通和合作。首先，法国强调学校与家长的伙伴关系，鼓励教师主动与家长进行沟通和交流。通过定期的家长会议和个别面谈，教师可以与家长共同探讨学生的学习进展、需求和问题，制订适合学生的个别教学计划。这种沟通和合作可以帮助教师更好地了解学生的背景及家庭环境，有针对性地提供支持和指导。其次，法国倡导教师与家庭之间的互信和尊重。教师通过对家长的倾听和理解，尊重家庭的文化和价值观，与家长建立起积极的合作关系。同时，家长也被鼓励积极参与学校的活动和决策，在学校发挥积极作用。这种互信和尊重有助于建立良好的教师与家长关系，使其共同关注学生的发展和学习成果。最后，法国通过提供培训和支持，促进教师与家长的合作和协作。教师培训机构和学校提供专门的培训课程，帮助教师了解如何与家长进行有效的沟通和合作，学习相关的家庭联系技巧和策略。同时，学校还为教师提供具体的指导和支持，鼓励教师与家庭共同制定学生的学习目标，并为学生提供有针对性的支持和帮助。

4. 制定家校合作激励机制

在法国，制定家校合作激励机制的目的是通过表彰优秀的家庭和学校合作案例，激发更多家庭参与教育的热情，促进家庭和学校之间的良好合作关系，进而推动教育公共服务的均等化。该机制的设立旨在鼓励家庭积极参与学校事务，并与教师共同关注学生的学习和发展。家校合作激励机制包括评选家庭和学校合作优秀案例、发布优秀案例宣传、提供奖励和支持等方面的内容。首先，法国教育部门会定期开展评选活动，由专家组成评审团对各地区提交的家庭和学校合作案例进行评选，选出优秀的合作案例。评选的标准主要包括家庭参与程度、合作质量、取得的成效等方面。评选过程公平公正，确保了选出的优秀案例的客观性与准确性。其次，通过在各类宣传渠道上发布评选出的优秀案例，法国教育部门能够将这些优秀合作案例展示给更多的家庭和学校，鼓励其学习借鉴、交流分享。通过宣传，法国教育部门希望将优秀的合作案例变成典范，引导更多的家庭和学校加强合作，积极参与学生的教育。最后，法国还为评选出的优秀合作案例提供一定的奖励和支持。这些奖励可以是荣誉证书、经济奖励或其他形式的奖励，旨在激励得奖家庭和学校继续保持良好的合作态势，同时也为其他家庭和学校树立了榜样。这一家校合作激励机制的实施在法国取得了一定的成效。通过表彰优秀的家庭和学校合作案例，法国教育部门成功地促进了家庭和学校之间积极合作氛围的创建。家庭和学校的合作关系得到了加强，双方能够更多地互相理解和支持，共同关注学生的发展。同时，优秀的合作案例的宣传也起到了示范作用，引领更多家庭和学校积极参与，推动教育公共服务的均等化。

三、德国的家校社多边合作机制

1. 开展家长教育和培训

德国各地设有父母学院，这些机构提供各类课程和研讨会，旨在帮助家长更好地理解孩子的成长阶段、学习需求和教育体系。课程内容涵盖从儿童心理学到教育方法，再到如何在家中创造有利于学习的环境。德国家长教育和培训通常包括宣传教育理念、提供育儿知识、培养教育技能等多个方面的内容。通过参与这些培训，家长能够更好地了解德国的教育体系以及学校的教育目标，更有效地支持孩子的学习和成长。在德国，家长教育和培训由学校、社区组织和教育机构共同提供。学校经常举办家长会议、亲子活动和讲座等形式的活动，加强与家长的交流和互动。社区组织在提供家长培训班和工作坊的同时，也为家长提供了交流和支持的场所。教育机构则提供针对家长的课程和专题讲座，帮助家长了解最新的教育理念和方法。开展家长教育和培训的重要性不仅体现在家长对教育的认知和能力的提升上，还有助于增进家庭与学校的密切合作关系。家长通过这些培训活动更加了解学校的教育目标和教学方式，能够更积极地参与到孩子的教育过程中。此外，家长教育和培训也为家长提供了学习机会，帮助他们掌握一些对孩子学习和发展有益的方法与技能，进而提高他们自身的教育水平。

2. 设立家长参与委员会

父母和学校是平等的合作伙伴。虽然学校在教育中扮演着主要角色，但是德国立法者认为，教育孩子首先是父母的责任。德国《基本法》第六条第二款规定："照管和教育孩子是父母天然的权利，也是首先由父母承担的义务。"而且，德国立法者赋予父母更高的教育决定权，对小学毕业后孩子是升入社会声望比较好的文理中学，还是就读于面向职业教育、声望相对较低的主体中学，决定权在父母，学校仅负责提出推荐意见。[①]因此，德国的家长参与委员会是家庭和学校之间密切合作的重要机制。这些委员会由家长和教职员工组成，旨在促进信息交流、共同决策和互动合作。家长参与委员会的成员通过定期会议和活动，就学校的教育政策和课程发展等事务提供建议、意见，并与学校内部的管理层密切合作，共同推动学校改革和教育改进。家长参与委员会为家长提供了更多参与学校决策的机会。家长可以通过这个机制，在重要的教育议题上发表自己的意见和建议，并与教职员工共同探讨并制定相关政策。此外，家长参与委员会还促进了家校沟通和合作，加强了家长与学校之间的信任和互动。家长参与委员会不仅开放给所有家长参与，还鼓励具有多元化的家庭背景和文化背景的家长参与，以确保公平和包容的教育机会。德国的家长参与委员会得到了广泛的支持和认同。学校及政府部门通常会提供必要的资源和支持，协助家长参与委员会的正常运作。学校会定期举行家长参与委员会会议，并提供必要的培训和背景资料，以确保参与者具备教育科学和相关政策方面的专业知识。政府部门会制定相关法规和政策，保障家长参与委员

---

① 孙进. 德国中小学家校合作的成功经验及启示[J]. 人民教育，2020（9）：73-75.

会的权利和地位，并鼓励学校和家长之间建立紧密的合作关系。

3. 加强教师与家长之间的合作

德国学校积极促进与家长的合作，通过工作坊、讲座和共同参与学校活动等形式，增强家长对学校教育的理解和支持。这些活动不仅教育家长，还促进了家校间的相互理解和信任。教师与家长之间主要通过家长会、父母谈话、父母对话日、学习进展会谈和家访等方式进行合作。德国法律规定，家长有权参与学校的管理和决策过程。具体来说，家长可以通过选举产生的家长委员会参与学校各个层面的管理决策。①在全校会议这一学校最高的决策机构中，家长委员会的代表们拥有三分之一的表决票数。此外，家长还会参加一些专门的委员会，例如教科书委员会，与教师和学生代表一起讨论和决定教科书的选用。在享受权利的同时，父母可以根据自己的兴趣和专长为学校提供不同的支持，例如：组织安排学校在下午的学习活动或主持兴趣小组，参与组织校园开放日和其他节庆活动，参与设计校园、布置校舍，组织和陪同班级郊游，为学生读书、做讲座，帮助学生联系实习岗位，邀请学生参观自己的工作单位等。②

4. 制定家校合作激励机制

德国教育体系一直注重家庭和学校之间的紧密合作，认为这是实现教育公共服务均等化的关键要素之一。为了强化家校合作关系，德国政府制定了家校合作激励机制，以表彰和激励那些在家校积极合作中并取得显著成效的案例。德国教育部与学校合作，定期举办家校合作案例评选活动。学校和家长可以自愿参与并提交他们合作的相关成果及经验。专门的评委团队将对申请案例进行评审，并选出优秀的合作案例进行表彰。学校会定期举行家庭奖励典礼，表彰那些在家庭和学校之间建立了良好合作伙伴关系的家庭。评选的标准包括家庭参与学校活动的频率、家长对学校活动的贡献、家庭对学生学习的支持等方面。获奖的家庭会受到社会的赞誉，并成为其他家庭合作的榜样，这进一步激发了家校合作的积极性。此外，德国还鼓励学校与家庭建立有效的互动平台，以促进双方更好地进行合作和信息交流。许多学校设立了家校联络员，负责联系和联络家长，定期举办家长会议和座谈会。学校还会主动邀请家长参与学校活动、课程设计和决策，以确保他们的声音、意见被充分听取和考虑。

---

① 孙进. 德国中小学家校合作的成功经验及启示[J]. 人民教育，2020（9）：73-75.
② 孙进. 德国中小学家校合作的成功经验及启示[J]. 人民教育，2020（9）：73-75.

四、澳大利亚的家校社多边合作机制

1. 开展家长教育和培训

开展家长教育和培训是澳大利亚教育体系中的重要环节。家长教育和培训在澳大利亚教育体系中扮演着重要的角色。通过这种形式的教育和培训，家长得以提高自己对教育的认知和理解水平，进一步增强家庭与学校之间的协作和合作关系。澳大利亚家长教育和培训通常包括家长参与学校活动、提供育儿知识、交流子女学习进展等多个方面的内容。通过参与这些培训，家长能够更好地了解澳大利亚的教育体系以及学校的教育目标，更有效地支持孩子的学习和成长。在澳大利亚，家长教育和培训由学校、教育部门和社区组织共同提供。学校经常举办家长会议、亲子活动和家长参与课程等形式的活动，通过这些活动与家长进行交流和互动。教育部门和社区组织则提供家庭教育资源和培训课程，帮助家长提升育儿能力和丰富教育知识。此外，澳大利亚还鼓励学校与社区组织、非营利机构合作，共同开展家长教育和培训，为家长提供更广泛的支持和更丰富的资源。

2. 设立家长参与计划

澳大利亚许多州和地区的教育部门及学校制定了明确的政策，强调家庭在学校教育中的重要角色。这些政策鼓励通过家访、家长会、在线调查等多种方式主动接触家长，收集他们的观点和建议，以共同支持学生的学习和发展。针对澳大利亚特有的原住民族群，学校特别重视通过文化敏感的方式与这些家庭建立信任关系，包括使用适当的沟通渠道，如社区集会、本土语言材料，以及与原住民教育工作者合作进行家访，确保他们的教育需求和期望得到理解、尊重。为了进一步加强家庭与学校的合作关系，澳大利亚采取了一系列措施，设立家长参与计划是其中之一。澳大利亚鼓励家长和社区成员积极参与学校管理与决策，通过学校董事会、家长教师协会等机构，提升教育的透明度和问责性，同时也促进了家庭与学校之间的合作，共同促进学生的学习成果和福祉。

3. 加强家校社之间的合作

在澳大利亚，建立亲师合作队伍旨在促进教师和家长之间的有效合作，从而提供更全面、个性化的教育服务。亲师合作队伍的核心目标是建立起一种紧密的、开放的和互信的关系，以增进家庭和学校之间的合作与协作，共同关注学生的发展和学习。为了实现这一目标，澳大利亚采取了多种策略。首先，学校鼓励家长参与学生教育的决策过程，通过组织家长会议、家访和解决问题的工作坊等活动，创造家长和教师之间互相了解的机会。其次，澳大利亚注重家庭与学校合作的教师培训。以阿德莱德圣加布里埃尔学校为例，该校将家长和社区作为学校教学文化的一部分。教师不仅通过分享教室教学策略，如读写能力和计算能力的培养方法，与家长建立信任关系，还邀请家长参与真实的评估过程，让家长更加了解孩子的学习进展和需要。[①]教师接受相关课程和培训，学习与家长有效沟通的技巧和策略。这些培训包括如何与多样化家庭背景的家长合作、如何处理家长关注和遇到的问题等内容，帮助教师更好地与家长合作，实现家校之间的良好关系。此外，澳大利亚鼓励学校和社区合作，加强学校与社区的联系。学校与社区组织合作项目，吸引家长积极参与，为孩子提供更好的教育环境和支持。社区资源的整合和利用，有助于提供更多的学习机会和支持，促进学生的全面发展。

4. 制定家校合作激励机制

在澳大利亚，推行家校合作激励机制的核心目标在于，借由表彰那些家庭与学校合作成效显著的案例，充分调动更多家庭投身教育事务的积极性，强化家庭与学校间的协作纽带，最终助力教育公共服务朝着均等化方向发展。这一机制的设立，意在激励家庭深度参与学校各项事务，携手教师共同聚焦学生的学习与成长。家校合作激励机制主要涵盖评选家庭与学校合作的优秀案例、广泛宣传优秀案例以及给予相应奖励与支持等环节。首先，澳大利亚政府和教育部门会定期组织评选活动。他们会对各地区呈报的家庭与学校合作案例展开细致评选，从中遴选出表现突出的合作典范。评选时，主要考量家庭参与度、合作质量以及所达成的实际成效等维度，以此保障评选过程公平公正、有据可依。其次，澳大利亚政府和教育部门会借助多种宣传渠道，大力推广这些优秀案例，将这些出色的家庭与学校合作案例展示给更多家庭和学校，鼓励各方相互学习、交流经验、分享心得。通过这样的宣传推广，澳大利亚政府和教育部门期望以优秀案例为标杆，带动更多家庭和学校主动参与合作，共同推动教育公共服务均等化进程。最后，澳大利亚政府和教育部门会为评选出的优秀合作案例提供奖励与支持。奖励形式丰富多样，包括荣誉证书、经济补贴或其他激励举措。此举不仅激励了获奖的家庭和学校持续保持良好合作态势，还为其他家庭和学校树立了可借鉴的榜样。

此外，发达国家日益重视教育改革的公众参与度，并将其视为促进教育公共服务均等化的重要策略之一。为提升公众对教育公平的支持度，发达国家通过向公众普及教育公平的重要性，助力他们更好地理解并认可教育公共服务均等化所

---

① 刘晓钰编译. 澳大利亚：家校企合作开展 STEM 教育[J]. 人民教育，2024（22）：37.

付出的努力。公众参与度的提升能够为教育公共服务的均等化提供更广泛的社会支持,进而推动教育改革的顺利进行。在发达国家,教育公平被广泛认可为一项重要的社会价值。增强公众对教育公平的支持,有助于推动教育公共服务均等化的进程。首先,公众的支持可以提升政府在教育政策制定和资源投入方面的决策力。政府能够更加关注公众的需求和意见,使政策制定更契合社会期望,进一步推动教育公共服务均等化。其次,公众的支持可以促使学校和教育机构更积极地履行自己的责任,提供高质量的教育服务,确保每个学生都能享有公平的受教育机会。最后,公众的支持能够提升家庭和社区对教育的参与度,提高教育公共服务的质量和效果。

向公众普及教育公平的重要性需要采取多种途径和措施。首先,可以通过开展教育公平宣传活动,向公众传递关于教育公平概念和内涵的信息。这可以通过媒体宣传、公益广告、社区讲座等方式进行,以增强公众对教育公平的认知和理解。其次,可以加强家庭和学校之间的合作,鼓励家长积极参与学校的决策和管理,提高家庭对教育公平的关注度和支持度。此外,可以建立教育公平研究机构,开展相关研究和调查,并向公众发布研究成果,增加公众对教育公平问题的研究和讨论。

通过增强公众对教育公平的支持,发达国家取得了显著成效。公众的支持度和参与度的提升,促进了政府、学校、家庭之间的有效沟通与合作,进而推动了教育公共服务均等化的进程。我国在探索区域教育公共服务均等化的过程中,可以借鉴发达国家提升教育公共服务的公众参与度的经验。

第 三 章

国内区域教育公共服务均等化的治理实践

　　我国教育公共服务均等化程度取决于省级政府的财政支持和统筹力度。按照我国发达省级区域排行，本章选取了北京、上海、广东三个省级区域作为考察点，呈现我国教育公共服务均等化先行区域的主要经验。与省级区域相对应，本章选取了北京市海淀区、上海市浦东新区和安徽省安庆市迎江区三个区县级区域作为考察点，提炼区县级在推进教育公共服务方面的一些实践经验，以供参考。

第一节　北京市教育公共服务均等化的措施与成效

一、学校布局的公平性和均衡性

教育规模和普及水平成为基础教育的重中之重的工作。截至 2015 年，北京市学前三年毛入园率达到 95%，义务教育毛入学率超过 100%，高中阶段教育毛入学率达到 99%。优质均衡的"北京教育新地图"初步形成，人民群众教育的实际获得感明显提升。2015 年，小学就近入学比例达到 94.1%，初中就近入学比例达到 90.6%。16 个区全部通过国家义务教育发展基本均衡县评估，"北京数字学校"为学生学习提供全天候在线服务。①

1. 通过规划调整学校布局，使各区学校资源得以合理配置

北京市根据各区的人口、经济发展情况和学生入学需求，对学校进行结构调整和资源调配，确保学校的分布相对均衡。通过这种方式，可以避免学校聚集在某些地区而其他地区的学生面临教育资源匮乏的情况。从图 3-1 发现，根据北京人口和入学学生数变化，普通高中校数总量整体呈现增长的趋势，从 2013 年的 291 所增加到 2022 年的 332 所；其增长的贡献在于十二年一贯制学校的增长，从 2013 年的 50 所增长到 2022 年的 126 所；此外，完全中学与高级中学的规模整体逐渐缩小。初中学校规模整体呈下降趋势，从 2013 年的 347 所减少到 2022 年的 335 所；其中九年一贯制学校从 2013 年的 93 所增长到 2022 年的 147 所，增幅较大（图 3-2）。小学规模减幅相对较大，从 2013 年的 1093 所减少到 2022 年的 837 所。不过，班数从 2013 年的 23455 个增长到 2022 年的 29977 个（图 3-3）。

2. 注重扩大优质学校的覆盖范围，提高学校资源的均衡性

优质学校往往集中在城市中心地区，导致郊区学生面临选择性就近入学的困

---

① 本节主要资料和数据来源：北京市教育委员会官网公布的相关政策、文件和经验[EB/OL]. https://jw.beijing.gov.cn/.

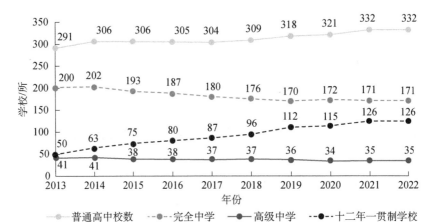

图 3-1 2013—2022 年北京市普通高中学校规模（数）

资料来源：教育部官网公布的 2013—2022 年教育统计数据，经作者对数据整理获得，下同

图 3-2 2013—2022 年北京市初中学校规模（数）

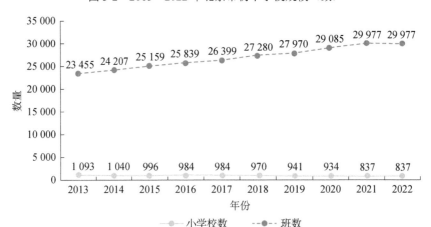

图 3-3 2013—2022 年北京市小学学校规模（数）

难。为了解决这个问题，北京市推出了优质学校扩容计划，将优质学校逐步扩大规模，提高容纳学生的能力，使更多的学生有机会接受优质教育。《北京市教育委员会关于做好 2024 年北京市高级中等学校考试招生工作的意见》明确规定：将全市优质普通高中不低于 50%的招生计划分配到一般初中校，统筹优质教育资源配置；校额到校采取校内选拔方式，依据考生志愿及成绩录取，考生总成绩须达到570 分，综合素质评价须达到 B 等。①公办普通高中招生要依据《北京市中小学校办学条件标准》，每班不超过 45 人。为适应北京市高考综合改革要求，结合国家课程方案和课程标准的调整，推进走班制教学，满足学生自主选课需求，各学校要做好师资、教室和教学设备等条件保障。为进一步提升优质教育资源利用效益，优质普通高中班额原则上不低于 40 人。②北京市通过这些措施，缩小区际和城乡间的学校差距。东城区、西城区的部分普通高中继续开展登记入学试点，具体办法由东城区、西城区制定发布。强化区内统筹，鼓励各具特色的高中教育集团建立连续培养机制，促进育人主体由单体化学校向规模化集团转变，最大限度地发挥优质教育资源的办学效益。

3. 全面提升中、小、幼干部教师专业发展水平

北京市进一步扩大幼儿教师的培养规模，加大幼儿教师的培训力度，普遍提升幼儿教师素质。实施北京市"十三五"时期中小学干部、教师培训计划，突出市级高端培训和乡村教师培训。实施"首都名师、名校长（园长）、教育家培养计划""优秀中青年骨干教师发展计划""学科教研组长培训计划""培训者培训计划""乡村教师支持计划"。③④以教师结构为例，①普通高中专任教师从 2013 年的20 840 人增加到 2022 年的 22 789 人，增加了 0.09 倍；其中研究生毕业生人数从2013 年的 4003 人增加到 2022 年的 9242 人，增加了 1.31 倍；中学高级职称人数从 2013 年的 7364 人增加到 2022 年的 8909 人，增加了 0.21 倍。②初中专任教师从 2013 年的 31 868 人增加到 2022 年的 40 078 人，增加了 0.26 倍；其中，研究生毕业人数从 2013 年的 3228 人增加到 2022 年的 11 849 人，增加了 2.67 倍；中学高级职称人数从 2013 年的 6249 人增加到 2022 年的 11 236 人，增加了 0.80 倍。③小

---

① 北京市教育委员会关于做好 2024 年高级中等学校考试招生工作的意见[EB/OL]. https://www.beijing.gov.cn/zhengce/zhengcefagui/202403/t20240319_3594421.html. 2024-03-19.

② 施剑松. 北京发布 2024 年中招政策[N]. 中国教育报，2024-03-20（1）.

③ 北京市"十三五"时期教育改革和发展规划（2016—2020 年）[EB/OL]. https://www.csdp.edu.cn/article/2074.html. 2017-01-22.

④ 北京市"十三五"教育改革和发展规划解读（一）[EB/OL]. https://mp.weixin.qq.com/s/v5X_XV4nl9H-A51GyIiiMg.

学专任教师从 2013 年的 54 981 人增长到 2022 年的 76 699 人，增加了 0.40 倍；其中，研究生毕业生人数从 2013 年的 1286 人增加到 2022 年的 9920 人，增加了 6.71 倍；中学高级职称人数从 2013 年的 579 人增加到 2022 年的 8892 人，增加了 14.36 倍。教师队伍的素质提升是教育质量提升的关键环节，其中学历和职称是反映师资队伍建设质量的重要衡量指标。从以上数据来看，自党的十八大以来，北京市的基础教育服务水平日益提高，教育均衡取得长足进展。

二、学校类型和教育模式的多样化

2023 年 8 月印发的《教育部 国家发展改革委 财政部关于实施新时代基础教育扩优提质行动计划的意见》明确提出：推进义务教育优质学校挖潜扩容，对有条件的、办学水平和群众认可度较高的学校，"一校一案"合理制定挖潜扩容工作方案，加快办好一批条件较优、质量较高、群众满意的"家门口"新优质学校；推动普通高中多样化发展，建设一批具有科技、人文、外语、体育、艺术等方面特色的普通高中，积极发展综合高中。北京市为了缩小城乡教育差距，积极探索基础教育学校的多样化和可选择性发展。

1. 以区域为单位形成多样化发展格局

立足北京"双中心"城市布局，以各区县人口总量、结构、分布、流动为基础，北京市基础教育学校统筹规划调整，提高优质教育覆盖面，打造新优质学校。实施与学校、学生差异相适应的分层分类发展格局，使每一所学校都有特色，以《北京市中长期教育改革和发展规划纲要（2010—2020 年）》为起点开展多样化特色办学实验，通过引进名校办分校、大学合作办学等措施，鼓励不同层次学校在充分考虑自身实际、办学优势等基础上，推动学校、学生由分层发展转向分类特色发展，建设了一批特色学校。例如朝阳区通过卓越学校建设，推出了第八十中学、陈经纶中学、朝阳外国语学校、北京中学等本土名校；通过名校合作，推动中国人民大学附属中学朝阳学校、清华大学附属中学朝阳学校发展成为百姓家门口的卓越学校；通过与中央美术学院合作办学，推动中央美术学院附属实验学校发展成为美术特色校。[①]

---

① 北京市朝阳区教育委员会. 整体推动区域高中学校多样化发展的朝阳经验[J]. 人民教育，2023（21）：21-22.

2. 推行贯通学制，加大九年一贯制学校、小初高一体化学校试点布局

根据北京市各区县的学生结构和分布现状，建设九年一贯制和十二年一贯制学校，构建基础教育发展新格局。通过试点创新人才培养贯通实验、推动集团贯通教研组建设、构建贯通一体化课程体系等多种路径，形成了尊重人才成长规律、加强人才发展长周期设计的教育发展新生态。北京市九年一贯制学校从 2013 年的 93 所增加到 2022 年的 147 所，增加了 0.58 倍；十二年一贯制学校从 2013 年的 50 所增加到 2022 年的 126 所，增加了 1.52 倍（图 3-4）。学校结构的变化引发教师培养、课程开发、教学组织方式的系列变革，进一步强化课程、教学、评价的协同研究，逐步向"一校一策、一班一策、一科一策、一师一策、一生一策"的"教"与"学"走向精准化、高质量发展。

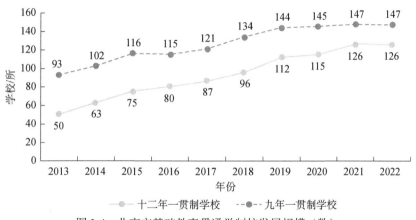

图 3-4 北京市基础教育贯通学制校发展规模（数）

3. 以项目为抓手实施多样化①

一是义务教育优质资源扩大整合项目。通过市级扩优改革项目带动，进一步整合教育资源，优化义务教育优质资源布局。持续推进高等学校、教科研部门、民办教育机构及其他社会力量支持中小学发展，引进外籍教师参与中小学英语教学改革。支持推进集团化办学、学区制改革、教育集群发展和九年一贯制办学探索。二是高中多样化特色化发展项目。鼓励学校自主探索多样化办学模式，构建优质多样、特色鲜明、资源共享的普通高中课程体系，完善综合素质评价体系。促进办学体制多样化，鼓励城区公办优质高中寄宿部、国际部外迁，探索民办机

---

① 北京市"十三五"时期教育改革和发展规划（2016—2020 年）[EB/OL]. https://www.csdp.edu.cn/article/2074.html. 2017-01-22.

制；全力做好内地民族班的教育管理服务工作，提升内高班的教育水平。三是市级统筹优质教育资源项目。完善市级优质高中教育资源统筹机制，新建 10 所市级统筹优质高中，发挥优质高中的带动作用，扩大优质教育资源数量和覆盖范围。继续安排部分优质高中招生计划跨区分配到校。

三、教育信息化助力公共服务均等化

北京教育信息化在 21 世纪初出台系列教育信息化政策，采取多种举措推动教育现代化。北京市早在 2004 年提出实施首都教育战略，要在全国率先基本实现教育现代化的宏伟目标。此后，《北京市"十二五"时期教育改革和发展规划》《北京市"十三五"时期教育改革和发展规划（2016—2020 年）》《北京教育信息化三年行动计划（2018—2020）》《北京教育信息化"十四五"规划》等重大政策相继出台。在"统筹规划，协调发展；统一标准，分步实施；政府主导，社会参与"的建设原则指导下，北京市教委从实际出发，以应用促建设，以需求促发展，在不断加强基础设施建设的基础上，重点从数据管理、资源支持、远程教学等方面实施中小学信息化应用项目，全面推进首都基础教育信息化应用工作。

1. 明确教育信息化战略目标

一是建设新型"互联网+教育"管理服务平台。以"互联网+"理念建设新型教育管理平台，支撑信息时代教育治理的新模式；推进教育服务系统建设、整合和创新应用，建立以互联网为载体，以大数据、物联网、人工智能等新技术为手段，以多元社会力量共同参与为服务供给模式、以支撑信息化条件下新型人才培养为目标、能满足师生个性化需求和体验的新型教育服务平台，支撑线上线下相结合的北京教育服务新模式。二是构建新型教育大数据决策支撑体系。汇聚教育管理服务数据资源，集成多元教育数据，以动态更新为根本的北京教育大数据新体系；建立以海量数据为基础、以智能技术为支撑、以数据驱动管理决策和个性化服务为主要目标的大数据应用新模式。三是推动信息技术与教育教学深度融合。鼓励探索信息技术与教育教学融合新途径，开展教育信息化创新课题研究，建立教育信息化融合应用示范基地，推动形成一批融合创新应用系统、应用基地和应用人才。四是提升师生信息素养与创新能力。推动教师主动适应信息化时代变革，有效运用信息技术开展教育教学，开展信息技术培训，提升学校管理者信息素养；提升学生信息素养，完善课程体系，培养学生信息技术应用意识和能力，营造提升学生创新精神的氛围与环境。①②

2. 以项目带动教育信息化深度发展

一是教育大数据应用行动，构建教育大数据平台。二是教育管理信息化提升行动，打造全流程教育管理服务。三是教育公共服务优化行动，构建教育公共服务平台。深化网络学习空间人人通应用，形成服务学生、教师、家长、机构、管理者、班级、学校、区域的网络化学习空间；积极开展基于网络学习空间的特色教育教学活动。四是数字教育资源拓展行动，构建数字教育资源公共服务体系。开展优质数字资源建设与汇聚，实现知识点优质数字资源全覆盖；汇聚互联网上各类教学、科研、文化等资源，为各级各类学校提供海量、优质资源服务，提升服务供给能力，支撑学校和师生的信息化应用。五是基础环境与网络安全提升行动，提升北京教育云环境支撑能力。围绕提升意识水平、完善制度保障、强化技术支撑、深化日常管理四个重点，努力营造安全可靠的教育网络环境。六是融合创新"双百"示范行动。设立百项信息技术与课堂应用融合创新课题，设立 100 项示范课题；建立百个"智慧校园"融合应用示范基地，建设 100 个信息化融合应用示范基地。引导学校组织教师利用信息技术手段开展混合式教学工作；引导教师进行网上研修学习，并纳入继续教育学分；引导各级教育管理部门组织优秀数字课程资源评选、信息技术应用先进教师评选等活动，获得的相关荣誉，可作为职称评审、骨干教师评选、评优评先等工作的参考。七是信息素养与创新能力提升行动，全面提升教师和教育管理者的信息素养。③

四、公共服务均等化引领教育改革深化和持续发展

北京市在区域教育公共服务均等化的探索中，采取了一系列对教育改革的深化和持续发展的措施。这些措施旨在不断提高教育公共服务的质量和均等化水平，为每个学生提供公平的教育机会。

---

① 北京教育信息化三年行动计划（2018—2020）发布[EB/OL]. http://edu.china.com.cn/2018-07/17/content_57566263.htm. 2018-07-17.

② 祁靖一，卢秋红. 构建与教育现代化发展目标相适应的教育信息化体系：专访北京市教育委员会教育信息化处处长张宪国[J]. 中小学信息技术教育，2018（9）：9-12.

③ 北京教育信息化三年行动计划（2018—2020）发布[EB/OL]. http://edu.china.com.cn/2018-07/17/content_57566263.htm. 2018-07-17.

1. 北京市加大了对教育资源的投入力度

北京市教育投入持续增加，结构不断优化，教育资源的供给能力不断增强。2020年，全市教育财政经费投入达到1128亿元，公共财政教育支出占公共财政支出比例达到15.85%。改革教育经费体制，投入市级财政资金150多亿引导民办幼儿园转成普惠园，让更多老百姓受益。健全教师绩效工资激励机制，落实乡村教师岗位生活补助，每年向3万余名乡村教师发放岗位生活补助，教师收入水平不断提升。深入推进"平安校园"建设，出台中小学幼儿园安全规定100条，为家长送上"定心丸"。①

2. 教育公平与质量取得重大进展

北京市在促进教育公平方面持续发力，"十三五"期间累计增加学前教育学位23万个，学前教育普及、普惠程度大幅提升，有效缓解了入园难、入园贵问题。北京市通过不断扩充优质教育资源和规范入学办法，在"资源优质"和"机会公平"上同时发力，小学、初中的就近入学比例均达到99%以上，使老百姓在家门口就能上好学校，有效破解择校难题，中考中招选择机会更为丰富，高考高招录取率持续保持在90%以上，群众满意度不断提高。国家义务教育质量监测结果显示，北京学生的学习成绩、学习习惯、学习自信心以及教师的教育教学效果持续保持前列，学生参加PISA测试取得优异成绩。

3. 教育综合改革取得新突破

教育领域综合改革的系统性、整体性、协同性不断增强。组织实施了新一轮中考改革，高考综合改革平稳落地，考试招生制度改革取得重大进展。"校额到校""市级统筹"，以及"1+3"培养等方式对促进教育公平发挥了良好作用。高端技术技能人才贯通培养项目、中高职衔接项目进一步拓宽了职业人才培养通道。高校、科研院所、艺术院团共同参与中小学办学，有效扩大了优质教育资源覆盖面。加强教师队伍建设，评选出首批中小学特级校长。"放管服"改革成效明显，民办教育分类管理、教育督导体制机制取得新突破，各级各类学校办学活力进一步激发。

4. 以高起点推动"十四五"教育公共服务改革

"十三五"期间，北京市的主要教育指标均排在全国前列，若干重要指标位居

---

① 北京市"十四五"时期教育改革和发展规划（2021—2025年）[EB/OL]. https://www.gov.cn/xinwen/2021-10/06/content_5641123.htm. 2021-10-06.

首位，提前达到《中国教育现代化 2035》确定的主要事业发展目标。通过国际比较，北京市教育达到世界发达国家水平，普及程度、教育质量、公共财政教育支出等指标处于世界前列，因此奠定了"十四五"期间教育公共服务均等化的良好格局。

一是多渠道增加中小学学位供给。全市新建、改扩建和接收居住区教育配套中小学 150 所左右，将新增中小学学位 16 万个左右。北京市统筹使用各类教育设施，加强学区内、教育集团（集群、联盟）内、一贯制学校内和学校间的资源共享，充分提高学位资源利用效率。北京市通过"市建共管"或"市建区办"方式，统筹全市优质教育资源支持学校建设；大力推进国际学校建设。此外，北京市在国际人才社区等国际人才密集地区布局一批国际学校，为在京常住外国人和海外优秀人才营造良好的教育服务环境。

二是分区域优化教育资源配置，合理保障核心区入学需求。北京市推进公共服务用地优先保障基础教育设施建设，综合运用户籍、住房、入学等政策，合理控制核心区入学规模。发挥核心区优质教育资源引领带动作用，促进核心区内外教育质量均衡发展。大力引入优质教育资源，全面补齐海淀山后、丰台河西等地区教育设施短板。持续推进教师素质和基础教育质量提升，统筹中心城区优质学校与城市副中心学校精准帮扶协作，促进区域教育质量整体提升。根据区域功能定位和人口变化，合理规划建设一批中小学。加强重点功能区教育服务保障，建设一批优质学校，新建、扩建一批国际学校。加快补齐昌平回天、房山长阳等人口密集地区教育设施缺口。支持乡村学校通过因地制宜、内外兼修等措施，激发发展活力，努力打造一批时代特色鲜明的美丽乡村学校。

三是推动京津冀教育协同发展，深化区域交流合作。北京市强化区域教育协同联动发展，鼓励北京优质中小学采取教育集团、学校联盟、对口帮扶、开办分校等方式开展跨区域合作办学，扩大教育资源辐射面；加强教师培养培训基地共建，促进数字学校、素质教育基地、实习实训基地和体育运动设施共享；鼓励职业院校通过联合办学、校区建设等形式开展实质性合作；充分发挥首都优质教育资源辐射带动作用，紧密结合对口支援地区实际需求，细化完善教育帮扶机制，提升教育帮扶精准度和实效性；办好内地民族班，落实好少数民族高层次骨干人才培养计划，发挥好开放大学在线教育帮扶作用；强化与发达地区交流合作，共享先进的教育理念和教育经验，开展多层次、多领域的平台和项目合作，共同创造具有中国特色的现代化教育发展模式和经验。

第二节　上海市教育公共服务均等化的措施与成效

一、学校布局的公平性和均衡性

在推动区域教育公共服务均等化方面，上海市注重学校布局的公平性和均衡性，以确保每个地区都能够享受到优质的教育资源。[①]

1. 实施城乡一体化五项标准

上海市围绕满足教育教学的新需求，完善学校建设标准，做好"一场一馆一池一室"（学生剧场、室内体育馆、室内游泳池、心理辅导室）建设和改造，积极创造条件与社会共建共享。为适应学生培养的新需求，上海市加强中小学创新实验室建设、图书馆建设和安全教育共享场所建设。上海市以互联互通、增进应用为重点，优化中小学信息化基础设施环境，提升普通教室信息化配置，建设多功能数字学习中心，加强中小学信息化移动终端配置，深化信息化应用和教学资源共建共享，加强中小学网络和信息安全规范化管理；统一城乡教师基本配置标准，均衡配置优质教师，完善教师培训制度，保障教师工资逐步增长；探索建立全市统一的义务教育生均拨款基本标准，健全市级统筹与区级投入相结合的义务教育投入机制。[②]其中，以学校规模发展为例，上海市普通高中校数从 2013 年的 243 所增长到 2022 年的 262 所，其中，高级中学与十二年一贯制学校整体呈缓慢增长趋势，完全中学则整体呈缓慢下降趋势（图 3-5）。初中学校数增幅比普通高中略大，从 2013 年的 519 所增长到 2022 年的 605 所，其中，初级中学与九年一贯制学校整体都呈增长趋势（图 3-6）。小学学校总数从 2013 年的 759 所下降到 2022 年的 680 所，整体呈下降趋势；然而学校班级数从 2013 年的 20 491 个上升到 2022 年的 23 899 个，整体则呈增长趋势（图 3-7）。

2. 深化内涵建设，推动基础教育转型发展[③]

一是树立新时期"好学校"的标杆。上海市旨在办"家门口的好学校"，实施"新优质学校"推进项目，重点研究一批不挑生源、不争排名、不集聚特殊资源的

---

① 本节主要资料和数据来源：上海市教育委员会官网公布的相关政策、文件和经验[EB/OL]. https://edu.sh.gov.cn/.

② 上海市教育委员会等七部门印发《关于进一步促进本市义务教育学校建设的实施意见》的通知[EB/OL]. https://edu.sh.gov.cn/xxgk2_zdgz_jcjy_01/20220915/9f0597e65f694c56b3a10a3b9a2313da.html. 2022-09-16.

③ 关于印发《上海市基础教育改革和发展"十三五"规划》的通知[EB/OL]. https://edu.sh.gov.cn/xxgk2_zhzw_ghjh_01/20201015/v2-0015-gw_301132017003.html. 2017-02-04.

图 3-5　2013—2022 年上海市普通高中学校规模（数）

图 3-6　2013—2022 年上海市初中学校规模（数）

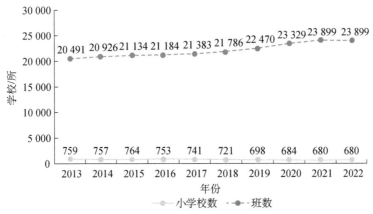

图 3-7　2013—2022 年上海市小学学校规模（数）

普通学校走向优质的轨迹，树立新时期好学校的标杆，推动各类学校树立育人为本的办学理念，关注每一个学生的健康成长，涌现出一批"家门口的好学校"，带动了区县对学校新优质发展的整体设计，提升了社会公众对义务教育的满意度。二是建立教育质量综合评价制度。上海市构建了基于课程标准，全面评价学生学业水平、品德行为、身心健康，教师教学，校长课程领导等十方面情况的中小学学业质量绿色指标测评体系，在教育内部形成"标准—检测—分析—改进"的良性循环，形成了"检测依靠技术、结论源自证据、分析产生转变"的实践行动模式，引导全社会逐步树立正确的教育质量观。三是实施高中学生创新素养培育项目。上海市推进上海中学等4所高中探索建立拔尖创新人才培养基地，徐汇区、金山区和25所高中承担的"高中学生创新素养培育实验项目"取得成效，在拔尖创新人才早期培养和高中学生创新素养培育两个方面作出积极探索。实施推进特色普通高中建设项目，采用"项目孵化、滚动推进，分类指导、分阶提升"方式，引导一批高中聚焦特色课程建设，建设特色高中和特色项目，满足不同层次、不同类别学生的发展需求。四是深化基础教育课程教学改革。上海市在复旦大学等6所高校建立8个上海高校"立德树人"人文社科重点研究基地，发挥高校对本市基础教育课程改革的智力支持作用。开展基础教育各学科育人价值研究，编制出版中小学23门学科育人价值研究文丛。开展提升中小学课程领导力行动研究，51所项目学校和黄浦整体试验区围绕课程规划设计、实施、管理、评价等环节，形成丰富的校本化操作策略、途径和机制。落实减负要求，在全市小学推行"快乐活动日"，实施"提升中小学作业设计与实施品质"项目。开展基于课程标准的教学与评价，研制小学低年段语数外学科基于课程标准的评价指南，教师和家长对政策的认同度逐步提高。适应高考综合改革要求，调整高中7门学科课程标准。21所学校获准开展高中国际课程试点。探索推进数字化课程环境建设和学习方式变革。五是加强优质教育资源辐射共享。推进中小学校对口办学，复旦附中等8所学校赴郊区办分校或委托管理高中学校，一大批中心城区品牌义务教育学校（幼儿园）到大型居住社区和郊区新城公建配套学校对口办学，形成城郊结合、以强带弱、优势互补的合作模式。完成四轮农村义务教育学校委托管理，覆盖所有郊区，派出支援机构140个（次），托管学校159所（次），惠及3400多个班级、11万余名学生。在4区试点学区化集团化办学基础上，形成各区全面推进的新格局。六是实施特殊教育医教结合。开展特殊教育学校标准化建设和普通学校资源教室建设，按标准添置用于残疾儿童教学、康复和保健的设施设备。开展医教结合试点，建立多部门合作的医教结合管理机制、多层次互动的专业化服务体系和多部门参与的公共服务平台，提供残疾儿童自发现开始的诊断评估、教育安置、教学、康复和保健服务。对基础教育阶段残疾儿童实施免费教育，特殊教育生均公用经费达到 7800 元。将康复专职教师、普通学校专职特教教师、专职巡回指导教师、学前特教教师纳入编制标准。残疾儿童义务教育阶段入学率达到 99.3%。

3. 教师专业发展水平普遍提高

"十二五"期间，2 万多名新教师接受见习教师规范化培训，职初教师入职门槛提高。推进"双名工程"，累计培养近 3000 名优秀校长和教师。实施中青年骨干教师团队发展计划，首批支持 32 个团队建设。整合优质教师教育资源，对全体农村教师分类分层开展培训。制定促进校长、教师流动的系列政策，已有 20%的新评特级校长和特级教师参与柔性流动。截至 2022 年，以教师结构为例：①上海市普通高中专任教师从 2013 年的 16 600 人增长到 2022 年的 20 127 人，增长了 21.25%；其中研究生学历的专任教师从 2013 年的 2111 人增长到 2022 年的 7029 人，增长了 2.33 倍。②初中专任教师从 2013 年的 36 049 人增长到 2022 年的 47 295 人，增长了 31.2%；其中研究生学历的专任教师从 2013 年的 2151 人增长到 2022 年的 10 248 人，增长了 3.76 倍。③小学专任教师从 2013 年的 49 772 人增长到 2022 年的 65 407 人，增长了 31.41%；其中研究生学历的专任教师从 2013 年的 1114 人增长到 2022 年的 7091 人，增长了 5.37 倍。2013—2022 年，上海市在基础教育阶段特别注重师资队伍基本素质建设，高学历教师从小学至普通高中增速都非常快，尤其是小学专任教师的增速最快。

上海市通过限制和引导学生在学校的选择权，避免了学生在选择学校时集中选择热门学校的情况。学校也通过多元的招生方式，如随机派位和学区内派位等来确保学生分布的公平性。上海市通过合理划分区域师资和教育设施等教育资源，确保每个学区都具备基本的教育资源。这样的措施有效避免了学生之间的差距被进一步拉大，促进了学校间的均衡发展，同时增强了公共服务的公平性。

二、学校类型和教育模式的多样化

上海市在推动区域教育公共服务均等化方面，注重学校类型和教育模式的多样化，以满足不同学生和家庭的教育需求。

1. 上海市积极推进学校类型的多样化

上海市以常住人口为基数，优化配置校舍园舍资源。健全公建配套制度，确保配套校舍园舍同步规划、同步建造、同步交付使用。公建配套的中小学校和幼儿园原则上开办公办学校（幼儿园）。各区县进一步优化中小幼学校的设点布局，努力满足符合条件常住人口的就学需求，逐步扩大随迁子女就读公办学校比例。对教育资源相对紧张的区域，在增建学校基础上，上海市通过改建、扩建等方式，扩大资源供给，稳妥解决适龄儿童入学紧张问题。除了传统的公立学校，上海市还鼓励和支持发展私立学校、民办学校和国际学校等，以为学生和家长提供更多选择的择校机会。上海市开展民办中小学、幼儿园非营利制度建设，实施分类管理，落实民办学校的办学自主权；深入开展特色民办校、民办优质园创建活动；建立公办学校与以招收随迁子女为主民办小学协同发展机制，加强以招收随迁子女为主民办小学的督导、教研指导、检查和办学绩效评估工作；完善购买服务机制、公民办学校相互委托管理机制和第三方评估机制。

2. 全面推进学区化集团化办学

上海市以"优质导向、专业引领、主体激发、创新驱动"为指导思想，以体制机制突破创新为着眼点，开展多种形式的联合体办学实践。上海市建设具有学区、集团特点和地域特色的优质课程开发、共享、配送机制，探索建立"骨干教师流动蓄水池"，创新学区化、集团化办学理事会制度、章程管理制度、项目责任制、联体评价制等制度，保障学区、集团整体质量提升；开展学区化集团化办学实践研究，研制学区化集团化办学评估指南，形成学区和集团化办学的典型经验，不断提升联合体内各校的办学水平。

3. 实施新优质学校集群发展计划

市级层面通过新优质学校研究所凝聚 100 所市项目学校进行新优质学校设计，研制新优质项目学校评测标准。各区组织约 250 所区级项目学校，聚焦课程与教学、管理与文化、评价与改进等领域的瓶颈问题，组成实践研究团队，推进学校转型发展和内涵提升。创新集群内外学习与展示平台，培育核心经验、提升变革品质、辐射发展成果，培育和壮大新优质学校群，创造上海"新优质教育"品牌。

4. 开展特色普通高中学校建设

上海市引导普通高中以深化课程教学改革为主要抓手，着力构建富有特色的学校课程体系以及相应的运行和管理机制，促进高中教育从分层教育逐步向分类教育转型。通过学校自主规划、项目滚动指导、建设目标引领等方式，建成一批课程特色遍及人文、社科、理工、艺体等多个领域，布局相对合理，有效满足学生多样化学习需求的特色普通高中，并发挥示范引领作用，成为各特色领域的课程建设高地和教师研训基地，推动高中特色课程资源的辐射共享。

通过学校类型和教育模式的多样化的努力，上海市学校类型的多样化增加了学生和家长在学校选择方面的机会，提高了教育公共服务的多元化程度。同时，教育模式的多样化满足了不同学生的个性化需求，增强了学生的学习动力和发展潜力。因而，学校类型和教育模式的衔接与协同发展提升了教育公共服务的整体质量和影响力。

三、教育信息化助力公共服务均等化

在推动区域教育公共服务均等化的过程中，上海市十分重视教育信息化的发展与运用，以提升教育公共服务的均等化水平。在"十三五"期间，上海市提出"强化信息技术应用，支撑教育教学深度变革"的重要目标。[①]①教育信息化基础设施环境全面提升。上海教育数据中心完成基本建设，并全面投入使用，有力支撑了上海市义务教育入学报名系统、高中综合素质评价系统、学校安全管理中心以及教育部国家教育管理信息系统省级云平台等一大批教育核心业务系统的运行。上海教育统一音视频通信平台建成，面向全市教育单位提供视频会议、远程培训等服务。各区"校校通网"全面覆盖本地区所有教育单位，并万兆接入上海教育城域网。包括农村学校在内的中职学校、中小学及幼儿园普遍实现宽带接入，拥有计算机专用教室，教学场所多媒体教学设备的配备进一步规范化和普及化，部分学校实现了无线覆盖。②各级各类教育资源各具特色。充分利用全社会资源，以上海学习网建设为基础，构建优质教育资源目录和交换中心，推动各类资源共享应用，提高资源利用率。利用市级基础教育资源库，全市各区县建立了各具特色的教育资源中心，各学校建立了校本教学资源库，基本实现了教学资源"班班通"。上海教育资源已具备一定的影响力，并正升级成为上海教育资源中心。③教育教学手段和模式改革全面试点。启动"上海市中小学数字教材实验项目"，初步完成了数字教材建设管理相关机制课题的研究和实践，组织虹口、普陀等区域开展数字教材建设与教学应用实验。建设高中名校慕课平台，汇聚优质拓展型、研究型课程资源，丰富中学生学习经历。完善专题教育网络学习平台，为中小学生网络学习提供全新体验。各区县和学校积极探索创造了多个各具特色的示范性应

---

① 关于印发《上海市教育信息化"十三五"规划》的通知[EB/OL]. https://edu.sh.gov.cn/xxgk2_zhzw_ghjh_01/20201015/v2-0015-gw_3011320160l0.html. 2016-12-29.

用。④信息化管理和决策系统逐步完善。建设义务教育入学报名系统，实现数据共享下的一站式招生信息化服务，推进义务教育招生入学工作规范管理。根据高考改革要求，建设普通高中和中职学生综合素质评价信息管理系统，汇聚学生成长数据，促进学生综合发展和个性发展。建设特殊教育信息通报系统，为残障儿童提供个性化教育和康复服务。完善学前教育信息平台，形成学前教育信息化应用集群。完善基础教育学生学籍信息系统，实现全国联网，构筑上海基础教育底层数据，为决策提供数据支撑。建设民办教育信息管理系统和民办高校财务管理系统，规范全市民办学校办学管理，并服务于社会公众查询。⑤师生的信息化素养和应用能力再上台阶。针对性培训的覆盖面达到90%以上，能够熟练运用信息技术开展教育教学的教师达到95%以上，能够运用信息技术进行自主学习、探索研究并解决学习和生活中问题的学生达到90%。建成上海教师教学应用能力学习平台，初步形成了全方位的课程体系。深入推进"一师一优课、一课一名师"活动，通过"晒课""评课"等形式持续提升教师信息化素养。

"十四五"期间，上海市围绕教育现代化和教育综合改革任务，以新一代信息技术和教育数字化转型为引擎，以融合创新发展为路径，深入推进教育教学模式变革，推进教育评价改革，推动教育理念重塑、结构重组和流程再造。上海市以数字化转型为抓手，采取20条措施打造"资源丰富、形式多样、公平普惠、时时可学"的智能泛在学习空间，培育市民学习共同体。具体包括：①提升学生数字素养，助力每一个学生的成长；②提升教师数字素养，持续改善教学效果；③提升教育管理者数字化领导力，推动教育数字化转型创新发展；④培养师范生数字素养，厚植教育数字化转型基因；⑤构建自适应学习空间，实现教育智能个性；⑥构建智能泛在终身学习体系，促进全民终身学习；⑦推进教学变革，以技术赋能教学创新；⑧创新教育资源供给模式，促进优质教育资源均衡普惠；⑨数据智能驱动，重构教育评价机制；⑩构建覆盖终身的师生数字档案，深化评价结果应用；⑪构建教育数字基座，推进教育数据的深层次应用；⑫挖掘数据要素价值，推进教育治理的科学化；⑬以标杆校建设引领推进校园数字化，推动学校创新发展；⑭转变数字校园建设模式，提升学校数字化整体水平；⑮推进教育新基建，夯实数字化转型发展基础；⑯健全标准规范体系，推进教育数字化转型有序规范发展；⑰构建多元参与机制，引导推动社会产业服务教育数字化转型；⑱加强政产学研合作交流，促进教育数字化转型可持续发展；⑲推动构建教育数字化转型研究体系，确保创新领先态势；⑳推动区域协同发展与国际合作，支撑教育数字化转型高水平发展。①

　　上海市推行数字化校园建设，通过信息技术的应用，上海市打破了地理和时间的限制，实现了资源共享与流动。实现了系统性面向的"连通"，建立"市—区—校"、学校之间的连通，以及教育教学与教育治理的连通等方面，具备"差异化、个别化和学生能动性"的个性化教学条件。上海通过数字化建设，引领教育公平与泛在学习，支撑学习者能力的发展。为实现这种能力的发展，提倡开展智能泛在学习、个性化学习、项目化学习、跨学科学习。另一方面，改变学生的学习方式提供对应的学习环境（如大规模智慧学习平台、终身学习平台、网络学习空间、智能泛在学习空间、自适应学习空间、学习场域、数字化学习环境、网络协作学习社区）与学习服务（如学习数据、学习管理、学习诊断与干预、大规模在线学习服务、个人学习数据服务、学习支持、智能技术在线学习课程），并形成学习体系（如智能泛在终身学习体系、终身学习服务体系，其中涉及终身学习账户、学习成果兑换、学习资历等内容）。②

四、公共服务均等化引领教育改革深化和持续发展

　　上海在新起点上全面深化"五个中心"建设、加快建设具有世界影响力的社会主义现代化国际大都市的关键五年。③新的环境和形势，对增强上海教育服务能力和贡献水平、发挥上海教育综合改革先行先试作用提出了时代新要求。新时代的教育公共服务将围绕五个方面开展系列教育改革：①人民群众对高品质生活的追求，要求教育实现更高质量发展；②科技创新和产业转型的紧迫态势，要求教育支撑经济社会发展的能级显著增强；③人口发展的变化趋势，要求教育资源配置超前谋划主动适应；④加快构建新发展格局，要求教育实现更高水平的开放融合；⑤新技术的广泛加速应用，要求教育发展模式实现创新变革。④上海市在推动区域教育公共服务均等化的过程中，不仅积极采取一系列具体措施，还坚持教育改革的深化和持续发展，以进一步提升教育公共服务的均等化水平。

　　①　上海市教育委员会关于印发《上海市教育数字化转型"十四五"规划》的通知[EB/OL]. https://edu.sh.gov.cn/xxgk2_zhzw_ghjh_01/20221128/786f726a87a442bbb8d392fee4dc661a.html. 2022-04-18.

　　②　董玉琦，林琳. 有效推进新时代教育的高质量发展：《上海市教育数字化转型"十四五"规划》解读[J]. 中国教育信息化，2022（7）：10-20.

　　③　上海市国民经济和社会发展第十四个五年规划和二〇三五年远景目标纲要[EB/OL]. https://www.shanghai.gov.cn/nw12344/20210129/ced9958c16294feab926754394d9db91.html. 2021-01-30.

　　④　上海市人民政府关于印发《上海市教育发展"十四五"规划》的通知[EB/OL]. https://www.shanghai.gov.cn/nw12344/20210827/3eb4bdfdfe014bbda40ff119743b74f0.html. 2021-08-27.

1. 教育公平迈上新台阶

各级各类教育实现全面普及，建立广覆盖、保基本、有质量的学前教育公共服务体系，义务教育优质均衡发展格局基本形成，城乡义务教育一体化"五项标准"全面落实，实施百所初中强校工程，学区化集团化办学覆盖75%以上义务教育学校。学前教育特殊教育布点覆盖每个街镇，义务教育阶段配备特殊资源教室的普通教育学校增加157所。基本形成市、区、街镇、学校四级未成年人保护工作体系。

2. 提高学生"五育"素养，促进全体学生综合素质发展[①]

上海市落实立德树人根本任务，构建"五育"融合发展体系，健全学校家庭社会协同育人机制，促进学生德智体美劳全面发展，为每一位学生成人成才和人生出彩打好基础。推动"五育"融合人才培养质量评价改革，设置"提升学生思想道德素养、学生学习素养、学生体育素养、学生艺术素养、学生劳动素养"的标准，引领各级各类学校教育回归育人本质。坚持"为了每一个学生的终身发展"核心理念，科学制定评价标准，改进命题评价方式，护长容短，促进学生全面而有个性发展。优化学生综合素质评价内容，完善将学生德智体美劳发展情况纳入综合素质评价的有效机制，创新德智体美劳过程性评价操作实施办法，把评价结果作为衡量学生全面发展、评优评先、毕业升学的重要参考或依据。科学、合理、稳妥、适度利用大数据手段促进教育评价改革，探索建立涵盖道德素养、学习素养、体育素养、美育素养、劳动素养的学生成长大数据档案。

3. 对标一流，实施基础教育强师优师工程[②]

上海市树立"一个好校长就是一所好学校"理念，实施校长能力提升计划，促进校长专业发展，支持校长凝练办学理念、创新办学思路、塑造校园文化，真抓实干，造就一支高素质专业化校长队伍。聚焦新进教师入口关和在职教师培训环节，着力提升基础教育教师队伍整体水平。构建以师范院校为主体、高水平非师范院校参与的师范教育格局，支持高水平大学建设教育学院，建立市属师范大学公费师范生制度，建设上海学前教育学院，加快发展学前教育等紧缺急需专业。深化教师培训制度改革，深入实施中小学（幼儿园）见习教师规范化培训制度，健全教师资格证和规范化培训合格证"双证"注册制度，加强规范化培训与教育硕士衔接培养，发挥教师专业发展机构、教研组织、高校平台、社会机构等各方

① 上海市人民政府关于印发《上海市教育发展"十四五"规划》的通知[EB/OL]. https://www.shanghai.gov.cn/nw12344/20210827/3eb4bdfdfe014bbda40ff119743b74f0.html. 2021-08-27.

② 上海市人民政府关于印发《上海市教育发展"十四五"规划》的通知[EB/OL]. https://www.shanghai.gov.cn/nw12344/20210827/3eb4bdfdfe014bbda40ff119743b74f0.html. 2021-08-27.

积极作用。实施基础教育人才攀升计划，培养一批优秀教师、优秀校长和有影响力的教育名家。实施民办中小学优秀中青年教师团队建设等专项计划，探索民办教育名师名校长培养机制。

4. 提高新城公共教育服务的能级和水平

上海市按照独立的综合性节点城市定位，根据人口数量、结构和变化趋势，结合嘉定、青浦、松江、奉贤、南汇等五个新城产业布局和区域优势，坚持高起点规划、高标准建设、高质量发展，进一步优化教育资源，构建体系完整、特色鲜明、功能齐全的教育发展格局，发挥教育在推动新城产教融合、职住平衡、吸引集聚人才等方面的重要作用。支持新城率先探索建设"未来学校"，在有条件的新城建设新型职业院校（五年一贯制）和高水平大学（校区）。充分利用高校、科研院所、大型企业及市属优质教育资源，推动新城学校高起点办学。优化教育多元供给，做好外籍人员子女学校、国际课程班及民办学校等设点布局，满足海外引进高端人才等不同群体多样化的教育需求。鼓励支持高校利用人才、科研等优势，支撑新城建设，促进新城与高校联动发展。

5. 深入推进新技术赋能教育

上海市推动教育数字化转型和广泛应用，使学习更有乐趣，使学生成长更快乐。着力建设教育数字基座，升级教育数据中心，完善教育数据标准体系，优化大规模智慧学习系统，提供更多优质、泛在的数字化教育应用场景，为全市师生提供优质在线教育和个性化学习支持。提升师生信息素养，加强师生信息技术应用能力和信息思维培养，增强师生网络和信息安全意识。以新技术促进教育理念和教学模式变革，建设数字教材资源、研究型课程自适应学习平台，推进优质教育资源建设、开放与共享。构建基于5G等技术的"云—网—边—端"一体化基础环境，加快学校全面感知物联网基础设施配置，加强教育信息化的网络安全保障，推进智慧学校、智慧实验室建设，建设教育现代化动态监测网络、教育决策智能化支持系统。推进学校信息化应用统一解决方案，按照"政府定标准、搭平台、企业做产品、保运维，学校买服务、建资源"的模式，规划学校信息化基础应用平台。以新技术优化教育治理，推进教育管理和政务服务"一网通办""一网统管"，以教育大数据应用提升管理决策水平，推动"智慧教育"成为上海智慧城市建设新亮点。①

---

① 上海市人民政府关于印发《上海市教育发展"十四五"规划》的通知[EB/OL]. https://www.shanghai.gov.cn/nw12344/20210827/3eb4bdfdfe014bbda40ff119743b74f0.html. 2021-08-27.

6. 教育投入领先全国城市

上海市大力保障财政教育经费投入，确保落实"两个只增不减"，推动各级教育生均经费标准达到并保持全国城市领先水平，完善非义务教育培养成本分担机制。调整优化教育经费使用结构，完善地方教育附加使用结构比例，提高使用效益；完善教育一般性转移支付制度，加大基础教育资源统筹规划和建设力度，推动教育经费向薄弱地区和关键环节倾斜。

第三节　广东省教育公共服务均等化的措施与成效

一、基础教育学校规模稳步发展

广东省作为我国经济发展最快的地区之一，在推进区域教育公共服务均等化方面也取得了一定的成效。由于省域内经济发展的不平衡，城乡教育差距较大。2010 年，全省的基础教育投入是 280 多亿元。其中，用于珠江三角洲地区城市的占 77%，而粤北地区城市只获得 23% 的教育投入。农村初中、小学基建基金支出仅占全省财政预算内教育基建支出的 3.9% 和 5.6%，农村基础教育人均预算内公共经费仅为珠江三角洲地区城市平均水平的三成。2010 年全省仍有 1 万名小学、初中教师未达到法定学历标准。[1]党的十八大以来，全省加大教育投入和重新布局，中小学办学水平日益提高，基础教育公共服务能力不断增强。[2]

首先，在城市地区，广东省安排了足够数量的公办学校，确保学生能够就近入学，减轻了因距离而带来的教育不公平问题。通过公办学校布局的公平性和均衡性，广东省促进了教育资源的合理配置和教育公共服务的均等化。从学校规模上看：①普通高中数从 2013 年的 1015 所增长到 2022 年的 1076 所，增幅较小；其中，完全中学和高级中学整体都呈下降趋势，十二年一贯制学校增幅较大，从 2013 年的 88 所增长到 2022 年的 204 所（图 3-8）。②初中校数增幅较大，从 2013 年的 3351 所增长到 2022 年的 3832 所。其中，初级中学缓慢下降，从 2013 年的 2192 所下降到 2022 年的 1977 所；九年一贯制学校增幅较大，从 2013 年的 1159 所增长到 2022 年的 1855 所（图 3-9）。③小学校数总量缓慢下降，从 2013 年的

---

① 方玲晓，李庚寅. 广东城乡基本公共服务差异的现状及原因分析[J]. 价值工程，2012（3）：323-324.

② 本节主要资料和数据来源：广东省教育厅官网公布的相关政策、文件和经验[EB/OL]. https://edu.gd.gov.cn/.

11 824 所下降到 10 599 所；其中教学点数从 2013 年的 4882 个增长到 2022 年的 5533 所，教学班级个数从 2013 年的 204 482 个增长到 2022 年的 278 070 个（图 3-10）。

其次，"底线均等"推进均衡发展。制定义务教育办学条件的标准和评价体系，使公益性和普及性有据可依。2013 年《广东省义务教育标准化学校标准》规定：①学校有独立的校园，学校生均用地面积，小学不低于（含九年制学校小学阶段）18m^2，初中（含九年制学校初中阶段）不低于 23m^2；中心城区小学不低于 9.4m^2，初中不低于 10.1m^2。②学校布局、选址、规划设计、建筑标准等符合国家《中小

图 3-8　2013—2022 年广东省普通高中学校规模（数）

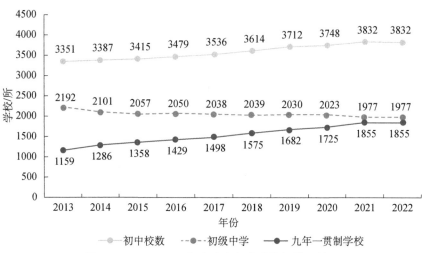

图 3-9　2013—2022 年广东省初中学校规模（数）

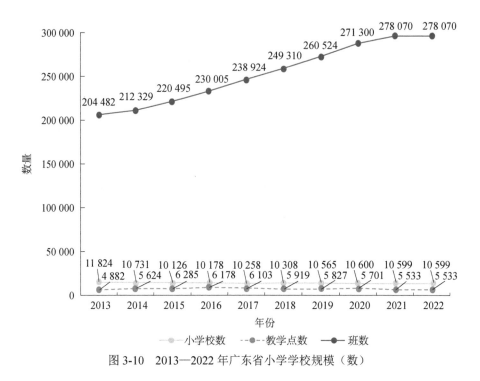

图3-10 2013—2022年广东省小学学校规模（数）

学校设计规范》（GB50099—2011）的要求，确保学生和教职工安全。③小学和初级中学规模一般不少于6班、不超过36班，九年制学校不超过54班。小学班额不超过45人，初中班额不超过50人。④公办学校专任教师占教职员编制的比例原则上初级中学不低于88%，小学不低于92%；后勤服务实行社会化，按不超过学校在编在岗教职员总数的15%聘请后勤服务人员。校长任职要满足《义务教育学校校长专业标准》，小学校长应具有大专以上学历和中级（含）以上教师职称，初级中学和九年一贯制学校校长应具有本科以上学历和中级（含）以上教师职称。小学和初中专任教师应持有相应层次或更高层次的《教师资格证书》，小学教师学历达标率100%，其中大专及以上学历达到95%以上，初中教师学历达标率100%，其中本科及以上学历达到80%以上。

此外，对学校装备条件、学校管理和教育教学等方面都做了相应的规定。以专任教师高学历结构为例，广东省普通高中专任教师从2013年的144 756人增长到2022年的164 739人，增长了13.8%；其中研究生学历的专任教师从2013年的9784人增长到2022年的29 464人，增长了2.01倍。初中专任教师从2013年的276 777人增长到2022年327 891人，增长了18.47%；其中研究生学历的专任教师从2013年的4587人增长到2022年24 320人，增长了4.30倍。小学专任教师从

2013 年的 437 532 人增长到 2022 年的 602 033 人，增长了 37.60%；其中研究生学历的专任教师从 2013 年的 1965 人增长到 19 060 人，增长了 8.70 倍。高学历教师从小学至普通高中增幅都非常大，尤其是小学增速最快。综上，党的十八大以来，广东省基础教育教师的整体素质提升非常快。

二、学校选择和教育模式的多样化

在广东省推进区域教育公共服务均等化的实践中，学校类型和教育模式的多样化也是一个重要的措施。广东省以多元化的学校类型和灵活多样的教育模式来满足不同学生和家庭的需求，并提供更加包容和多元的教育选择。

1. 以试点推进流动人口子女受教育公平

作为广东省第一批教育强市，中山市基本形成了"体系完整、布局合理、发展均衡"的现代国民教育和终身教育体系，取得了较好的经验和做法。中山市高度重视流动人口子女平等接受义务教育问题，对进入公办学校的流动人口子女予以市民待遇，进入民办学校的则给予学费补贴。积极鼓励发展以外来务工子女为服务对象的民办学校[①]，为流动儿童、少年提供充足的优质学位。在全省率先实施流动人口"积分制"管理办法，妥善安排流动儿童入读公办学校。在全省率先启动了制度化扶困助学体系，设立中山市扶困助学基金，形成了政府主导、社会参与、全市统筹、分级资助的扶困助学"无缝覆盖"工作机制，对贫困学生实行从小学到大学的全程资助。

2. 鼓励发展不同类型的学校

广东省鼓励发展不同类型的学校，如公办学校、私立学校和国际学校等。这些学校具有不同的办学理念、教学方法和课程设置，能够满足学生和家长对教育的多样化需求。公办学校提供稳定、普惠的教育资源，私立学校注重个性化教育，国际学校则开展国际教育交流，为学生提供国际化的学习环境。把民办教育纳入公共教育服务领域，推进基本公共教育服务均等化的辅助途径，要有效地引导社会力量参加到公共教育服务建设中，适当给予民办教育政策的照顾，提高民办教育机构教师工资收入水平，在生活待遇、个人发展等方面提供更大的利益，让民办教育机构教师与公办教育机构教师享受同等待遇，促使民办教育机构业务水平

---

① 黄斐诺，李军，杨荣升. 广东教育公共服务均等化建设的现状及对策[J]. 人民之声，2012（5）：26-29.

与公办教育机构业务水平相当。[①]

3. 推动教育模式的多样化

广东省推动教育模式的多样化，如联合办学、卓越课程、特色教育等。联合办学是指学校之间的合作，共享教育资源，提供更优质的教育服务。卓越课程注重培养学生的创新能力和实践能力，提供更宽广的学科选择。特色教育则通过针对学生的兴趣、特长和需求进行教育的个性化设置，提供更有针对性的教育支持。通过推动教育模式的多样化，广东省增加了学生的教育选择和学习方式，提高了教育公共服务的多样性和灵活性。2019年，全省各级各类民办学校共计6248所，在校生人数达755.4万人，占全省在校生总数的29.7%，占全国民办学校在校生总人数的1/7。针对残疾类学生，制定实施义务教育阶段残疾学生生均公用经费补助标准。《广东省财政厅关于下达2021年义务教育阶段残疾学生公用经费的通知》明确规定：智障、孤独症、脑瘫及多重残疾学生，小学不低于11 500元/（生·学年），初中不低于19 500元/（生·学年）；盲聋哑学生，小学不低于9200元/（生·学年），初中不低于15 600元/（生·学年）；附设特教班学生，小学不低于6000元/（生·学年），初中不低于9750元/（生·学年）；随班就读学生，小学、初中不低于6000元/（生·学年）。

广东省在学校类型和教育模式的多样化方面取得了一些成效。一是学校类型的多样化满足了不同学生和家庭对教育的多样化需求，增强了教育服务的包容性和适应性；二是教育模式的多样化促进了教育资源的共享和创新，提高了教育质量和教育效果；三是学校类型和教育模式的多样化也促进了学校之间的合作与经验交流，提升了整个教育系统的发展水平；四是发展非公办学校和特色学校，以满足不同学生和家庭的教育需求。

三、教育信息化助力公共服务均等化

随着信息技术的不断发展，在区域教育公共服务均等化的探索中，教育信息化逐渐成为一种重要的手段和工具。广东省在推进教育信息化方面做出了积极努力，取得了令人瞩目的成效。[②]

---

① 黄斐诺，李军，杨荣升. 广东教育公共服务均等化建设的现状及对策[J]. 人民之声，2012（5）：26-29.
② 本部分相关内容来自广东省教育发展"十三五"规划[EB/OL]. https://edu.gd.gov.cn/attachements/2019/01/09/78a20c144599c 184272db9603f5af7e1.doc. 2017-05-24.

1. 创新教育信息化体制机制

广东省以"粤教云"为总抓手，健全教育信息化决策咨询机制。建立"行政统筹、应用驱动、多部门参与"的推进机制，逐步建立线上学习认证、记录、评价和服务机制，健全数字教育资源知识产权保护机制和准入机制，探索建立"政府主导、市场参与、学校自主选择"的教育信息化投入机制和第三方绩效评估体系。

2. 提升教育信息化基础支撑能力

广东省以深化"三通"工程为重点，加强教育信息化基础支撑能力建设。推动优质数字教育资源"班班通"，全面普及多媒体教学，鼓励有条件的地区和学校加快普及移动学习终端，积极探索建立基于云计算、物联网、传感器、3D打印等新技术和大数据系统的智能学习环境，建成处处能学、时时可学的信息化应用基础环境。继续采用多种方式，大力推进"人人通"，广泛开展基于网络学习空间的教学、教研、学习等活动。

3. 应用信息技术扩大优质教育资源覆盖面

广东省强化资源整合，建成国家、省、市、县和学校互联互通的教育资源公共服务平台。加快数字教育资源共建共享联盟建设，大力培育社会化资源服务市场，建立多元共建、开放共享的数字教育资源服务供给模式。分类推进数字教育资源开发和应用。大力推动"专递课堂""同步课堂""名师课堂""名校网络课堂"的"四个课堂"建设，探索建立体系化的中小学数字课程体系。加强面向特殊教育、学前教育、终身教育的在线专题课程建设。

4. 以信息技术支撑教与学方式变革

广东省以信息技术为支撑促进教学方式、学习方式、评价方式和教研方式转变，将信息技术融入学生自主学习能力、发现与解决问题能力、思维能力和创新能力的培养。开展基于大数据的教与学分析技术试验，建立教师发展和学生成长模型，加强数字化教学、学习、教研的模式与机制研究，有效提升教育信息化服务素质教育的水平，促进学生全面、个性发展。深入实施教师信息技术应用能力提升工程，加大教育信息化领军人才、专业人才、名家名师培养力度。实施"智慧教育示范工程"，推动学校教学科研、管理服务和文化建设实现数字化、网络化、智能化。

5. 建立教育管理和决策信息化支撑体系

广东省加快省级教育数据中心建设，统筹推进教育管理信息系统应用与共享，出台教育管理基础数据标准和接口规范，推动教育管理数据的开放共享和信息系统的整合集成，利用系统和数据开展业务管理、决策支持、监测监管、评估评价。构建全省教育数据服务中心，推动"两平台"融合，以信息技术支撑现代教育服务体系，实现各级各类教育数据的全面汇聚和共享，加快教育系统"一门式"政务服务改革，构建"一站式"教育服务门户，为各级教育行政部门管理人员、教师、学生、家长提供全方位的数据服务。推动基于大数据的教育规划与决策支持系统建设和应用，推进教育重大项目在线监测，支持高效、敏捷、协同的教育管理决策，完善教育领域信息公开制度，提升信息化支撑教育治理现代化能力。

在推动教育信息化方面，广东省数字教育资源的丰富和开发，为学生提供了更广泛和深入的学习资源，优化了学生的学习效果。教育信息化设施的建设和改善，提升了学校的信息化水平，为教师提供了更好的教学条件和工具。

四、公共服务均等化引领教育改革深化和持续发展

在广东省区域教育公共服务均等化的探索中，对教育改革的深化和持续发展起到了重要推动作用。广东省紧跟国家教育改革的大方向，不断研究和探索教育公共服务均等化的有效途径，为教育改革提供了重要的实践经验和理论支撑。

1. 深化教育改革，推动教育公共服务的均等化

广东省紧紧围绕提高教育质量和公平性，积极探索教育改革的有效路径，从教育经费投入、师资队伍建设、教育资源配置等方面着力。通过增加教育投入，在偏远地区建设更多的学校和教育设施，加强师资力量的培养和配置，推动教育资源的均衡流动和共享，实现了教育公共服务的均等化。2016—2020 年，全省地方教育经费总投入累计达 21 803 亿元，其中财政性教育经费 16 453 亿元，年均分别增长 12.46% 和 13.86%。实现对地市和县（市、区）人民政府履行教育职责评价、义务教育阶段学科质量监测全覆盖。2016 年成为全国第六个实现义务教育发展基本均衡县全覆盖的省份，2017 年实现教育强县（市、区）全覆盖，2019 年实现推进教育现代化先进县（市、区）全覆盖。"5080"攻坚工程成果进一步巩固提升，乡镇中心幼儿园、村级幼儿园覆盖率达 100%，规范化幼儿园覆盖率达 95% 以上。在 2020 年基础上新增约 30 万个公办幼儿园学位、新增约 370 万个公办义务教育学位。力争全省乡镇（街道除外）义务教育阶段寄宿制学校全覆盖。建成一批全

国义务教育优质均衡发展县（市、区）。培育创建 100 个以上省级优质特色教育集团。新增约 30 万个公办普通高中学位，加快消除 56 人以上大班额，高中阶段教育毛入学率保持在 95% 以上。适龄残疾儿童义务教育入学率达到 97%。①

2. 深化新时代教育评价改革，优化教育公共服务的内容和形式

①实施以科学履职为导向的党委和政府教育工作评价，实现地市、县级政府履行教育职责评价全覆盖；②实施以立德树人为导向的学校评价，健全学校内部质量保障制度；③实施以教书育人为导向的教师评价，将师德师风作为评价教师队伍素质第一标准；④实施以全面发展为导向的学生评价，扭转"唯分数、唯升学"单一评价倾向，促进学生德智体美劳全面发展。

3. 加强课程教材体系建设

广东省积极推进"互联网+"课程计划，加快建设一批中小学特色课程实践基地，培育一批课程创新共同体，打造一批主题拓展课程群、创新教育课程群。推进中小学课程结构优化、内容扩充、形态重构、过程监测，实现国家课程综合化、学科课程层级化、地方课程主题化、校本课程特色化。加强中小学教材建设，完善地方课程和校本课程开发与实施指南，加强教材意识形态安全管理和校本课程监管。推进国家课程数字教材及配套教育资源建设，推进国家义务教育课程数字化教材规模化应用，创建数字化教材多元应用模式，实现数字化教材与学生个人学习终端同步配套。

4. 利用信息技术赋能教育教学改革创新

广东省积极建设教育行业云，建设基于可信实名身份体系、国产密码应用、区块链技术的学生成长档案，支撑和服务新时代教育评价体系改革。构建"互联网+"教育新形态，推进教育信息化创新发展，实现信息化与立德树人全环节、全要素、全方位深度融合。开展基础教育信息化融合创新工程，聚焦课程、教学、评价、治理等环节，利用互联网、人工智能和大数据推行"无感式""伴随式"课程与质量监测，实现规模化教育与个性化培养有机结合。建设基于信息技术的教学改革试验区，构建课堂教学创新实践共同体。规范和支持线上教育发展。全面开展智慧教研，加强教研活动与信息技术深度融合，全面提升教师信息素养与学科能力"双核要素"。落实国家教育移动应用备案要求。

---

① 广东省教育发展"十三五"规划[EB/OL]. https://edu.gd.gov.cn/attachements/2019/01/09/78a20c144599c184272db9603f5af7e1.doc. 2017-05-24.

第四节 迎江区教育公共服务均等化的措施与成效

党的十八大以来，安徽省安庆市迎江区在"兜底线""补短板"的基础上向"强优势""育品牌"转型，通过系统性改革不断满足人民群众对公平而有质量的教育需求。迎江区位于安徽省安庆市东南部，依江而建，区位优势明显。辖 6 个街道办事处、3 个乡镇，辖区面积 207 平方公里，覆盖人口 27.7 万。[①]截至 2023 年，迎江区直管的中小学 15 所（小学 12 所、初中 1 所、九年一贯制学校 2 所）；另外，在该区还有市直中学 3 所、特殊教育学校 1 所。全区义务教育段在校学生 18 553 人，中小学专任教师 1186 人。[②]

一、公共教育资源配置均衡化

1. 学校布局调整与城市功能区建设同步

迎江区位处长江沿岸，既是安庆市的中心城区也是老城区，更是安庆市提振经济发展的龙头区，教育布局与经济功能区发展相匹配成为"十二五"规划施行以来的重要目标。因而迎江区根据《关于新建居民住宅区配套规划建设中小学幼儿园的实施意见》《关于统筹推进县域内城乡义务教育一体化改革发展的若干意见》《县域义务教育优质均衡发展督导评估办法》等政策文件，科学判断人口迁移特点和新聚集区，与城区新功能区中人口导入配套布局全区改扩建的中小学幼儿园。截至 2022 年，全区实现义务教育、学前教育阶段全部学校的新建和搬迁，极大提升学校硬件配置标准，优质教育覆盖面不断扩大，实现迎江区"零择校"目标。

2. 优质均衡配备学校软硬件

按照教育部《县域义务教育优质均衡发展督导评估办法》，迎江区各项指标基本达到了规定要求。

从优质资源配置看，辖区内小学，每百名学生拥有高于规定学历教师 5.61 人，

---

① 赵明来. 迎江区义务教育优质均衡发展督导评估报告[EB/OL]. https://www.ahyingjiang.gov.cn/grassroots/2000009241/2018585091.html. 2022-07-21.

② 本节相关数据和资料由迎江区教体局提供，作者开展"区域推进教育强国建设的经验"的调研数据和资料整理获得。另外，部分资料摘自迎江区教体局官网 https://www.ahyingjiang.gov.cn/.

每百名学生拥有县级及以上骨干教师 1.27 人，每百名学生拥有体育、艺术（美术、音乐）专任教师 1.10 人，生均教学及辅助用房面积 5.54 平方米，生均体育运动场馆面积 8.65 平方米，生均教学仪器设备值 2481.65 元，每百名学生拥有网络多媒体教室 3.07 间。[①]辖区内初中，每百名学生拥有高于规定学历教师 7.75 人，每百名学生拥有县级及以上骨干教师 1.74 人，每百名学生拥有体育、艺术（美术、音乐）专任教师 1.18 人，生均教学及辅助用房面积 9.22 平方米，生均体育运动场馆面积 13.78 平方米，生均教学仪器设备值 3490.92 元、每百名学生拥有网络多媒体教室 3.12 间。辖区内义务教育阶段学校的"7 项指标"综合评估基本达标。县域义务教育校际均衡差异系数小学为 0.2697、初中为 0.3090。各项差异系数为 0.172—0.337。[②]

3. 以教育评价引领区教育综合改革

以安庆市中小学教育质量综合评价改革实验区建设为契机，全面推进教育领域综合改革。近 10 年来，迎江区相继出台《关于建立迎江区中小学学业质量常规检测制度的意见》《迎江区初中"量化管理式"教研评估办法》《迎江区基础教育教学质量综合考核奖励办法》《迎江区关于加强和改进新时代教科研工作的实施意见》等文件，建立了完备的教育质量监控体系，运用教研引领课堂教学和实施"双减"；在市内率先试点推行"5+2"课后服务模式，设立了教师弹性上下班机制和无作业日，因校情推出课后服务课程，以满足学生个性化发展需求。

二、提升教师队伍素质助推文化特色办学

1. 坚持教师第一资源，着力筑牢优质均衡发展根基

一是加强顶层设计，迎江区先后出台《迎江区人民政府关于加强教师队伍建设的实施意见》《迎江区教师无校籍管理改革实施方案》《迎江区乡村教师支持计划实施办法》，在全市率先全面实施教师无校籍管理改革，2016 年以来交流校长、教师 622 人。

二是着力为教师做好事办实事，投资 18 万元通过政府购买服务方式为罗塘实验学校教师解决上下学交通问题，区委、区政府、乡镇、街道经常性采取多种形

① 赵明来. 迎江区义务教育优质均衡发展督导评估报告[EB/OL]. https://www.ahyingjiang.gov.cn/grassroots/2000009241/2018585091.html. 2022-07-21.

② 赵明来. 迎江区义务教育优质均衡发展督导评估报告[EB/OL]. https://www.ahyingjiang.gov.cn/grassroots/2000009241/2018585091.html. 2022-07-21.

式开展慰问活动、帮助解决实际困难和问题。

三是注重示范引领，全面加强名师工作坊、工作室建设，先后评选四届"三名人员"共计 241 人。

四是加强培养培训，举办三届教师论坛及两届教师基本功大赛，每年开展订单式教师培训，多形式搭建教师专业成长平台，一大批教师在各级各类比赛中获得优秀奖次。

五是滨江实验学校落实"五个一"教师培养工程，罗塘实验学校、依泽小学等充分利用支教、走教和社会专业人员兼职等方式，确保学校开齐开足课程课时，满足学生兴趣活动有序开展。

2. 坚持立德树人，着力打造学校文化特色

一是大力推进社会主义核心价值观教育进校园进课堂进教材，出台《迎江区中小学生研学旅行工作实施意见》《新时代中小学劳动教育实施方案》；在绿色实验学校组建区校外未成年人心理健康辅导中心，充分整合区内优秀教师资源，为各中小学提供教育服务；在罗塘建成区劳动教育实践基地，满足学校多样化劳动实践需求，为全区中小学生开展劳动教育提供有力保障。

二是深入实施"阅读伴成长工程"，挂牌成立区课外阅读综合实践基地，推动阅读向家庭、社区拓展和延伸。

三是各中小学大力推进戏曲、书法等传统文化进校园进课堂，举办校园艺术节、体育节、科技节及各类展演、竞赛等活动，不断丰富学生校园文化生活。

四是各中小学立足校情，自主开发不同门类校本课程，推动四点半课后服务有效落实。如华中路第一小学通过"梦想达人秀""好创意"发布会、社团才艺展示等评价措施，为更多孩子搭建了成长道路的兴趣舞台；四照园小学通过持续推进七大工作室建设，以学科为阵地提升学生兴趣特长并促进评价改革的实施；绿地实验学校统筹利用各方资源，开展教体结合，射击、击剑等社团活动成效明显；依泽小学创设"循环日记""悦写课堂"，让学生的阅读、写作更加具有个性；罗塘实验学校、十四中等学校劳动教育实践活动学生参与度高，较好地培养了学生的劳动观念、技能和习惯。华二小武术、礼仪、编程等学生兴趣社团，十四中机器人创新教育、滨江实验学校足球、手球特色活动，不断激发了学生学习内驱力；依泽小学"和悦"文化、双莲寺小学"和美"文化、十四中"书香"文化、二中（南区）"8141"等教育特色精彩纷呈；绿地实验学校"六个校园"、滨江实验学校"三个校园"建设全面落实。全区义务教育"一校一品""一校多品"的办学特色新局面不断形成。

3. 实施无校籍教师治理机制

迎江区在师德师风常态长效机制建设中，探索无校籍教师管理方式，激发教师队伍活力。在全市率先实行教师全员聘任制、学科走教制、职称局管制，形成"六个一"无校籍管理改革模式，即一套体系保障、一个原则统筹、一项机制推进、一个中心管理、一个标准交流、一把尺子考核，有效推动学科教师结构、年龄结构不断优化。

三、以人民为中心办好人民满意的教育

1. 坚持以人民为中心，着力推动教育更加公平更有质量

一是积极巩固"零择校"成果，召开 2 次公共学区划分听证会，全面实现"阳光分班"。

二是完善义务教育控辍保学工作六项制度，开展留守儿童等特殊群体学生关爱行动，随迁子女在公办学校就读率 100%。

三是精准实施教育扶贫，2016 年以来教育民生工程累计投入 5149 万元，免收义务教育阶段学生学杂费并补助公用经费，累计为 72 603 名学生提供免费教科书，对 235 名建档立卡学生资助全覆盖，辖区群众教育获得感不断增强。

四是不断强化教育服务功能，全面对接学校所属社区，积极探索"四点半课堂"等共建服务项目，为辖区义务教育段学生全面发展和健康成长营造良好外部环境。

五是加强协调统筹，着力提高区域教育整体质量，切实提高人民群众教育满意度。

2. 实施集团化办学，转变办学模式

迎江区积极推进"管办评"改革，逐年优化推行学校年度办学成效"2+X"评估，连续两年获区改革突破奖，教育评价改革经验在第二届长三角基于大数据的区域教育评价变革论坛做交流发言。迎江区采用"名校+新校、名校+弱校、名校+农校"等多种模式，在全市率先组建 6 个教育集团（人民路小学教育集团、墨子巷幼儿园教育集团、十四中教育集团、华中路一小教育集团、绿地实验学校教育集团、六一幼儿园教育集团），通过城乡学校结对共建，以城带乡、以强带弱，资源共享、共同提高。

3. 多种形式开展家校社合作

一是成立家校社共育。2023 年，迎江区成立家校党群服务中心，提高全区家庭教育指导水平，积极构建党建引领下的家校社协同育人教育体系，例如成立了"姥爷护学岗"、邀请"足球爸爸进校园"、开展"故事妈妈们亲子讲述活动"等。

二是组建家庭教育指导团队。迎江区教体局引导 16 所中小学幼儿园将家庭教育作为党支部书记认领项目，并在校级家委会成立临时党支部，组建"专家+名师+优秀家长代表"的全区家庭教育指导团队。该团队负责开发家庭教育系列课程，开展家长进校园系列活动；同时鼓励学校利用区内外的各类实践基地和场馆场所开展实践体验活动。

三是大力宣传家长学校和家庭教育。迎江区鼓励各校（园）长结合实际开展"学习型家庭""书香家庭""文明家庭""健康家庭""家校社共育好家长"等评选活动。同时，迎江区持续推进校园心理健康工作，壮大心理教师队伍，推动家校社三级联动，齐抓共管，共同促进学生健康成长。

四、公共服务均等化引领区级教育深化改革

1. 进一步强化目标导向，切实落实政府举办义务教育的法定职责

迎江区坚持教育优先发展战略，全面加强党对教育工作的领导，按照《中华人民共和国义务教育法（2018 年修订版）》（简称《义务教育法》）规定，严格落实党政同责，切实履行举办义务教育的主体责任。迎江区树立新型教育基础设施建设理念，将教育作为重点保障的基本民生工程，并持续加大投入；依法加强教育发展资金、土地、人力等要素保障，特别是要加大碧桂园三期学校建设力度，加快华二小扩建改建工程进程，妥善化解大校额大班额问题，进一步优化教育布局，推动优质资源均衡配置；持续推动强校带弱校，促进校长、教师交流轮岗，全面提高办学质量，全面推进教育公平。

2. 进一步强化科学规划，不断完善推动教育高质量发展体制机制

迎江区要加强规划引领，围绕《迎江区教育事业改革发展"十四五"规划》明确的"八大工程"，落实推进措施，完善体制机制，确保任务实现；要聚焦长远长效，新建学校要严格执行《安徽省义务教育阶段学校办学基本标准》，起始年级严禁超标准班额。

3. 把教师编制纳入人才队伍建设

全区教师已实行无校籍管理，由教育局统筹配置，学校依发展和建设使用教师。做好教师编制入口预算和出口配置的年度方案、三年计划和五年规划，从教师队伍建设思路转向优质教师人力资源培育转变。从学前教育普及普惠性到义务教育优质均衡，形成一个区级师资培育循环体系，把"名师建设"与"师资流动"有机结合起来，优化教师激励机制为优质教师资源培育护航。

4. 运用教科研优势扩大优质教育覆盖面

安庆市教体局和教研室都在迎江区，为迎江区教育改革提供最直接的指导和引导。迎江区教体局提级优化 45 所校（园）的"特色办学"，可充分运用市级教研机构的研究资源，培育区级"教研员"引领学校打造特色，开发课程，拓展社区和街道资源。迎江区借用市级教育资源，领办和帮扶区内中小学，用集团办学的多种形式化解区级教育结构的不完整矛盾，直接对口市级管辖的高中教育阶段学校和其他地区优质学校，破解区级教育出口的优质需求矛盾。

5. 进一步深化改革发展，全面提高学校教育质量和办学品质

迎江区要坚持社会主义办学方向，坚持德育为先，突出德育实效，把立德作为育人的首要目标，构建方向正确、内容完善、载体丰富、学段衔接、常态开展的学校德育工作体系。要大力发展素质教育，进一步规范办学行为，加强教学管理，深化教育教学改革，创新课堂教学方法，不断加强美育体育和劳动教育，切实提高义务教育教学水平和质量。要落实"双减"措施，全面深化"五项"管理，建立完善教育质量监测评估体系，全面开展综合素质评价，让孩子快乐学习，健康成长。要积极探索推进"互联网+教育"发展，加快数字校园建设，促进信息技术与教育教学融合运用。要严格落实义务教育学校管理标准，铸牢安全红线意识，加强学生心理健康教育，确保校园人身安全、食品安全、设施安全、交通安全和活动安全。要密切家校协同，加强部门协作，共同构建保障教育发展的良好环境。

第五节 浦东新区教育公共服务均等化的措施与成效

"十三五"期间，浦东新区教育事业取得了快速发展，规模持续扩大，内涵日益丰富，整体质量稳步提升。基础教育规模总量快速增加，约占全市 1/4。教育投

入力度逐年加大，各阶段生均经费大幅增长。学前教育提质增效，义务教育优质均衡水平持续提高，高中优质资源不断拓展，教师队伍整体结构不断优化，体制机制改革在全市和全国产生积极影响，获批创建上海市区域教育综合改革创新示范区和国家级信息化教学实验区，教育对外开放进程加快，职业教育育人模式改革取得进展，社区教育国家级示范区建设得到深化。①

一、教育公共服务承载能力不断增强

1. 坚持"公平优质"，提高区域教育公共服务承载力

优质均衡是基础教育发展的重点任务，同等重视城区教育和乡村教育，实现所有学习者全面而有个性的发展。截至 2020 年，1.5—3 岁婴幼儿入托率 35%，3—6 岁幼儿在一级及以上幼儿园就读比例 75%；义务教育阶段，学区化、集团化、联盟等办学参与的公办学校占比 85%，残障儿童的受教育率大于等于 99%；在市、区实验性示范性高中和特色普通高中就读学生比例 83%；街镇参与学习型社区发展指数评估与检测比例 50%；基础教育教师本科及以上学历比例 92.8%，基础教育教师研究生学习经历比例 7.7%；国家级信息化教学实验区浦东实验校 60 所，各类信息化标杆校 30 所。截至 2025 年，1.5—3 岁婴幼儿入托率达到 50%；3—6 岁幼儿在一级及以上幼儿园就读比例达到 80% 以上。义务教育阶段学区化、集团化、联盟等办学参与的公办学校占比 100%，开展项目化学习的学校比例达到 60%，残障儿童受教育率达到 99%；在市、区实验性示范性高中和特色普通高中就读学生比例达到 85%；街道社区（老年）学校优质校建设比例街镇参与学习型社区发展指数评估与检测比例 100%；基础教育教师本科及以上学历比例达到 96%，教师研究生学历比例达到 12%；国家级信息化教学实验区浦东实验校 180 所，各类信息化标杆校 60 所。②

2. 坚持"开放融合"，引入优质教育资源增强新建校的科学性和前瞻性

一是进一步提高均衡化和优质化水平，在原有具有鲜明浦东新区特色的委托管理、与高校合作办学、局镇合作、集团化办学、办学联合体、城郊结对等六种模式基础上，打造"六种模式"升级版：扩大覆盖范围，加大实践探索力度，深

---

① 本节数据来源及参考资料：《浦东新区教育发展"十四五"规划》、作者在浦东新区开展的"区域推进教育强国建设的经验"调研数据和相关资料，整理获得。

② 浦东新区人民政府关于印发《浦东新区教育发展"十四五"规划》的通知[EB/OL]. https://www.pudong.gov.cn/ghjh_zxgh/20211211/340171.html. 2021-08-27.

化制度设计，形成可复制可推广的制度体系；高位建设教育集团，教育集团数量从 3 个增加到 6 个或以上；在 4 个教育署同步推进学区化办学试点，"学区"数量从 4 个增加到 16 个；实现集团和学区内各校在理念、管理、课程、师资和设施设备等方面的资源共享；探索跨行政区域的局际合作。

二是在学校布局调整中，增强校舍设计和建设满足现代教育功能的观念和能力，新建、扩建和整新工程更加重视师生自主学习、沟通合作空间的拓展和优化。加强校舍建设和改造与办学特色的匹配度，实行"一校一案制度"。

三是实施"新优质学校"创建学校集群式发展计划。加强新一轮"新优质学校"创建工作，研究"新优质学校"创建发展规律，总结成效，扩大体量，使"新优质学校"创建学校数量较"十二五"实现倍增。

3. 致力衔接融通，打造灵活开放终身教育

紧紧依托浦东新区经济和社会发展现状、社会建设的改革创新和自贸区建设，抓住机遇，努力实现浦东新区终身教育转型升级。加强社区教育品牌特色建设，探索街镇学习型社区发展指数新型评价体系，研究制定老年大学高端化发展策略与路径，鼓励兴办寄宿制老年大学，打造终身教育网络学习平台，构建更加开放、多层次、优质特色的浦东终身教育体系，促进学习型社区和学习型社会的健康和谐发展。①

二、扩大教育的多样性和可选择性

1. 探索"五育并举学段化推进"的浦东模式

浦东新区完善以德为先、五育并举的育人模式，打造五育并举学段化推进的浦东名片，形成五育融合发展、中小幼纵向衔接、课内课外横向贯通、学校家庭社会协同联动的全员、全过程、全方位育人体系。

一是明确"五育并举学段化推进"策略。德育注重学前生活化、小学故事化、初中案例化、高中主题化；智育注重学前游戏启智、小学知识益智、初中能力提智、高中思维强智；体育注重学前游戏化、小学兴趣化、初中多样化、高中专项化；美育注重学前观察美、小学感知美、初中表现美、高中鉴赏美；劳动教育注重学前乐趣化、小学习惯化、初中技能化、高中社会化。

---

① 浦东新区人民政府关于印发《浦东新区教育发展"十四五"规划》的通知[EB/OL]. https://www.pudong. gov.cn/ghjh_zxgh/20211211/340171.html. 2021-08-27.

二是建立"五育并举"组织体系。明确教育行政部门、各学段教育指导中心、教育研发机构、学校等各自功能与职责。

三是深化"五育并举"课程教学改革。推动五育并举学科化、课程化；探索基于五育并举、融合育人的教材解读和教学设计；以主题活动为载体，提升活动融合育人价值。

2. 探索高中特色化多样化办学

浦东新区坚持高中教育多样化、特色化发展方向，努力实现从分层发展向分层与分类相结合转变，从过度关注应试向注重全面育人模式转变，从升学向升学与生涯教育相结合转变。依据《上海市深化高等学校考试招生综合改革实施方案》，抓住改革契机，更新人才质量观、教学质量观和高考成绩观，继续关注高中教育质量的提升，促进高中特色、多样发展，推进高中课程改革，深化创新实验室建设，培养创新人才。

一是扩大高中管理自主权。浦东新区以高考改革为契机，探索高中人、财、物管理改革，扩大高中在师资聘用与培训、课程开发与重组、教室和设备等资源整合、日常教学管理方式变革等方面的自主权，以更加灵活自主的管理模式主动适应高考改革，在高考改革初期尽早形成优势。

二是建设完善高中课程体系。浦东新区结合高考改革发展的新方向和本校办学特色，调整高中课程方案和课程标准，实现自主选择、分层学习，完善课程内容结构，加强拓展型和研究型课程建设。

三是实施个性化学程和学分制管理。浦东新区改革高中教学组织形式，试点实施小班化和"走班制"教学。实施学分制管理，试点课程编班制，以学分与学年结合计算学程。建立高中专职辅导员与全员导师制相结合的高中学生成长服务机制，有针对性地开展学生学涯和生涯辅导。

四是促进高中多样化特色化发展。浦东新区支持已命名的市特色普通高中进一步深化内涵发展；支持具备条件的区实验性示范性高中创建市特色普通高中；扶持有一定基础的一般普通高中发展特色项目；推动普通高中与职业高中在课程资源、实训基地、师资队伍等方面的互相融合和资源共享。

3. 建设新时代需求的教师队伍

一是实施精准培训满足差异化需求。浦东新区打造和引入一批覆盖全学段、全学科的精品课程，建立优质培训课程交流、评选、展示长效机制；根据教师专业水平，开展差异化精准培训，形成服务见习教师、青年教师、成熟型教师、优秀教师和专家型教师的层次化专业支持体系；深化以校为本的教师专业发展模式，完善教师专业发展学校和校本研修学校评价机制。

二是探索分层教研的研究与实践。浦东新区在现有双周教研制度基础上，在若干单周增设专题教研，增加教师公开课和微报告等形式的展示机会；加强学科教师的梯度培养，研究不同资历教师的发展特点和教研需求，关注见习教师教学规范养成、2—10年教龄青年教师课堂教学技能培养、10年以上教龄教师教学经验总结和辐射。

三是分层分类实施教育科研课题。浦东新区规范重点、一般和规划等三类课题审批程序；建立跨学科、跨项目科研合作制度；完善中小幼教育科研蹲点研究制度，建立科研中心组制度；开展多层次科研骨干培训；定期开展科研成果、科研先进集体和先进个人评选，定期开展科研成果推广奖评选；保障科研管理经费和研究经费。

四是建立优秀教师奖励机制。持续完善教师梯度培养，形成青年新秀-骨干教师-学科带头人-市级名师等梯队，到2025年，骨干队伍比例达到15%，双特、正高教师人数增长60%以上；重视跨学科类、综合艺术类、综合技术类教师队伍建设，增设跨学科等骨干教师和学科带头人评审组别，增设跨学科中级职称评审序列；建立高层次人才激励机制；探索优秀教师引进、培养、激励等系列政策；探索学区和集团内教师流动机制；在绩效奖励时，向多劳和优绩者倾斜。

三、以数字化推进教育现代化和信息化

浦东新区超前部署更加开放、先进、高效的教育信息网络，打造"浦东数字化教育"，基于硬件基础上，全面进行软件升级，加大校园化建设、教学软件共享与使用、办公自动化系统开发与运用等力度，以信息化教育信息平台，推动教育综合改革、课程与教学改革以及教师专业化发展水平的不断提高，从而促进浦东教育整体质量的提升。

1. 增强信息化支撑一线教学变革的能力

浦东新区集聚优质教与学的数字化资源，建立教师备课和学生学习支撑系统。加强数字化校园建设，营造自主学习环境。推进区、校资源与全市研修与混合教学平台资源的共享融合，基于浦东教师研修平台，开展网络教研活动以及开设基于慕课的教师培训网络课程，促进教师信息化教学能力的提升。

2. 提升教师的信息化教学力

浦东新区实施"信息化教学力提升计划",组织教师参加信息化教学能力培训,促进信息技术在各个学科教学中的深化应用。探索实施混合式教学(blending learning)模式,开展基于大数据的课堂分析、学习分析试验。

3. 统整全区信息化管理平台

浦东新区统整全区信息化管理资源,建设全区学习者信息平台、教育者信息平台和管理者信息平台等三大平台,组织区域数据的整合共享,实现数据对接,推动教育管理的高能高效和教育决策的科学化、开放性。以需求为引领、以应用为导向,加强统筹管理,形成业务主导、技术支撑、管理规范的信息化工作推进机制。

4. 推进"智慧高中"建设

浦东新区开展市区两级实验性示范性高中"智慧校园"项目建设,搭建两个平台(学校公共数据平台和教与学资源平台),实现五个功能(智能校园一卡通、教师教学平台、学生学习平台、网上阅卷系统、开放课程平台),聚焦五个重点工程(校园宽带网络+无线覆盖、校园智能门禁设施、智慧教室、视频教研与视频会议、物联网创新实验室)。对该项目组织公开招标,建立项目质量保障机制和精细化管理制度。

四、教育公共服务均等化引领新区教育深化改革

浦东新区在近 10 年发展速度非常快,教育与新区发展速度不协调。教育公共服务均等化存在一些困境。

一是学校布局与人口规模结构不协调。人口导入的聚居地差异,造成部分街镇地区教育资源短缺,义务教育阶段学位供给不足。再加上历史原因,城乡一体化推进中公建学校配套存在缺配、缓配的实际情况,致使部分区域入学矛盾突出。

二是教师队伍结构性不合理。浦东新区基础教育阶段的学校规模大,教师队伍结构不平衡现象突出;学校间教师的数字化素养差距比较大,薄弱学校教师应用信息技术的频率不高。

三是浦东新区教育格局与城市战略定位存在差距。对标具有世界影响力的社会主义现代化国际大都市核心区的枢纽门户和社会主义现代化建设引领区的定位,浦东新区教育还没有形成与其匹配的、具有吸引优秀人才能力、具备示范效应的资源配置格局,在结构优化、品质提升和能级提高等方面的教育竞争优势和

品牌优势没有呈现出来。因此，在"十四五"规划中提出系列对策①。

1. 完善浦东新区特大型区域教育治理体系

浦东新区探索具有中国特色、体现时代特征、彰显浦东新区社会主义现代化建设引领区内涵的教育发展之路，推动教育治理手段、治理模式、治理理念创新，构建以学区化、集团化、学段化、智能化、可视化为特征的区域教育网络管理平台，率先构建教育治理、社会治理、城市治理等统筹推进和有机衔接的教育公共治理体系。

一是构建区域教育"智慧监管大脑"。建立覆盖教育培训机构、托育机构、中小学幼儿园等领域的监管平台；建立全区统一的用户认证中心和教育大数据中心；探索入托入园入学监测及预警系统。

二是推进浦东教育云网融合。推进云在网上、网在云中的浦东教育云网融合；完善网络配套设施，探索 5G 网络在区域和学校的建设与应用，实现浦东教育专网所有在网设备 IPv6 全覆盖；建立"浦东教育网校"。

三是设立政策咨询和研究机构。成立浦东教育政策研究中心，负责超前研制适应浦东特点的重大教育政策；成立浦东教育评价中心，构建具有浦东特点、聚焦"五育并举"的教育综合质量评价与监测体系；完善浦东教育国际交流中心和学生心理健康咨询中心工作机制。

四是构建多元共治的教育格局。组建"浦东教育决策咨询委员会"；开展教育行政部门与高校、研究机构、社会力量和企业举办的新型智库的项目合作；鼓励街镇通过多种途径，开展专项激励、项目合作和良好环境的营造和治理；鼓励基金会支持教育事业发展；完善政府购买服务机制，支持学校购买专业化社会机构和企业高品质课程。

五是健全学校家庭协同育人机制。所有学校都要成立家校合作协商委员会；制定《浦东新区学校家庭合作协商工作实施办法》。

2. 加强基本建设优化空间布局

浦东新区加快学校基本建设进度，优化教育资源布局，适应人口导入方向对教育资源的需求；逐步提高各级各类学校的建设标准，以适应教育改革的新需要；增强校舍设计和建设的科学性，进一步提高校园布局的教育价值和内涵，满足未来教育的功能需求。

---

① 浦东新区人民政府关于印发《浦东新区教育发展"十四五"规划》的通知[EB/OL]. https://www.pudong. gov.cn/zwgk/006021010/2022/302/258098.html. 2021-08-27.

一是稳步推进学校改扩建项目。对标中小学和幼儿园最新建设标准，以"改建修缮提质量，硬件配置上一流"为目标，打造功能更加优化、设备更加完善、信息化程度更加先进、教学更加灵活的空间。科学统筹集约利用土地资源，对具备条件的存量学校实施改扩建，充分利用地下空间，不断拓展教育教学空间，提升学校配置水平，提高学校管理效能。

二是扎实推进公建配套教育项目。加大教育资源统筹规划力度，优化布局结构，加快总量供给，重点加强人口导入区域、结构性入学矛盾区域、教育资源相对薄弱区域公建配套学校建设。严格落实"四同步"政策，积极推进69个公建配套学校的建设，实现全部开工目标。

三是增强学校设计和建设的科学性和前瞻性。吸收"未来学校"先进理念，增强校舍设计和建设满足现代教育功能的观念和能力，新建、扩建和整新工程更加重视师生自主学习、沟通合作空间的拓展和优化。加强校舍建设和改造与办学特色的匹配度，实行"一校一案"制度。

3. 创建信息技术与教育深度融合的智能时代新形态

浦东新区建设"国家级信息化教学实验区"，全面推进基于教学改革、融合信息技术的新型教与学模式的实验；探索形成以新技术运用为支撑的优质教育资源共建共享新机制，全面提高教育现代化治理能力和智能化管理水平。

一是信息化应用标杆校引领数字校园建设。推进区级标杆校培育建设工作，从智慧校园的"功能"和"应用"出发，分批培育市级领先的信息化应用标杆校。以标杆校智慧教育引领，促进数字校园建设全面普及，分批分层建设完成浦东"数字校园"达标校。

二是创建师生成长轨迹支持双系统。探索大数据支持下的学生综合素质评价，实现"一人一档"；实现教研、骨干、学科带头人等核心业务流程规范化和数据相互关联，优化云观课、云评课、云带教、教研组协同工作等四种区域教师网络协同研修模式。

三是开展区域人工智能与编程教育。试点人工智能进课程进课堂，探索资源互通的"1+N+100"区域人工智能与编程教育推进方式；构建人工智能与编程的知识、技术应用的能力、终身学习的素养多维能力体系。

四是探索线上线下相结合的新型模式。尝试作业批改、线上讨论交流、短视频自学、标准化试题的统计分析等；探索建设系统的线上教师培训平台。强化人工智能对教师教育质量的提升作用。

4. 以专业发展为内核优化师资结构

浦东新区按照学校布局需求，配齐配足各学科教师，优化教师结构。对不同学科不同发展阶段的教师，实施精准培训，以满足教师差异化发展，运用分层分类教育科研课题引领分层教研的研究与实践，形成骨干教师、特优教师和优秀校长的良性循环梯队培养机制。注重跨学科类、综合艺术类、综合技术类教师队伍建设，增设跨学科等骨干教师和学科带头人评审组别，增设跨学科中级职称评审序列，创新学区和集团内教师流动机制，在绩效奖励中向多劳和优效者倾斜。实施师德师风提升工程、新教师增量提质工程、"青椒"发展工程、"两特一正"扩容工程（指特级校长、特级教师和正高级职称教师）、人才保障工程以及"优师计划"、"十百千计划"（即 10 名名师、100 名菁英、1000 名新锐）和"领军后备计划"（60 名优秀教师），支持帮助优秀专业技术人才加速成长和延长优秀教育人才职业生命。[①]

第六节　海淀区教育公共服务均等化的措施与成效

教育是国之大计、党之大计，是海淀区的"命根子"和"金名片"。"十三五"时期，海淀区教育经费投入 583 亿元，已完成教育规划确定的主要任务，基本建成了现代化教育强区。[②]

一、教育公共服务向优质均衡配置发展

1. 坚持公平普惠，服务民生能力迈上新台阶[③]

一是提供更加充分的"幼有所育""学有所教"教育公共服务。"十三五"期间，海淀区加快基础建设，实施 38 个基建项目（建筑面积 40.7 万平方米），接收配套幼儿园 19 所（建筑面积 6.3 万平方米）。完成第二期、第三期学前教育三年行动计划，投入资金 31.6 亿元，"十三五"时期累计增加学前学位 2.8 万个，毛入园

①　数据来源：笔者与浦东教育发展研究院院领导和科研人员座谈、调研的相关资料整理所得。

②　本节主要数据和参考资料来自《海淀区"十四五"时期教育改革和发展规划》及作者开展"区域推进教育强国建设的经验"的调研数据和资料整理获得。

③　北京市海淀区人民政府关于印发《海淀区"十四五"时期教育改革和发展规划》的通知[EB/OL]. https://www.bjhd.gov.cn/ztzx/2021/ghzl/gh145/202203/t20220311_4515148.shtml. 2022-01-04.

率达 91%，普惠性学位增加 1.64 万个，普惠率达 92%，"入园难""入学难"问题明显破解。"十三五"时期，基础教育学位增加 4.7 万个。

二是多举措扩大优质教育资源覆盖面。全区 22 对中小学实现了按比例对口直升。实施新优质、新品牌、潜力学校建设工程，认定 49 所"新优质学校"、18 所"新品牌学校"。依据"南北同步，筑巢引凤"的思路，在中关村科学城北区引进优质教育资源，举办 17 所学校（校区），不断提升教育水平和规模，使其成为新的优质教育资源聚集地。中小学生在优质校就读比例超过 90%，择校热现象得到有效遏制，居民在家门口"上好学"的愿望基本得到满足。

三是建成涵盖全学段的涉外教育服务体系，建成中法实验学校和清华附中外籍人员子女学校，不断提升 13 个高中中外合作办学项目和 5 所国际化特色民办校办学质量。实施"海淀教育与世界对话"品牌项目，举办 20 余场国际论坛，全区中小学与 30 多个国家（地区）近 300 所学校建立友好关系，教育对外交流更具成效，国际教育水平与海淀区域定位更加契合。

2. 优质教育资源共享制度化

一是释放教育综合改革活力。海淀区以 17 个学区为载体，盘活资源存量，打破资源壁垒，优化资源配置，打造多方共治共建共享的教育治理新模式，在平安校园建设、疫情防控、校外培训机构治理等方面发挥关键作用，形成区域性的教育发展共同体，推动教育优质均衡发展和管理机制优化提升。学区制改革被评为"全国促进义务教育均衡发展典型案例"。

二是深化集团化办学改革。"十三五"时期，海淀区将 27 所学校（校址）纳入教育集团，全区纳入教育集团的中小学校（校址）近 140 所。加强对集团化办学的制度支持，出台专项经费支持办法，"十三五"时期，累计投入资金 2.87 亿元。集团总校通过输出管理团队、学校文化、特色课程等，带动新建校高起点发展和办学相对薄弱学校质量提升。

三是推进各级各类考试和招生综合改革落地。海淀区结合实际研制科学公平规范的招生工作方案，推进与中高考改革相适应的课程改革。先后实施"六年一学位"、多校划片和"公民同招"等入学政策，切实推进教育机会公平。

3. 师资队伍不断增强

一是基本建成高素质专家型教师队伍，教师队伍规模、结构、素质能力基本满足各级各类教育发展需要。海淀区稳步实行校长职级制、干部聘任制，建立校长培养基地和名校长工作室，实施"成长中的教育家"工程，形成拥有特级校长

24 人、特级教师 221 人、市级带头人和骨干教师等 461 人、区级带头人和骨干教师 5324 人的雁阵式人才梯队。建立"人才储备库",完善聘、管、用有机衔接的运行机制,近千名优秀教育人才被纳入储备库,辐射 100 余家单位。

二是教师培训体系更加健全。海淀区构建"三维四级"教师研修课程体系,教研活动升级为学科教研课程,创新实施"三级联动"教研模式,建设 106 个中学学科教研基地、35 个小学学科教研基地,促进学科教学质量提升。实施科研骨干教师研究能力提升项目和教育科研种子教师研究项目,启动"轮训+研修"的干部培训模式。召开四届全国教师发展学术会议和两届全国课堂教学的研讨会,举办各类型展示活动,为教师成长提供广阔平台。提升中关村科学城北区师资水平,实施农村地区教师素质提升专项行动,成立研修中心,每年培训农村地区教师 6000 余人次。

三是加强师德师风建设,在全市率先建立以优秀"四有"教师为师德品牌的评优评先长效激励机制,推选北京市师德榜样 35 人,表彰区级"四有"教师近 6000 人,推选全国劳模 1 人、北京市先进工作者 6 人。海淀区深化职称制度改革,拓宽教师职业发展空间。增加人才公寓供给,投入房源 791 套,累计入住 2600 人次。推出具有丰富拓展功能的海淀"教师证",教师地位待遇不断提高。

二、学校教育的多样化和可选择性

1. 鼓励规范民办教育的发展

海淀区规范办学行为,提升办学水平,确保民办教育成为海淀高质量教育体系的有益补充。

一是提升民办教育治理水平。海淀区加强党对民办学校的领导,统筹协调,与公办学校党建同谋划,将培育和践行社会主义核心价值观贯穿教育教学全过程。建立健全民办教育治理相关配套制度,加快民办学校法人治理结构建设,规范办学行为,提升办学水平。加强民办学校收费管理,推进具有海淀特色的民办学校资金监管制度,有效防范办学风险,构建政府依法管理、学校依法办学、行业自律和社会监督相结合的工作格局。建立健全非营利性和营利性两类民办学校的监管体系,完善民办学校年度检查、专项检查和督导制度。

二是支持社会力量提供优质教育资源,创新社会力量办学机制,按照海淀区域社会经济和教育需求,优化民办教育结构布局,全面规范"公参民"学校。完善民办学校教师培养机制,加强民办学校骨干教师和管理人员培养力度,优化民办教师培训机制，提高民办学校教师教学科研、行政管理水平，促进教师队伍专业化发展。海淀区鼓励开展国际教育合作与交流，努力打造具有国际影响力的民办教育品牌。

三是依法规范校外培训机构。海淀区坚持校外培训公益属性，深化校外培训机构治理，全面规范培训秩序，强化经营活动监管，坚决防止侵害群众利益行为。对现有学科类校外培训机构重新审核登记，逐步压减。动态清零无证学科类机构。全面做好服务合同规范管理，强化学科类校外培训机构预收费资金监管，严控广告宣传投放。推进各部门联动响应和综合执法机制建设，持续开展学科类校外培训机构专项治理行动。用好"黑白名单"制度，探索信用管理和分级分类监管等新模式，完善长效治理机制。

2. 加强普通高中教育多样化特色发展

海淀区以普通高中新课程新教材实施国家级示范区、示范校建设为基础，以特色高中建设为契机，推进育人方式变革，实现普通高中教育多样化特色发展。

一是推动高中特色建设。海淀区加快推进普通高中多样化特色发展，更好满足学生全面而有个性的发展需求。坚持"无课程不特色、无特色不自主"原则，以特色课程群建设为核心推进特色高中建设。从办学机制、培养机制、育人方式等不同角度引导学校，一校一案，找准发展定位。到"十四五"末期，全区85%的普通高中实现特色发展，以特色学校创建带动普通高中教育高质量发展。

二是抓好新课程新教材实施国家级示范区、示范校建设。海淀区以"学科建设 2.0"项目五大行动计划支撑新课程新教材实施国家级示范区、示范校建设，构建多样、丰富、可选择的课程体系，制定促进学生全面发展、具有海淀特色、充满活力的区域普通高中课程规划，以课程为核心，构建分层推进、分类指导的学校课程建设指导体系，优化区域教师课程领导力提升的研修课程体系，开展区域专题共享课程的统筹构建与实施行动，推进双新区建设和普通高中多样化特色化发展。[①]进一步完善学生发展指导体系，满足学生个性发展需要，指导每所普通高中构建规范有序、科学高效的选课走班运行机制，指导学生科学选课。依托网络平台，支持各校选课走班管理，指导各校优化选课走班实施方案。

三是推进拔尖创新人才育人模式改革。发挥首都和海淀教育资源优势，深入推进特色课程建设、育人方式改革、教学组织形式变革和教育评价改革，全面优

---

① 北京市海淀区人民政府关于印发《海淀区"十四五"时期教育改革和发展规划》的通知[EB/OL]. https://www.bjhd.gov.cn/ztzx/2021/ghzl/gh145/202203/t20220311_4515148.shtml. 2022-01-04.

化创新人才早期培养生态，探索建立中小学与高等学校、科研院所联合发现和培养青少年拔尖创新人才的有效模式。以人工智能创新人才早期培养综合基地建设为试点，开辟拔尖创新人才脱颖而出的"绿色通道"，选定6—8所在拔尖创新人才培养方面基础良好的学校，开展实验研究。深入推进以信息技术为支撑的教育教学方法创新，全方位采集、识别、跟踪和监测教与学全过程，支撑差异化的"教"和个性化的"学"。加强具有拔尖创新人才培养能力的教师队伍的建设，培养一批具有文理科综合素养和小学、初中、高中贯通教学能力，且科研能力强的综合型、贯通型、研究型教师。强化培养质量监测，持续改进培养模式。

3. 以高素质专业创新教师队伍支撑教育多样化[①]

一是持续提升干部教师能力素质。海淀区深化"成长中的教育家"工程，"十四五"时期，培养10名海淀教育名校长、10名海淀教育名家。启动名书记、特级校长工作室，发挥基础教育名家在办学治校方面经验的示范、引领、辐射作用。坚持"校长走进课堂"和"专家走进讲堂"相结合，继续实施"轮训+研修"干部培训模式，打造干部学习共同体。持续优化教师研训体系，突出学科特点，优化研修课程，完善研修资源，创新研修形式。完善"必修+选择性必修+选修"教研课程，开展三级联动深度研修，深入推进学科教研基地建设、思政课一体化基地校建设。加强培训课程资源建设，开展线上线下融合教育培训，拓宽培训时间和空间。搭建教师展示和交流平台，继续组织两届全国教师专业发展学术会议和课堂教学研讨会。深化"名师教学指导团"，试点"高端教师储备库"人员全区交流讲学，成立"优秀种子教师工作站"，加速中青年教师成长。

二是强化梯队建设，完善发展体系。海淀区完善高层次教育干部人才队伍支持服务体系，培养一批特级教师、特级校长，打造一支教育理念先进、锐意改革创新的"双特"队伍。推进校长培养基地建设，聘请退休名校长作为专家，对年轻校长进行一对一指导。以"中小学创新人才培育"工程为依托，培养校长和名师后备军。建立特级校长和干部教师交流机制，实施轮岗交流，引导优秀校长和骨干教师从城区向中关村科学城北区学校、从优质学校向普通学校流动，缩小校际差距，促进义务教育优质均衡发展。加强骨干教师队伍建设，保持市级骨干教师、学科带头人和特级教师的数量、比例在全市的领先地位。深化名师队伍建设，加强区域辐射，统筹教研、科研和教育行政力量，分层分级构建名师培养体系，

---

① 北京市海淀区人民政府关于印发《海淀区"十四五"时期教育改革和发展规划》的通知[EB/OL].
https://www.bjhd.gov.cn/ztzx/2021/ghzl/gh145/202203/t20220311_4515148.shtml. 2022-01-04.

满足教师成长个性化需求，提高全区教师队伍整体水平。

三是深化干部教师管理制度改革。海淀区严格落实校长任职条件和专业标准，规范校长选任程序。完善校长考核管理与激励机制，深入推进校长职级制改革，完善校长任期目标管理、考核评价、工资、奖惩、流动、培训等制度，鼓励校长勇于创新，推动教育家办学治校。依标足额核定中小学教职工编制，建立区级教师编制统筹配置机制，优先保障教师编制。深化"教育人才储备库"改革，开展一般教师储备库"公开招聘"工作。优先配足、配齐、配强中小学德育、美育、体育和劳动教师。推进市区两级人事制度改革，建立事业单位人事综合管理信息系统，完善岗位设置。落实职称制度改革要求，完善更加符合教育发展实际的职称分类评价标准，提升职称评审管理服务水平，推进在线申报、受理、评审、办理和反馈，探索智能化的人才分类评价手段。

四是全面提升教师岗位吸引力。海淀区积极营造尊师重教氛围，深入研究"双减"背景下，教师管理模式的优化创新，强化保障机制，提高教师获得感和幸福感，优化引进人才住房政策，推进服务教职工资源有效整合，系统开展心理健康培训，提升教师自我调适能力和心理健康水平，制定实施关心关爱教师工程，全力构筑维权机制，维护教职工合法权益。确保本区教师工资水平高于公务员工资水平，强化教师聘任制改革，完善区、校两级分别统筹的绩效奖励机制体系，更好发挥集团化经费中绩效工资部分的激励作用，规范年度考核以及事业单位考核奖励等工作。

三、教育信息化助力公共服务优质均衡

海淀区以推进教育部全国"智慧教育示范区"和"基于教学改革、融合信息技术的新型教与学模式"实验区建设为载体，创新信息技术赋能教育治理，构建以学习者为中心、线上线下相结合的全新教育教学生态，引领提升教育现代化建设水平。

1. 创新引领人才培养模式变革

海淀区充分发挥城市大脑、互联网教育研究院、中关村科学城互联网联盟作用，加快面向下一代网络的智能学习体系建设，建成未来实验学校，推广中关村科学城科技应用教育场景。推动教学形式、学习模式和评价方式变革，搭建基于大数据和人工智能技术的学情分析系统，探索个性化教与学模式，开展多维度综合性智能化评价。依托区域自有云平台、资源平台和直播平台，构建线上线下相结合的全新教与学生态圈，实现自主学习、探究学习、协作学习等多种形式的智

能化学习。开展教育部"人工智能助推教师队伍建设"试点工作，创新教师培养模式，搭建教师能力诊断测评系统，推动智能研修，优化"云教研"机制，实现精准培养培训，开展教师画像，支撑教师精准管理，支持教师评价改革。

2. 提升智慧教育服务支撑能力

海淀区打造新型基础设施，建设物联网，完善教育专网，扩大 5G 网络校园覆盖率。完善海淀"智慧教育云中枢"，构建海淀教育智脑，积极利用大数据、区块链和人工智能技术，围绕教育治理、教学服务、校园管理、学位供给、师资调配等方面开展决策分析、监测预警等大数据应用，优化业务流程，畅通内外衔接，推动教育数据从统计分析、数据可视化等初级应用向服务、支撑教育综合改革的深层次应用转变。推动信息技术赋能校园建设，开展智慧校园示范建设，实现智慧教室全覆盖，智慧校园覆盖率达到 95%。构建以学习者为中心的泛在、灵活、智能的教育教学新环境、新空间，加强人人协同、人机协同，建设并推广空中课堂、双师课堂、融合课堂。加大对平安校园建设、绿色学校创建的技术应用。持续加强网络安全基础设施建设，有效提升网络安全防护水平。

3. 加强优质教育资源共建共享

海淀区主动融入全球数字经济标杆城市引领区建设，打造"云端海教"品牌，坚持政府引导，鼓励学校、企业、教师等积极参与优质资源建设，开展常态化教育资源汇聚、审核和质量评估，助力海淀教育服务供给模式升级。搭建智能化教育资源公共服务云平台，促进教育系统内外资源融通共享，利用博物馆、体育场馆等社会文化机构资源支持教育，整合现有实践、研学、体育等活动，探索社会力量参与资源建设的有效途径，面向全社会共享服务，形成新时代海淀特色教育公共服务体系。

四、教育公共服务均衡引领大区教育改革创新

1. 增强教育综合改革协同性系统性

海淀区全面统筹现有普通高中新课程新教材实施国家级示范区、全国中小学劳动教育实验区、教育部中小学教育质量综合评价改革实验区、教育部深度学习教学改进项目先行示范区、全国中小学生艺术素质测评实验区、智慧教育示范区、"基于教学改革、融合信息技术的新型教与学模式"实验区、大中小学思政课一体化市级示范区、北京师范大学中国教育创新研究院"指向核心素养的项目学习区

域整体改革"先行试验区等诸多示范区、实验区任务，提高改革整体效能，处理好整体推进和重点突破的关系，把握改革的时序和节奏，推进各项改革取得突破性进展，为全国基础教育发展贡献智慧和经验。

2. 探索办学模式改革，完善教育治理体系

海淀区以学区、集团为载体，构建持续发展的优质教育生态环境，推动学校组织管理、教科研、教育评价和学生培养等水平全面提升。在学区、集团层面的系统集成上，建立更紧密、更高效的组织管理体系。

一是深化学区制 3.0 版改革。海淀区合理优化学区边界，建立学区发展评价体系，完善学区职能定位和议事决策机制，建立健全学区各委员单位激励和保障制度。更好发挥学区统筹协调作用，探索学区统筹、区管校用的编制统筹新模式，促进教师交流，加大师资配置的协调力度。统筹区域内各类教育资源，打破学校、社会之间的资源壁垒，促进资源共享，提升办学条件，为师生拓展更加丰富多元的成长发展空间。

二是打造集团化办学的海淀范式。海淀区构建有运行机制、有队伍培养、有经费保障、有考核评估、有奖惩激励的集团化运行体系，建立动态进入、加速孵化、成熟退出的良性机制，形成 40 个优质教育集团。完善教育集团内部治理结构，规范并优化单一法人、多个法人和混合式教育集团的管理模式，创新教育集团人事管理制度，以集团为单位统筹干部岗位职数管理和教师编制管理，建立教育集团人才联合培养、贯通培养机制，高标准做好专项经费支持和质量评估。

3. 资源共建共享，不断激发创新活力

一是发挥区域资源禀赋，促进资源融通共享。海淀区主动服务"两区""三平台"建设，充分利用海淀区域资源禀赋，整合科技、文化、体育、艺术等各领域资源，共同支持教育发展，鼓励学校参与各种科技创新活动，加强创新创造教育，助力区域科创发展。推动驻区高校、科研院所与中小学深度合作，实现 10—15 所高校、科研院所与中小学开展合作办学，共同开展教师培养培训，助力教育人才高地建设，不断增强海淀教育的底蕴和深度。落实学校办学条件标准，统筹现有公园、绿地、体育场所、文化设施、闲置场地等各类空间资源，为课程改革和教育发展提供多元资源支撑。

二是增强内生动力，全面激发活力。海淀区搭建高质量合作交流平台，促进教育教学相互借鉴、融合发展、提高质量，激发干部教师的工作热情和各主体的办学活力。全面保障学校办学自主权，尊重学校在绩效工资分配方面的自主权，

强化学校课程实施主体地位，鼓励探索符合学校实际、学科特点和学生成长规律的教育教学模式，推动学校办出特色、办出水平。持续精简、严格规范各类"进校园"专题教育活动。在坚持落实党管干部、党管人才原则基础上，充分赋予学校人事自主权，指导学校自主设置内设机构，稳妥实行学校干部聘任制，构建干部"能上能下"的良性机制。

4. 深化区内教育评价改革

海淀区坚持破立并举，遵循教育规律，引导树立科学的质量观和人才观，深入落实教育评价改革总体方案，推动教育督导体制机制改革，构建更加科学、全面的评价机制。

一是深入推进海淀区"教育部中小学教育质量综合评价改革实验区"建设，系统推进教育评价改革，遵循教育规律，发展素质教育，引导树立科学的质量观和人才观。探索完善区域教育质量评估监测体系，构建常态化、全学段的海淀特色基础教育质量监测体系。海淀区探索增值性评价，建立健全区域发展的增值评价模型，持续完善义务教育学校绩效考核工作。深化中小学生学习品质评价，构建涵盖全员、全学段、全过程的学习品质评价体系。探索建立中小学教师教学述评制度，任课教师每学期对每个学生进行学业述评。完善评价结果运用，综合发挥评价的导向、鉴定、诊断、调控和改进作用。

二是探索"大数据+"评价模式。海淀区充分利用人工智能、大数据等信息技术，建立基于大数据平台的学生成长评价模型，探索开展学生各年级学习情况全过程纵向评价、德智体美劳全要素横向评价。开展基于信息技术的教学评价创新实践，全方位采集、识别、跟踪和监测教与学全过程，开展多元化、过程化评价。利用信息技术建立多维、精准的学生成长档案，完善学生综合素质评价体系，创新评价方法，优化评价过程，促进学校育人模式转变。开发"海淀区教育集团办学评估平台"，完善集团化办学考核评估机制，引导教育集团良性发展。

三是巩固深化基础教育考试招生制度。海淀区坚持义务教育免试就近入学，扎实推进以多校划片为主，单校划片和多校划片相结合，公民同招派位录取的入学方式，合理控制区域教育总体规模；进一步完善中小学按比例对口直升机制。稳步推进中高考改革，进一步完善"校额到校""市级统筹""1+3"培养等招生政策，规范普通高中自主招生，探索基于初中学业水平考试成绩、结合综合素质评价的招生录取模式，完善高中学业水平考试制度和高中综合素质评价制度。规范"公参民"转型机制下的招生办学行为。

第 四 章

国内外区域教育公共服务
均等化的监测机制

　　进入 21 世纪,教育公共服务均等化水平已经成为衡量一国文明发展水平的重要指标,教育公共服务建设越来越引起世界各国政府的重视。本章立足国际视野,以联合国教科文组织、欧盟、世界银行三大组织主导的教育监测体系为参照,梳理我国区域教育公共服务发展水平的监测机制,以期为创新区域教育公共服务均等化保障机制提供参考。

第一节　联合国教科文组织的教育监测体系

一、联合国教科文组织与全球教育均等化愿景

1. UNESCO 使命与在全球教育均等化中的领导角色

作为全球教育发展的灯塔，联合国教科文组织（United Nations Educational，Scientific and Cultural Organization，UNESCO）不仅致力于推动知识社会的建设，还肩负着促进教育机会公平、质量提升和文化多样性的使命。自成立以来，UNESCO 便明确将教育视为实现全球和平、社会公正和经济发展的基石。2015年，第 70 届联合国大会通过《教育 2030 议程》，该议程涵盖全球社会、经济与环境可持续发展 17 项可持续发展目标及 169 项具体指标旨在推动全球在以后的 15年内实现 3 个史无前例的目标：消除极端贫困、战胜不平等与不公正、抑制气候变化。其中，第 4 个目标（SDG4）是"确保包容和公平的优质教育，让全民终身享有学习机会"，这个目标及其涵盖的 7 个具体目标与 3 个实施方式。①随着该议程的通过，国际社会强调了联合国教科文组织在领导和协调《教育 2030 议程》方面的重要作用及其作为可持续发展教育领导机构的地位。该议程强调了题为《可持续发展目标 4——2030 年教育行动框架：确保包容和公平的优质教育，让全民终身享有学习机会》（以下简称"教育 2030 行动框架"），该框架借鉴了《全球行动纲领》（Global Action Programme）在政策、教育和培训、教育工作者、青年和社区等 5 个优先行动领域的经验。

在"教育 2030 行动框架"下，特别是可持续发展目标 4，UNESCO 强调了教育质量与公平的双重提升，明确提出教育均等不仅是数量上的普及，更在于质量、包容性和成果上的无差别。这一战略部署体现了 UNESCO 在教育均等化领域中的宏观思考与深远布局，旨在构建一个无壁垒的知识获取环境，确保每个人都能享有优质教育。在此基础上，UNESCO 不仅制定了国际标准，还通过全球教育

---

① 唐虔. 全球教育治理的一次成功实践：对国际社会制定"2030 教育议程"的回忆[J]. 比较教育学报，2023（4）：3-17.

监测报告、统计数据库和国际政策论坛，搭建了一个多维度、动态的监测和评估体系。这一系列行动不仅促进了数据的透明度与可比性，还为政策制定提供了科学依据，是实现教育均等化不可或缺的工具箱。通过跨国交流与合作项目，UNESCO 正努力缩小各国教育质量的差距，推动资源的均衡分配，确保全球教育系统的持续进步与完善。

2. 推进《教育 2030 议程》的战略布局

为了加速实现《教育 2030 议程》，UNESCO 采取了一系列策略进行布局。首要任务是构建一套全面且精准的监测与评估体系，这一体系需要覆盖所有教育层次与类型，保障从学前教育到高等教育乃至成人教育与继续教育，均在监测范围之内。具体而言，UNESCO 通过以下四个方面推进其战略。

（1）政策指导与技术支持：发起"教育 2030 框架行动"计划，提供政策建议与技术指导，帮助成员国根据本国国情制定实现教育均等化的具体路线图。同时，UNESCO 推动教育信息系统的建设和升级，以数据为基础，增强决策的科学性和效率。

（2）全球教育监测报告：定期发布全球教育监测报告，公开各成员国在教育普及、质量、公平等方面的进展，通过国际比较揭示问题与亮点，促使各国政府正视不足，并分享成功经验。

（3）多边合作与资源动员：利用其广泛的国际网络，推动南北合作与南南合作，促进资金、技术和知识的交流共享。同时，动员国际社会加大对教育的投资力度，特别是对贫困地区和边缘群体的支持。

（4）倡导与意识提升：在全球范围内提高公众对教育公平重要性的认识，动员社会各界参与到教育改革中来，强调教育不仅是政府的责任，还是家庭、社区、私营部门和国际伙伴的共同使命。

在推进全球教育公共服务均等化的进程中，UNESCO 采取了多维度、多层次的策略，既关注宏观政策的制定与协调，又不忽视微观层面的实施与影响评估。通过这些努力，力求在全球范围内营造更加包容、公平、有质量的教育环境，为所有学习者铺就通往知识与未来之路。

二、全球教育监测体系框架设计

1. UNESCO 主导的全球教育监测体系目标与原则

UNESCO 主导的全球教育监测体系旨在通过科学、透明、包容的方式，促进全球教育的均等化与可持续发展。此体系的设计基于一系列核心目标与基本原则，这些目标与原则既是监测活动的方向标,也是评估教育公共服务均等化进程的基准。

从目标方面看,该监测体系着重关注以下四个关键点。①促进全球共识:构建一个共享的教育愿景,确保所有国家认同并致力于实现《教育 2030 议程》,特别是在教育均等化和质量提升方面。②确保包容性:确保教育监测覆盖所有人群,尤其是最边缘化和弱势群体,如残疾人、少数族群和偏远地区儿童,以确保无人被遗漏。③提高透明度:通过公开、可比的数据和分析,增加教育决策与实践的透明度,为政策制定者、学者及公众提供准确信息。④促进知识共享与学习:鼓励国际最佳实践的分享,为各国提供互相学习的平台,促进教育创新与改进。

从原则方面看,主要包括以下四个方面。①综合性:监测不仅涵盖入学率等量的指标,也重视教育质量、学习成效等质的维度,形成全方位的评估体系。②多维度:考虑教育公平的多维性,如地域、性别、经济条件等,确保监测能够揭示深层次的不平等问题。③参与性:鼓励政府、学校、家长、学生及社会各界的参与,确保监测过程反映多样化的利益相关者视角。④发展性:监测体系应具备灵活性,能够根据全球教育发展的新趋势、新挑战进行适时调整和优化。

UNESCO 通过这些目标与原则的指引,构建起一个既具有全球视野又能贴近各国实际的监测体系框架,为教育公共服务均等化的全球推进提供了坚实的支撑。这一框架的设计不仅反映了教育作为基本人权的价值,还为不同国家间的合作与相互学习提供了强有力的机制保障,进而推动全球教育向着更加均等、高质量、可持续的方向发展。

2. 结构组成:从顶层设计到实施路径

在探讨 UNESCO 主导的全球教育监测体系时,其结构组成和实施路径构成了从理论向实践转化的核心桥梁。该体系的建构是一个自上而下、系统且细致的过程,旨在通过科学严谨的设计保障教育均等化目标的实现与全球推广。

一是顶层设计:理念与框架。顶层设计理念植根于 UNESCO 对教育作为基本人权的坚持,以及实现可持续发展目标 4 的全球共识。

这一理念指导下的监测体系框架,首先确立了几个关键的组成部分:①政策与标准制定。设定全球统一的教育均等化监测指标体系,确保这些指标既能衡量教育的普及程度,也能反映教育质量与公平性,如入学率、毕业率、教师质量、教育资源分配等。②数据采集与管理。建立跨国界的数据采集机制,运用现代信息技术手段收集、整理与分析数据,确保数据的时效性、可靠性和可比性。③分析与报告。设立专门机构负责对收集的数据进行深度分析，定期发布全球及各区域教育均等化监测报告，揭示教育发展现状、问题与趋势。④能力建设与知识共享。促进成员国能力建设，包括技术支持、方法培训和知识交流，提升各国自我监测与评价的能力，同时建立国际协作平台，分享最佳实践经验。

二是实施路径：操作层面的展开。①启动阶段：在国际共识的基础上，UNESCO召开高级别会议，邀请各国政府、国际组织、非政府组织和专家代表，共同讨论监测体系的具体框架和实施策略，明确各参与方的职责与分工。②国家对接：各国根据国际标准，结合本土实际情况，调整和完善监测指标体系，制订本国教育均等化监测计划。这包括建立或强化国家教育统计系统，确保数据收集渠道的畅通和数据处理能力的提升。③数据收集中期评估：实施初期开展数据收集中期评估，检查数据收集流程是否顺畅，指标是否能够准确反映教育均等化现状，及时调整优化实施方案。④监测结果应用：监测报告发布后，各国应将报告成果转化为具体政策行动，针对监测发现的问题与差距，制定或调整政策措施，加大教育资源的投入与分配优化，特别是针对弱势群体和边缘地区的支持。⑤持续循环反馈：建立监测与政策响应之间的持续互动机制，监测不仅是静态的数据收集与分析，更是一个动态的政策调整和效果评估过程，以确保教育公共服务均等化工作的持续改善。

通过这一从顶层理念设计到操作层面的细致展开，UNESCO 主导的全球教育监测体系，为全球范围内教育公平与质量的提升构建了一套科学、系统的支持架构，为各成员国提供了一个共享的行动指南和合作平台。这一体系的实践与不断完善，对推动全球教育的均衡发展具有深远意义。

三、核心监测指标与评估工具

1. 确保包容、公平的优质教育，促进全民享有终身学习机会的关键指标①

4.1 到 2030 年，确保所有男女童完成免费、公平、优质的中小学教育，并取得相应有效的学习成果。

4.2 到 2030 年，确保所有男女童获得优质早期幼儿发展、保育和学前教育，为接受初等教育作好准备。

---

① 唐虔. 全球教育治理的一次成功实践：对国际社会制定"2030 教育议程"的回忆[J]. 比较教育学报，2023（4）：3-17.

4.3 到 2030 年，确保所有男女平等获得负担得起的优质职业与技术教育以及高等教育，包括大学教育。

4.4 到 2030 年，大幅增加掌握就业、体面工作和创业所需技能（包括职业技术技能）的青年和成人人数。

4.5 到 2030 年，消除教育中的性别差距，确保包括残疾人、土著居民和处境脆弱儿童在内的弱势群体平等获得各级教育和职业培训。

4.6 到 2030 年，确保所有青年和大部分成人男女具有识字和计算能力。

4.7 到 2030 年，确保所有学习者掌握促进可持续发展所需知识和技能，具体做法包括开展可持续发展和可持续生活方式、人权和性别平等等方面的教育，弘扬和平和非暴力文化，提升全球公民意识，以及肯定文化多样性和文化对可持续发展的贡献等。

4.8 政府教育支出占国内生产总值和政府总支出的情况：

4.8a 建立和改善兼顾儿童、残疾和性别平等需求的教育设施，为所有人提供安全、非暴力、包容和有效的学习环境。

4.8b 到 2020 年，在全球范围内大幅增加发达国家和部分发展中国家提供的、发展中国家（特别是最不发达国家、小岛屿发展中国家和非洲国家）可获得的高等教育奖学金数量，包括职业培训，信息通信技术，技术、工程和科学项目的奖学金。

4.8c 到 2030 年，大幅增加合格教师人数，具体做法包括在发展中国家，特别是最不发达国家和小岛屿发展中国家开展师资培训方面的国际合作。①

2. 创新技术运用：大数据分析、智能评估系统

一是大数据分析在教育监测中的应用。大数据技术为教育公共服务均等化监测提供了前所未有的视角与深度。通过整合与分析海量教育数据，包括但不限于学生信息、教学活动记录、教育资源分布、学习成效评估等，大数据分析能够揭示教育领域内隐含的模式与趋势，使不平等现象无处遁形。①精准识别需求：大数据可以快速识别教育服务不足的区域、人群及特定学科领域，为政策制定者提供精确导向。②动态监测与预警：实时数据流的分析使监测体系具备前瞻性，能及早发现教育质量下滑或不平等加剧的迹象，为快速响应提供可能。③资源优化配置：依据数据洞察，教育资源得以按照实际需求合理分配，确保有限资源发挥

---

① 说明：指标 4.8 "教育投入" 为 2021 年新增指标。转引自涂端午，焦艺鸿. 2030 可持续发展议程中的教育目标：全球进展与中国面临的挑战和对策[J]. 清华大学教育研究，2024（1）：58-70.

最大效用。

二是智能评估系统的引入。智能评估系统的开发和运用，则进一步增强了教育均等化监测的技术内涵。这类系统集成了人工智能、机器学习算法，不仅提升了评估的效率，还使得评估更加个性化和全面。①个性化学习分析：通过分析学习行为、进度与偏好，智能评估系统能够提供个性化的学习建议，规划每个学生的最优成长路径。②自动化的质量检测：智能化工具自动监测教学质量，如评估教师授课质量、教材适用性等，减少了人为评估的主观性与误差。③预测模型：利用历史数据训练的预测模型能预估学生的学习成效与教育项目的效果，为政策调整提供科学依据。

三是技术伦理与隐私保护。在拥抱技术创新的同时，UNESCO及全球教育监测实践亦高度重视技术伦理与数据隐私保护，确保技术运用不会侵犯学生与教育工作者的个人信息权利，是推进技术融合的基础；通过建立严格的数据管理机制、透明的信息使用规则及用户同意制度，保障技术应用在教育公共服务均等化监测中的正面作用得到充分发挥，而无损于基本权利与伦理准则。

大数据分析与智能评估系统的应用给教育公共服务均等化监测体系带来了革新，使之能够更精细地捕捉问题，更快捷地响应变化，更有效地促进全球教育公平与质量的提升。然而，这同样提醒我们，在享受技术红利的同时，保持对技术伦理的警觉，确保教育的科技赋能之路行稳致远。

四、数据收集与信息共享机制

1. 跨国数据采集网络的搭建与运作

跨国数据采集网络是支撑教育均等化监测的关键基础设施，旨在跨越地理、文化和政策界限，实现教育数据的统一、系统性收集。其建设和运作主要涉及以下核心要素。

（1）标准化与规范化：确立统一的数据标准与规范，确保所有成员国提交的数据格式一致、指标定义清晰。这需要在广泛协商基础上，制定出全球认可的数据采集指南与编码体系。

（2）技术平台支撑：构建云技术驱动的数据收集平台，提供用户友好界面，便于各国教育部门上传、管理和更新数据。平台需要具备高度的安全性与稳定性，以保护敏感信息，并确保数据传输的无缝对接。

（3）多渠道数据整合：除了政府官方统计数据外，还应探索利用学校记录、民调、卫星图像分析等多元数据源，以提高数据的全面性和可信度，例如，通过卫星图像评估学校建设情况，或利用移动通信数据了解学生上学通勤距离。

（4）能力建设与培训：针对不同国家的数据采集能力差异，UNESCO组织定期培训和技术援助，提升成员国的数据收集、分析及管理能力，特别是在数据匮乏或技术落后的地区。

（5）国际合作与协调：建立国际合作框架，鼓励数据互认与共享。通过签订双边或多边协议，确保数据跨境流动的法律依据，同时建立跨国工作小组，协调各国监测活动的同步推进，减少重复工作，增强数据的国际可比性。

（6）监测与评估反馈：网络运作过程中，设立监控机制及时评估数据质量与收集进度，针对发现的问题迅速调整策略。同时，建立定期的数据质量报告制度，向成员国反馈评估结果，鼓励持续改进。

（7）透明度与公众参与：增加数据收集过程的透明度，公开非敏感数据，允许公民社会、学术界及媒体监督，促进公众对话与参与。这不仅能增强公众对监测工作的信任，还能激发社会对教育均等化议题的关注和支持。

跨国数据采集网络的搭建与有效运作，是实现教育公共服务均等化国际监测体系的关键一环。通过这一机制，不仅能够系统性地掌握全球教育发展状况，为政策制定提供坚实依据，更能加强国际合作与理解，共同推进全球教育的公平与优质发展。

2. 保障数据准确性和隐私安全的措施

数据作为UNESCO的教育公共服务均等化监测体系的核心要素，其准确度直接关系到政策制定的有效性和资源分配的合理性，隐私安全则是维护个人权利与公众信任的基石。因此，实施科学的数据收集与信息共享机制，同时确保数据质量和保护个人隐私，成为推进全球教育均等化的关键环节。

（1）数据准确性。UNESCO倡导采用标准化与系统化的数据采集流程，包括设计统一的数据定义、指标体系及分类标准，以增强数据的互操作性和比较性。例如，通过推广使用《国际教育标准分类》（ISCED），确保各国教育统计数据的可比性。同时，利用现代信息技术手段，如云计算、大数据分析，提升数据处理能力，及时发现并修正错误或异常值，保证分析结果的可靠性。

（2）隐私安全保护。UNESCO遵从国际公认的隐私原则，如信息最小化、目的限制、数据主体权利等，指导成员国建立相应的法律法规框架。具体措施涵盖数据加密传输与存储、匿名化处理敏感信息、实施严格的访问控制及审计追踪机制。尤为重要的是，UNESCO 鼓励国际合作，在跨国数据共享项目中纳入数据保护条款，通过签订具有法律效力的协议，明确参与方的责任与义务，以平衡数据流动的便利性与安全性。

（3）持续的能力建设。UNESCO 通过举办专业培训、工作坊，提升成员国数据管理者的技能水平，加强其在隐私保护法规、数据分析技术及伦理规范方面的认知与应用能力。这有助于培养既能高效收集处理数据又深刻理解数据保护重要性的专业队伍，为全球教育公共服务均等化监测体系的长期稳定运行提供人力资源保障。

五、监测报告与政策建议的制定流程

UNESCO 作为国际教育领域的重要协调者，在推动教育公共服务均等化监测体系的发展过程中，不仅关注数据的收集与分析，更加注重监测成果转化为实际政策改进的路径与效果。监测报告与政策建议的制定流程体现了国际协作在提升教育质量与公平性方面的重要性，同时也彰显了从监测到政策反馈的闭环策略价值。

（1）监测报告的编制基于广泛的数据搜集与严谨的分析。UNESCO 依托其全球教育监测系统（Global Education Monitoring System，GEMS），汇总成员国提交的教育统计数据，结合国际组织、非政府组织以及学术界的研究成果，进行全面的比较分析与趋势预测。在报告撰写过程中，重视多维度评估，既包括教育资源的分布、获取机会的均等程度，也覆盖教育质量与学习成效的评价，确保内容全面且深入。

（2）报告草稿会经过多轮专家审议与修订。这不仅包括来自 UNESCO 内部的跨学科团队，还广泛邀请外部学者、政策制定者及实地工作者参与，以确保分析的客观性、政策建议的可行性和文化背景的敏感性。通过这种跨领域、跨国界的讨论，报告能够更精准地把握教育公共服务均等化面临的全球共性挑战与地区特殊性。

（3）报告定稿后，其发布是一个关键节点。UNESCO 通常选择具有国际影响力的场合，如世界教育论坛、联合国大会教育专题会议等，公布监测报告。这不仅提高了报告的可见度，更重要的是促成了政策建议与全球教育议程的对接。报告发布后，UNESCO 会组织系列研讨会、工作坊，邀请各国政府代表、专家学者共同研讨，旨在将监测发现转化为国家政策调整的具体方案。

（4）在政策建议的落实阶段，UNESCO 扮演着促进者与监督者的双重角色。它通过技术援助、资金支持、知识分享等多种方式，帮助成员国根据报告中的建议调整教育规划与预算配置，优化资源配置，减少教育不平等现象；同时，建立跟踪机制，定期回访评估各国执行进展，确保政策反馈机制的有效运转，并据此适时调整后续监测重点与策略。

总体而言，监测报告与政策建议的制定流程是教育公共服务均等化国际监测体系中一个至关重要的组成部分，它不仅促进了数据与知识的全球共享，还加速了政策实践的创新与优化，为全球范围内推动教育公平与质量提升奠定了坚实的基础。

第二节　欧盟的教育监测体系

一、欧盟教育政策框架与均等化目标

欧盟作为一个集政治、经济和社会为一体的联盟体，对教育公共服务均等化的重视不仅体现在理念倡导上，更融入具体政策与战略规划之中。教育均等化不仅关乎成员国内部的公平正义，更是推动欧洲一体化进程、构建统一市场及提升整体竞争力的关键所在。欧盟的基本立场明确指向一个包容、公平且卓越的教育体系。《里斯本战略》与后续的《欧洲 2020 战略》均强调了终身学习理念，提出通过教育与培训提高全体公民的技能和就业能力，确保每个人都有机会参与社会经济生活。欧盟认为，教育均等化是实现社会融合、经济增长与可持续发展的基石，因而积极构建多元、灵活且高质量的教育服务网络，力求消除地理、社会经济、性别等因素导致的教育机会差异。

欧盟的战略行动集中体现在以下几个方面。

（1）立法与政策框架的建立：通过制定《博洛尼亚进程》推动高等教育系统的兼容与质量提升，确保学位互认，增加学生、学者流动性；同时，《都柏林指标》（Dublin Descriptors）等文件则规范了终身学习质量标准，为教育质量均等化设立了基准。

（2）资金与项目支持：通过"伊拉斯谟+""欧洲社会基金+"等大规模资金项目，直接资助教育合作项目、学生交换、成人教育与职业培训等，促进教育资源的优化配置与共享，尤其惠及边缘群体和经济较弱地区。

（3）数据监测与评估：建立如"教育与培训 2020 监测框架"等机制，定期发布成员国教育绩效报告，利用量化数据与质性分析相结合的方法，监控教育体系的均等化进展与问题，指导政策调整。

（4）强化数字教育与创新：面对数字化转型的浪潮，欧盟推动"数字教育行动计划"，旨在缩小数字鸿沟，确保所有学生和教育工作者都能掌握数字技能，享受高质量的在线教育资源，避免新的教育不平等产生。

（5）包容性教育策略：特别重视少数族裔、残疾学生、移民子女等特定群体的教育需要，通过制定专门政策、提供额外支持服务及资源，确保他们获得与其需求相匹配的教育机会。[①]

步入 21 世纪，《里斯本战略》的发布标志着欧盟对知识经济时代教育转型的积极响应，其核心在于将欧洲构建成"世界上最具竞争力和最具活力的知识经济体"，教育与培训被置于战略的中心。《里斯本战略》明确提出，到 2010 年使欧洲成为"终身学习社会"，要求成员国加大教育投资，提升教育系统的效率和包容性，确保所有公民都能获得必要的技能与知识，以适应快速变化的劳动力市场需求。随后，《欧洲 2020 战略》继承并深化了里斯本战略的精神，提出"智能增长、可持续增长、包容性增长"三大战略目标，其中教育与培训仍然是实现这些目标的关键驱动力。在具体实践中，欧盟通过"终身学习计划"、"欧洲高等教育区"建设、"伊拉斯谟+"项目等举措，不仅促进了成员国间教育体系的互认与流动，还特别关注边缘群体和经济欠发达地区的教育提升，确保教育资源的均衡分布与利用，并通过有效监测缩小教育成就差距，体现了对教育公共服务均等化目标的坚定承诺与持续行动。

二、欧盟教育监测运行机制

1. 欧盟教育监测体系的构成与职能

欧盟在推动教育公共服务均等化的过程中，构建了一套复杂而高效的教育监测机制，该机制不仅是评估成员国教育政策实施成效的工具，也是指导未来政策制定和调整的重要依据。该体系主要由以下几部分构成，各司其职，协同工作，共同推动教育领域的均等化进程。

（1）欧盟统计局（European Statistical Office，Eurostat）负责收集、整理与发

---

① 陈时见，冉源懋. 欧盟教育政策的历史演进与发展走向[J]. 教师教育学报，2014（5）：95-105.

布成员国的教育统计数据，为教育均等化监测提供实证基础。通过定期发布教育相关指标，如入学率、毕业率、教育支出等，Eurostat 为政策分析提供了量化视角，使得教育表现差异与均等化进展得以量化显现。

（2）欧盟教育、视听及文化执行署（Education, Audiovisual and Culture Executive Agency，EACEA）在推动欧洲教育项目执行的同时，也扮演着教育质量与均等化监测的角色。通过实施"伊拉斯谟+"等项目，EACEA 促进了学生、教师与教育机构间的跨国交流与合作，同时监控项目执行效果，确保教育合作的深度与广度能够促进教育资源的均衡配置。

（3）欧洲教育监督网络（European Educational Network，EEN）作为非正式的合作框架，联结了各国教育监督与评估机构，通过共享最佳实践与经验，增强了成员国在教育监测方法与策略上的交流与合作。EEN 关注教育质量与公平性的多维度评价，促进成员国在保持教育系统多样性的同时，向更高水平的教育均等化迈进。

（4）欧洲议会与欧洲理事会通过立法和政策指导，为教育均等化监测设定框架与目标。比如，《关于建立欧洲终身学习资格框架的建议》明确了欧洲终身学习结果的资格框架，《欧洲技能议程》则聚焦于技能提升与减少技能差距，二者均为监测体系设定了清晰的目标导向。

纵览欧盟的教育监测体系，其核心职能在于确保教育政策目标的一致性与执行力，监测教育公共服务的质量与效率，及时发现并响应教育不均等问题。通过跨层次、多机构的合作，欧盟力求在区域层面上实现教育资源的合理分配与教育成果的普遍提升，为全球教育均等化监测体系的构建提供了可借鉴的模式。

2. 欧洲教育和培训合作战略的角色

欧洲理事会于 2009 年通过了新的合作政策框架——《欧洲教育和培训合作2020 战略框架》（以下简称 ET2020），确定了到 2020 年欧盟教育培训发展战略的四大目标，即建立终身教育制度并进一步推动学生学者流动、提高教育质量和效益、促进公平和社会团结、提高创新和创业能力。[①]ET2020 通过建立一个全面、开放且具有前瞻性的合作框架，不仅强化了成员国间教育政策的协调与合作，也进一步增强了教育监测和评估的系统性与实效性。

在监测体系中，ET2020 扮演着战略引领者与实践催化剂双重角色。①它设定了明确的优先领域与目标，例如提高教育质量与成效、增强教育体系的包容性、

① 江洋. 欧盟 2010—2020 年教育发展战略及启示[J]. 世界教育信息，2013（7）：12-16.

促进终身学习以及利用数字技术优化教学过程等，这些都直接关联到教育均等化的关键指标。通过对这些目标的跟踪监测，欧盟及其成员国能及时掌握教育改革的进展与效果，确保政策措施与教育均等化目标对齐。②它鼓励成员国实施具体的行动计划，以实现上述目标，并要求成员国报告实施进度与成果，这种自上而下与自下而上的反馈机制为教育均等化监测提供了丰富的实践案例与数据支撑。通过定期的同行评审会议，成员国之间可以相互学习，分享成功经验，同时识别并解决存在的共性问题。这不仅提升了教育政策的透明度与责任性，还促进了教育均等化理念与实践的跨境传播与融合。③它强调了多利益相关者的参与，包括教育机构、教师、学生、雇主以及社会团体等，确保教育均等化监测不仅是政府的内部事务，而是全社会共同努力的成果。通过广泛听取各方意见与需求，监测体系能够更加准确地反映教育公共服务的实际情况，促进政策制定的包容性与精准性。④ET2020政策改进的实施与评估。在接收到政策反馈后，成员国通常会根据反馈内容制订相应的政策改进计划。这些计划可能涉及教育资源的重新分配、教育质量的提升、教育机会的扩大等方面。为了确保政策改进的有效实施，欧盟会提供必要的支持和指导，包括资金援助、技术援助和政策咨询等。同时，欧盟还会对政策改进的实施情况进行定期评估。评估的目的是检验政策改进是否取得了预期效果，以及是否需要进一步调整和优化。评估结果会再次反馈给成员国，以便它们根据评估结果进行相应的调整。

三、核心监测指标与评价标准

1. 欧盟教育培训的监测指标

ET2020设定的五大关键指标为青少年辍学率，接受高等教育的人口比例，学前教育的人口比例，青少年阅读、数学和科学能力，参与终身学习的成年人比例。根据欧洲理事会要求，欧盟于2011年增加了学生就业能力指标和学习流动性指标。具体包括以下7个方面：①青少年辍学率。该指标应低于10%。②接受高等教育的人口比例。30—34岁成年人拥有大学学历的比例应不低于40%。③学前教育的人口比例。4岁至小学入学年龄的儿童接受学前教育的比例应不低于95%。④阅读、数学和科学能力。15岁青少年在该方面较差的比例应不高于15%。⑤参与终身学习的成年人比例。25—64岁参与终身学习的成年人比例平均应达到15%。⑥学生就业能力。20—34岁欧洲学生在其毕业的第1—3年的平均就业率至少提高5%。该指标根据不同教育水平的年轻人在其毕业1—3年内的成功就业率及就业质量来衡量。⑦学习流动性。主要通过有国外学习经历的青年人在总人数中的比例来考察大学生、职教学生和普通青年的流动性。①

2. 确保指标符合成员国多样性与教育特色

（1）欧盟采用了"共同参考框架"的设计理念，即在确定核心指标时，确保它们能够涵盖教育质量、包容性、学习成果及终身学习的关键方面，同时允许成员国根据自身的教育体系、文化背景及社会发展需求，对这些指标进行适度的解释与调整。这样的灵活性使监测体系既能反映出整个欧盟层面的教育发展趋势，也能捕捉到成员国教育的独特性与实际进步。

（2）欧盟通过建立多层面的协商与反馈机制，加强了成员国之间的沟通与合作。在制定或修订指标前，会组织专家小组、政策制定者及教育实践者进行广泛咨询，确保指标的设定既有科学性又具备操作性，同时能够反映各成员国的具体情况。通过欧洲教育部长会议、教育工作小组等平台，成员国间可就指标的选择、数据收集方法及评价标准达成共识，维护指标体系的包容性与适应性。

（3）欧盟推行的"软法"手段，如建议、指导原则与最佳实践共享，为成员国在遵循共同标准的同时，保留了自主发展空间。成员国可以根据自身国情，选择性采纳或调整推荐的指标，通过自我评估与同行评审，既促进了指标体系的本土化实施，又维护了全欧范围内的可比性和一致性。

（4）欧盟强调指标的多元文化敏感性与包容性考量。这意味着在评价教育成果、质量等时，需要充分考虑不同语言、文化背景学生的表现，以及教育内容是否足够尊重和体现文化多样性，从而促进教育系统的整体和谐与公平。

四、数据收集与分析流程

1. Eurostat 与教育信息系统的作用

在构建区域教育公共服务均等化监测体系的过程中，数据收集与分析流程的完善是不可或缺的环节。在这一流程中，Eurostat 与教育信息系统（Eurydice）作为两大关键机构，发挥着举足轻重的作用。这两个机构在数据收集与分析中发挥着关键作用，并持续有效地促进欧盟教育公共服务均等化的监测与评估向科学化、普及化方向发展。

（1）Eurostat 在数据收集与分析中的作用。Eurostat 是欧盟的官方统计机构，

---

① 江洋. 欧盟 2010—2020 年教育发展战略及启示[J]. 世界教育信息，2013（7）：12-16.

负责收集、处理、发布和传播关于欧盟成员国及其居民的数据。在教育领域，Eurostat 通过定期发布各类教育统计数据和报告，为政策制定者、研究人员和公众提供关于欧盟教育状况的重要信息。

首先，Eurostat 的数据收集工作具有全面性和系统性的特点。它涵盖从学前教育到高等教育的各个阶段，以及教育投入、教育资源、教育质量、教育公平等多个方面。Eurostat 通过广泛的数据收集，为监测欧盟教育公共服务均等化提供了坚实的基础。

其次，Eurostat 的数据分析工作具有专业性和深入性的特点。它运用统计学和计量经济学的方法，对收集到的数据进行深入挖掘和分析，揭示数据背后的规律和趋势。这些分析结果对于识别教育公共服务中存在的问题和不足、评估政策实施的效果、提出改进建议等方面具有重要的参考价值。

最后，Eurostat 的数据发布和传播工作具有及时性和广泛性特点。它通过官方网站、出版物、研究报告等多种形式，及时发布最新的教育统计数据和分析结果。这些信息的广泛传播，有助于增强公众对教育公共服务均等化的认识和关注，促进社会各界共同关注和推动教育公平的发展。

（2）Eurydice 在数据收集与分析中的作用。Eurydice 是欧盟的一个教育信息系统，致力于收集、分析和传播关于欧盟及其成员国教育政策和实践的信息。在教育公共服务均等化的监测中，Eurydice 发挥着独特的作用。

首先，Eurydice 关注教育政策的实施和效果评估。它通过定期收集和整理各成员国在教育政策方面的最新动态及实践经验，为政策制定者提供了宝贵的参考。同时，它还通过对政策实施效果的评估，帮助政策制定者识别存在的问题和不足，为政策调整和优化提供依据。

其次，Eurydice 关注教育实践的创新和发展。它收集和整理了欧盟各国在教育实践中的创新案例和成功经验，为其他国家的教育改革提供了借鉴和启示。这些信息的传播和分享，有助于推动欧盟各成员国在教育公共服务均等化方面的共同进步。

最后，Eurydice 还积极参与国际合作与交流。它与其他国际组织、教育机构和研究机构建立了广泛的合作关系，共同开展教育研究和政策评估工作。这种国际合作与交流，有助于提升 Eurydice 在数据收集与分析方面的能力和水平，为欧盟教育公共服务均等化的监测提供更加全面和深入的支持。

（3）Eurostat 与 Eurydice 的协同作用。在数据收集与分析的过程中，Eurostat 与 Eurydice 之间形成了紧密的合作关系。Eurostat 负责收集和发布官方统计数据，为 Eurydice 提供了丰富的数据资源；Eurydice 则通过深入分析和解读这些数据，为政策制定者提供了更加具体和实用的建议。这种协同作用不仅提高了数据收集与分析的效率和准确性，也增强了欧盟在教育公共服务均等化监测方面的能力和水平。

总之，Eurostat 与 Eurydice 在数据收集与分析中发挥着不可或缺的作用。它们通过提供全面、系统、深入的数据和分析结果，为欧盟教育公共服务均等化的监测与评估提供了有力的支持。同时，它们之间的协同作用也进一步提升了欧盟在教育公共服务均等化方面的监测能力和水平。

（4）信息化工具与大数据分析在监测中的应用。在教育公共服务均等化的监测体系中，数据收集与分析是至关重要的一环。随着信息技术的飞速发展，信息化工具和大数据分析技术为这一环节提供了强大的支持。在欧盟的教育公共服务均等化监测实践中，这些技术的应用尤为突出。

2. 信息化工具在数据收集中的应用

在教育数据的收集过程中，信息化工具发挥着不可替代的作用。这些工具包括在线教育平台、学生信息管理系统、教育资源数据库等，它们能够实时、准确地记录教育活动的各项数据。通过整合这些数据，监测体系能够获得一个全面、细致的教育服务现状视图。

在线教育平台是信息化工具的重要组成部分。它们不仅能够提供丰富的教学资源和学习支持，还能够实时跟踪学生的学习进度和表现。通过在线教育平台收集的数据，监测体系可以了解不同地区、不同学校、不同学生群体在教育服务方面的差异，为政策制定提供科学依据。

学生信息管理系统则负责收集学生的基本信息、学习成绩、参与活动等多方面的数据。这些数据能够反映学生在教育服务中的实际体验，帮助监测体系识别存在的问题和不足。

教育资源数据库则记录了教育资源的分配和使用情况。通过对这些数据的分析，监测体系可以评估教育资源的均衡性，发现资源分配中存在的问题，为政策调整提供依据。

3. 大数据分析在数据处理与分析中的应用

在收集到大量数据后，如何对这些数据进行有效的处理和分析，是监测体系面临的另一个挑战。大数据分析技术的出现，为这一问题的解决提供了有力的支持。

大数据分析技术能够对海量数据进行深度挖掘和关联分析，发现数据之间的内在联系和规律。在监测体系中，这意味着可以更加深入地了解教育服务的实际情况，发现潜在的问题和趋势。例如，通过大数据分析，监测体系可以发现不同地区在教育资源配置上的差异，以及这种差异对学生成绩和教育质量的影响。这有助于政策制定者更加准确地把握问题的本质，制定更加有效的政策措施。

此外，大数据分析还能够对政策实施的效果进行评估。通过对比政策实施前后的数据变化，可以评估政策的有效性，为政策的调整和优化提供科学依据。

在欧盟的教育公共服务均等化监测实践中，信息化工具和大数据分析技术得到了广泛应用。欧盟通过建立完善的信息系统和数据库，实现了对成员国教育数据的实时收集和共享。同时，欧盟还利用大数据分析技术对数据进行深度挖掘和分析，为政策制定提供了有力支持。以欧盟的教育资源数据库为例，该数据库记录了欧盟各国在教育资源分配和使用方面的数据。通过大数据分析技术对这些数据进行处理和分析，欧盟可以评估各国在教育资源均衡性方面的表现，并发现存在的问题和不足。基于这些数据和分析结果，欧盟可以向各国提供有针对性的政策建议和支持，帮助他们改进教育服务的质量和均等化程度。

五、政策反馈循环与成员国协作

在教育公共服务均等化的推进过程中，欧盟作为一个高度一体化的政治经济联盟，其成员国间的政策反馈循环与协作机制，为区域教育公共服务的均衡发展提供了宝贵的经验。

1. 政策反馈循环：欧盟教育政策制定的动态机制

在欧盟，政策反馈循环是一个持续不断的过程，它涵盖政策制定、实施、评估与调整等多个环节。在教育公共服务均等化方面，欧盟通过设立专门的教育政策机构，如 EACEA 负责收集成员国在教育领域的数据和信息，分析教育发展的现状和趋势，为政策制定提供科学依据。同时，欧盟还建立了完善的政策评估机制，对政策实施的效果进行定期评估，并根据评估结果对政策进行调整和优化。在政策反馈循环的过程中，欧盟注重成员国间的沟通与协作。通过定期召开教育部长会议、发布教育政策报告等方式，欧盟为成员国提供了一个交流思想和经验的平台。同时，欧盟还积极推动成员国之间的合作与交流，通过共享教育资源、开展联合研究等方式，共同应对教育发展的挑战。

2. 成员国间的最佳实践分享：案例研究

在欧盟成员国间，最佳实践的分享已成为推动教育公共服务均等化的重要途径。以下将通过几个具体案例，展示欧盟成员国在教育领域的最佳实践分享。

（1）芬兰的个性化学习模式。芬兰的教育体系以其个性化学习模式而闻名于世。在芬兰，学生可以根据自己的兴趣和特长选择课程，教师则根据学生的需求提供个性化的教学支持。这种学习模式不仅提高了学生的学习兴趣和积极性，还有助于培养学生的创新能力和批判性思维。芬兰政府通过发布教育政策报告、分享教学经验等方式，将这一模式推广至其他成员国，为欧洲的教育改革提供了有益的借鉴。

（2）丹麦的终身教育理念。丹麦的终身教育理念强调教育应该贯穿人的一生，而不仅仅局限于学校阶段。在丹麦，政府和社会各界共同为成年人提供多样化的学习机会和资源，支持他们不断更新知识和技能。这种教育理念有助于提高国民的整体素质和国际竞争力。丹麦政府通过与其他成员国开展合作与交流，将终身教育理念传播至欧洲各地，推动了欧洲教育体系的创新与发展。

（3）德国的职业教育体系。德国的职业教育体系以其高质量和实用性而备受赞誉。在德国，职业教育与普通教育并重，政府和企业共同承担职业教育的责任。通过实践教学和职业指导相结合的方式，德国的职业教育为学生提供了丰富的实践经验和职业技能。德国政府积极与其他成员国分享职业教育的成功经验，推动欧洲职业教育体系的完善与发展。

3. 联合行动：欧盟成员国在教育领域的合作与协作

除了最佳实践的分享外，欧盟成员国还通过联合行动的方式，共同应对教育发展的挑战。例如，欧盟实施了"伊拉斯谟斯+"项目，旨在支持欧洲范围内的高等教育、职业教育和成人教育的交流与合作。通过该项目，欧盟成员国的学生和教师有机会到其他成员国进行学习和交流，促进了欧洲教育资源的共享和互补。此外，欧盟还积极推动成员国之间的教育研究和创新合作，共同应对教育领域的全球性挑战。

第三节 世界银行的教育监测体系

一、世界银行的教育发展战略

1. 世界银行在促进全球教育均等化中的角色与使命

世界银行作为联合国体系中的金融合作和国际发展机构，其使命在于使"全球化的资本逻辑受到一定的制约，使之符合全球大多数人的利益，实现最大限度的共赢、共享"[1]。因此，世界银行参与全球教育治理的援助机制"主要基于教育援助治理议题、治理价值取向和治理手段等展开活动"[2]。在教育领域，世界银行致力于构建包容、有质量、可持续的教育体系，以此作为减少不平等、促进经济和社会发展的根本途径。世界银行在"知识转向"之后，以知识为中心的全球教育治理价值理念在 21 世纪初期得到进一步强化，如重点加强教育改革绩效研究，高度整合国别教育研究、区域教育研究和国际教育研究，以自立自强理念引导和鼓励发展中国家根据自身国情、区情制定不同的教育发展政策[3]。

（1）世界银行的角色首先是资金提供者，它通过贷款、赠款和其他金融工具，支持低收入和中等收入国家扩大教育覆盖范围，提升教育质量，确保每个孩子无论身处何地都能获得优质教育的机会。这一资金支持尤其关注边缘群体，如女童、残疾儿童和贫困地区的孩子，力求消除获取教育资源的障碍。2020 年，世界银行在 63 个国家筹备了 90 多个应急性教育援助项目[4]，世界银行教育分析集团设计了一个教育监测技术系统，并在 42 个国家得到了广泛应用，重点精准识别不同家庭是否使用以及如何使用不同的远程学习策略[5]。

（2）世界银行作为知识与技术援助者，运用其丰富的全球经验和研究能力，协助成员国制定并实施教育政策与改革。[6]通过教育部门分析、政策咨询、最佳实践分享等，世界银行帮助各国识别教育体系中的不平等现象，设计针对性的干预措施，比如通过调整教育投资策略，优化资源配置，确保资源流向最需要的地方。

（3）世界银行还扮演着全球教育议程倡导者的角色。它积极参与国际教育合作与对话，与联合国教科文组织、各国政府、非政府组织等合作伙伴共同推动全球教育发展目标，特别是关注 2030 年可持续发展议程中的教育目标（即 SDG 4），确保包容和公平的优质教育，促进全民终身学习机会。

（4）世界银行的使命还体现在推动创新与技术应用上，以数字化工具促进教育服务的普及与质量提升，例如利用远程教育缩小城乡教育差距，以及利用数据

① 邹佳怡，莫小龙. 从世界银行政策变化看全球化的矛盾和发展援助的职能[J]. 世界经济与政治，2002（1）：36-41.

② 袁利平，师嘉欣. 全球教育治理机制复合体：类型、机理及价值[J]. 比较教育研究，2021（2）：25-32.

③ VACCARIV，GARDINIER M P.Toward one world or many? A comparative analysis of OECD and UNESCO global Education policy documents[J]. International Journal of Development Education and Global Learning，2019（1）：68-86.

④ 白宇. 世界银行提供 52 亿美元资金解决疫情导致的全球教育问题[N]. 中国教育报，2020-07-31（3）.

⑤ World Bank. Education Finance Watch 2022[R]. Washington D.C.：World Bank，2022.

⑥ 武学超，陈梅. 国际组织参与全球教育治理：价值、路向及特质[J]. 湖州师范学院学报，2014（1）：45-53.

分析来监测教育不均等问题并及时调整策略。

2. 教育融资与贫困减少：战略重点与项目规划

在世界银行的教育发展战略中，教育融资与贫困减少被赋予极高的优先级。这一战略重点不仅体现了世界银行对教育公平和包容性发展的深刻认识，还展示了其在推动全球教育公共服务均等化方面的坚定决心。

（1）教育融资的战略意义。教育融资是实现教育公共服务均等化的关键手段。通过合理的融资安排，可以有效缓解教育资源分布不均的问题，确保每个地区的儿童都能接受到优质的教育。世界银行在教育融资方面采取了多元化的策略，包括提供优惠贷款、赠款和技术援助等，以支持发展中国家改善教育基础设施、提高教育质量。教育融资的战略意义在于其能够直接作用于教育资源的分配。在资源有限的情况下，通过优化融资结构，可以确保教育资源更多地流向贫困地区和弱势群体。这不仅有助于缩小教育差距，还能够提高教育的整体效益，为社会的可持续发展奠定坚实基础。

（2）贫困减少与教育发展的关系。贫困减少是教育发展的直接目标之一。教育不仅能够提高个人的知识水平和技能水平，还能够帮助人们摆脱贫困的束缚，实现自我价值的提升。因此，世界银行在教育发展战略中特别强调了贫困减少的重要性，并将其作为衡量教育成功与否的重要指标之一。1968—1981 年，世界银行特别关注全球减贫，且逐渐围绕减贫任务制定了社会政策方面的框架性规划。[①]为了实现贫困减少的目标，世界银行在教育领域开展了一系列项目规划。这些项目旨在通过改善教育环境、提高教育质量、扩大教育覆盖面等方式，为贫困地区和弱势群体提供更多的教育机会。同时，世界银行还注重与当地政府和民间组织的合作，共同制定符合当地实际的教育发展计划，确保项目的顺利实施。

（3）项目规划与运行保障。教育援助项目周期，是世界银行与受援国双方确定教育项目要素、谈判、实施、监测和评估的运作保障。世界银行教育援助项目跟其他项目一样，项目周期包括项目识别阶段、项目准备阶段、项目评估阶段、项目谈判和批准阶段、项目实施与监督阶段、实施与评估阶段、世行评估阶段 7 个阶段，持续时间在 4 年以上[②]。世界银行在教育领域的项目规划涵盖多个方面。在基础设施建设方面，世界银行支持建设了大量的学校、图书馆、实验室等设施，为贫困地区和弱势群体提供了更好的学习条件。在教师培训方面，世界银行资助

---

① 周丽敏，袁利平，邢振江. 世界银行参与全球教育治理的援助机制[J]. 外国教育研究，2022（9）：113-128.

② Alavi M，Leidner D E. Review：Knowledge management and knowledge management systems：Conceptual foundations and research issues[J]. MIS Quarterly，2001（1）：107-136.

了多个教师培训计划，帮助当地教师提高教学水平，为学生提供更优质的教育服务。在课程改革方面，世界银行积极推动当地教育部门进行课程改革，引入先进的教学方法和理念，提高教育的针对性和实效性。在实施项目规划的过程中，世界银行注重与当地政府和民间组织的合作。通过共同制定项目计划、分配资金、监督实施等方式，确保项目的顺利进行。同时，世界银行还注重项目的可持续性，通过培训当地人员、建立长效机制等方式，确保项目在结束后仍能够持续发挥作用。诸如，2017 年，世界银行执行董事会批准了一项 1.2 亿美元的贷款，用于改善中国广东省欠发达地区的部分公立小学及初中的学习设施和教学质量，以缩小教育部门存在的城乡差距。①

二、教育质量与公平性监测框架

1. SABER 教育体系评估与改革政策数据库

世行开发了面向教育系统的评估工具"为了更好学习结果的教育系统测评"（System Approach for Better Education Results，SABER），并已在全球 130 个国家和地区实施。② SABER 的测评对象为世界各地的教育政策，直接面对的是教育管理部门，收集的主要是教育政策数据，对各国教育系统的影响更加注重效度。

（1）SABER 数据库的构建与特点。SABER 数据库是世界银行教育部门为了更好地理解各国教育系统的特点、评估改革政策的影响以及支持国家层面的教育改革而开发的一个在线平台。SABER 对教育系统的测评是将教育领域划分为 13 个模块，其中包含 11 个教育分支领域模块和两个跨领域交叉模块。③这 11 个教育模块分别是儿童早期发展、劳动力发展、高等教育、教师、学生评估、信息和通信技术、学校健康和学校供餐、学校财务、教育管理信息系统、私营部门合作、学校自治和问责制。两个跨领域交叉模块分别是教育复原力（education resilience）、公平和包容。它采用系统方法，将教育系统的各个组成部分相互关联起来，形成一个完整的评估框架。这种系统方法有助于我们更全面地理解教育系统的运作机制，从而找出影响教育质量和公平性的关键因素；通过对比不同国家、不同时间

---

① 丁瑞常，徐如霖. 中国与世界银行的教育发展合作：成绩·经验·展望[J]. 河北师范大学学报（教育科学版），2023（4）：1-12.

② World Bank. SABER Annual Report 2018：Building Education Systems That Deliver[R]. Washington D.C.：World Bank，2018：2.

③ 闫温乐. 比较教育视域下世界银行教育系统测评研究[J]. 比较教育研究，2021（5）：67-74.

点的数据，揭示教育政策改革的影响和趋势；提供丰富的案例研究和政策建议，为各国政府和教育部门提供了宝贵的参考。

（2）SABER 数据库在教育质量与公平性监测中的应用。在教育质量与公平性监测方面，SABER 数据库发挥了重要作用。首先，它提供了一个全面的评估框架，帮助各国政府和教育部门识别自身教育系统的优势与不足。通过对比国际数据，各国可以更加清晰地认识到自己在全球教育舞台上的位置和挑战。其次，SABER 数据库为各国政府和教育部门提供了制定教育政策改革的依据。通过分析不同政策改革案例的影响和效果，各国可以借鉴成功经验，避免走弯路。同时，SABER 数据库还提供了政策建议和咨询支持，帮助各国制定更加符合自身实际的教育政策改革方案。最后，SABER 数据库有助于加强国际教育合作与交流。通过共享数据和经验，各国可以相互学习、相互借鉴，共同推动全球教育事业的进步。这种国际合作与交流不仅有助于实现教育公共服务均等化，还有助于促进全球教育公平和可持续发展。

2. 关注边缘群体与性别平等的监测导向

世界银行主要是以项目性援助支持教育改革，旨在通过数据分析和政策评估，推动各国在教育领域内的公平与包容。而且，世行通过定期的战略报告、内部或由其资助的大量研究工作，决定了教育政策的全球方向，并以确保各国遵循这些方向的赠款和贷款为后盾。[1]因此，对教育监测指标的梳理，其核心价值更应被理解为对世界银行教育投资导向的精准映射与策略呼应。笔者从文献中梳理出以下世界银行教育投资的几大导向[2][3]。

（1）支持女童教育。世界银行通过各种干预措施支持女童教育，如通过助学金提高女童和年轻女性的小学和中学教育完成率、支持技能发展项目、发展具有性别包容性和响应性的教学及学习、招聘和培训女教师，以及为女童和年轻女性建立安全与包容的学校等。

（2）残疾儿童受教权保障。世界银行通过援助项目，帮助各国消除阻碍残疾儿童入学的有形障碍、推动各国加强教师全纳教育的专业培训，并探索创新全纳教育的教学方法与辅助技术，增加可获得学习材料的供应，增强学校的包容性，

---

① Klees S，Samoff J，Stromquist N. The World Bank and Education：Critiques and Alternatives[M]. Rotterdam：Sense Publishers，2012：49.

② 丁瑞常，康云菲. 世界银行对推动实现可持续发展教育目标的承诺与行动[J]. 比较教育研究，2021（11）：12-21.

③ 唐科莉. 世界银行对"教育 2030"的回应与行动[J]. 上海教育，2019（26）：34-37.

并努力确保国家统计系统、贫困和增长战略能够反映和关注残疾群体问题。

（3）危机环境下教育供给。世界银行通过专项援助项目，在脆弱和不利的环境下推动构建包容性和适应性强的教育体系，重点赋能受逆境冲击人群的生活技能与教育韧性，并改善对流离失所者和收容社区人口的教育服务。

（4）重视早期儿童教育。例如，世界银行管理的信托基金"早期学习伙伴关系"（Early Learning Partnership）于 2017 年设立了"早期研究员"（Early Years Fellowship）计划。

（5）凸显结果的教育质量监测。世界银行在国家、地区和全球各个层面通过融资、政策咨询、技术支持和伙伴关系活动，开发了包括教师、学生、信息通信技术、学校健康和学校供餐等方面的测评。

（6）开展就业能力与生产能力的培训。世界银行为工人提供机会投资于相关技能的发展，并让他们受益。

（7）改进教育管理系统。世界银行为了扩大开展教育改革和改善学习所需的优质教育服务的供给，开展学校财务、教育管理信息系统、参与私立学校管理、学校自治和问责制四个与治理和财务相关的领域监测评估①，以帮助各国优化和强化教育治理体系与治理能力。

在实际应用中，SABER 将每个领域的发展水平总结为 4 个由低到高的级别，分别为"潜在""新兴""已建立""先进"。通过对这些指标的监测和分析，可以及时发现和解决教育领域中的不平等现象，推动教育的公平与包容。同时，这些监测指标也可以为各国政府和教育部门制定教育政策提供科学依据，促进教育的可持续发展。

三、数据收集与绩效评估机制

在教育公共服务均等化的国际监测体系中，数据收集与绩效评估机制扮演着至关重要的角色。世界银行作为推动全球教育公平与发展的重要机构，通过构建全球教育数据监测平台，并与各国教育统计机构紧密合作，为各国政府提供了宝贵的数据支持和政策参考。

1. 全球教育数据监测平台的建立

全球教育数据监测平台是一个综合性的信息系统，旨在收集、整理、分析和

---

① 白宇，闫温乐. 世界银行 SABER 测评及其特点[J]. 世界教育信息，2019（11）：69-72.

发布全球范围内的教育数据。该平台通过收集各国的教育统计数据，包括入学率、辍学率、教育资源分配、教师质量等关键指标，为各国政府和教育机构提供了一个全面了解全球教育状况的途径。全球教育数据监测平台的建立，为各国政府提供了一个统一的数据标准和分析框架。各国可以根据该平台的指导，收集并整理本国的教育数据，以确保数据的准确性和可比性。同时，该平台还提供了数据分析工具和可视化展示功能，使得各国政府和教育机构能够更加方便地分析与利用这些数据，为政策制定提供科学依据。

2. 国家教育统计的作用

国家教育统计是各国政府了解本国教育状况的重要手段。通过定期收集、整理和分析本国的教育数据，各国政府可以全面了解本国在教育公共服务均等化方面取得的进展和存在的问题。这些数据不仅为政策制定提供了科学依据，还为政策评估提供了重要参考。在国家教育统计的过程中，各国政府需要制定科学的数据收集和分析标准，确保数据的准确性和可靠性。同时，各国政府还需要建立完善的数据管理和发布机制，确保数据的及时性和透明度。这些措施有助于提高国家教育统计的权威性和公信力，为政策制定提供更加有力的支持。

3. 全球教育数据监测平台与国家教育统计的协作

全球教育数据监测平台与国家教育统计之间的协作，是实现教育公共服务均等化监测的关键。通过加强国际合作与交流，各国可以共同推进全球教育数据监测平台的建设和完善，提高数据的质量和可用性。同时，各国还可以借鉴其他国家在教育统计方面的成功经验，加强本国教育统计体系的建设和发展。在具体实践中，全球教育数据监测平台可以为各国提供数据共享和技术支持。各国可以将本国的教育数据上传至平台，与其他国家进行共享和交流。同时，平台还可以为各国提供数据分析和可视化展示工具，帮助各国更好地理解和利用这些数据。此外，全球教育数据监测平台还可以组织国际研讨会和培训活动，促进各国在教育统计领域的交流与合作。

4. 数据收集与绩效评估机制的意义

数据收集与绩效评估机制在教育公共服务均等化监测中具有重要意义。通过收集和分析全球范围内的教育数据，各国政府可以全面了解全球教育状况和发展趋势，为政策制定提供科学依据。同时，通过对各国教育数据的绩效评估，可以揭示各国在教育公共服务均等化方面取得的进展和存在的问题，为政策调整和改进提供重要参考。在数据收集与绩效评估机制的支持下，各国政府可以更加精准地制定教育政策，推动教育资源的合理配置和高效利用。同时，各国政府还可以加强国际合作与交流，共同推进全球教育公平与发展事业的进步。因此，建立科学完善的数据收集与绩效评估机制是实现教育公共服务均等化监测的必要条件之一。

四、知识共享与政策建议

1. 研究报告与政策简报发布：教育发展最佳实践

在推动教育公共服务均等化的进程中，世界银行作为全球性的发展援助机构，不仅在资金和技术上提供支持，更在知识共享和政策建议方面发挥着重要作用。通过发布研究报告和政策简报，世界银行致力于分享教育发展的最佳实践，为各国政府和教育机构提供有价值的参考。

（1）发布研究报告：深入剖析教育公共服务均等化的挑战与机遇。世界银行定期发布关于教育公共服务均等化的研究报告，这些报告基于对全球范围内的教育现状和问题的深入剖析，提出了一系列具有针对性的建议。报告的内容涵盖教育资源的分配、教育质量的提升、教育机会的公平性等关键领域，通过数据分析、案例研究和比较分析等方法，揭示了各国在教育公共服务均等化方面所面临的挑战和机遇。在研究报告的撰写过程中，世界银行注重数据的准确性和可靠性，采用国际通用的统计方法和标准，确保研究结果的客观性和公正性。同时，报告还注重实用性和可操作性，提出了一系列具有针对性的政策建议，旨在帮助各国政府和教育机构更好地应对教育公共服务均等化方面的挑战。

（2）发布政策简报：快速传递教育发展最新动态和最佳实践。除了定期发布研究报告外，世界银行还通过政策简报的形式，快速传递教育发展的最新动态和最佳实践。这些政策简报通常针对某一具体的教育问题或政策进行深入研究和分析，提出具有针对性的解决方案和建议。政策简报的发布周期较短，内容精炼、重点突出，旨在帮助各国政府和教育机构及时了解教育发展的最新趋势与最佳实践。在政策简报的撰写过程中，世界银行注重信息的时效性和针对性，及时收集和整理全球范围内的教育信息与数据，分析教育发展的新动态和趋势。同时，政策简报还注重实用性和可操作性，提出了一系列具有针对性的政策建议，旨在帮助各国政府和教育机构更好地应对教育发展的挑战与机遇。

（3）知识共享与政策建议的意义。世界银行通过发布研究报告和政策简报，为各国政府和教育机构提供了宝贵的知识共享和政策建议资源。这些资源不仅有助于各国政府和教育机构更好地了解教育发展的最新动态和趋势，还有助于各国之间互相学习、借鉴经验，共同推动教育公共服务均等化的发展。①知识共享有助于各国政府和教育机构了解全球范围内的教育现状及问题，从而更加全面地认识本国教育发展的优势和不足。通过学习和借鉴其他国家的成功经验，各国政府和教育机构可以更加有针对性地制定教育政策与计划，提高教育资源的利用效率和质量。②政策建议有助于各国政府和教育机构更好地应对教育发展的挑战与机遇。世界银行的研究报告和政策简报中提出的政策建议通常基于深入的分析及研究，具有较高的针对性和实用性。这些政策建议可以帮助各国政府和教育机构更加准确地把握教育发展的趋势与方向，制定更加科学、合理的教育政策和计划。③知识共享和政策建议还有助于促进国际合作和交流。在全球化的背景下，各国之间的教育联系日益紧密，国际合作和交流成为推动教育发展的重要途径。通过发布研究报告和政策简报，世界银行为各国政府和教育机构提供了一个交流、学习的平台，有助于各国之间加强合作、共同推动教育公共服务均等化的发展。

2. 国家合作伙伴关系：定制化技术支持与能力建设

在教育公共服务均等化的推进过程中，国际监测体系如世界银行不仅提供了全球性的视角和标准，更通过构建国家合作伙伴关系，为各国提供了定制化的技术支持与能力建设。这种合作伙伴关系对促进教育公平、提升教育质量具有重要意义。

（1）国家合作伙伴关系的构建。世界银行在教育领域构建的国家合作伙伴关系，旨在通过与各国政府、教育机构、非政府组织等多方合作，共同推动教育公共服务均等化的实现。这种合作伙伴关系的建立基于共同的目标和愿景，即实现教育公平、提升教育质量、促进可持续发展。在合作伙伴关系的构建过程中，世界银行强调平等、互利、共赢的原则。它尊重各国的教育制度和文化传统，根据各国的实际情况和需求，提供定制化的技术支持和能力建设。同时，世界银行也积极推动各国之间的交流与合作，分享成功经验和做法，共同应对教育挑战。

（2）定制化技术支持。世界银行为各国提供的定制化技术支持，主要包括以下几个方面：①教育政策咨询。世界银行根据各国的教育需求和挑战，提供针对性的政策咨询和建议。它运用全球性的视角和专业知识，帮助各国制定符合国情的教育政策，推动教育公共服务均等化的实现。②教育资源开发。世界银行支持各国开发高质量的教育资源，包括教材、课件、教学工具等。这些资源能够提升教育质量，缩小城乡、区域之间的教育差距，促进教育公平。③教育技术培训。世界银行为各国的教育工作者提供教育技术培训，帮助他们掌握先进的教育技术和教学方法。这种培训能够提升教育工作者的专业素养和教学能力，进而提高教育质量。④教育监测与评估。世界银行协助各国建立教育监测与评估体系，对教育政策实施的效果进行定期评估和反馈。这种监测与评估有助于及时发现问题和不足，为政策调整和优化提供依据。

（3）各国的基础能力建设。除了提供技术支持外，世界银行还注重各国的能力建设。它通过以下几个方面提升各国在教育公共服务均等化方面的能力：①政策研究与制定。世界银行支持各国开展政策研究，提升政策制定的科学性和有效性。它帮助各国建立政策研究团队，提供研究方法和工具支持，促进政策制定的科学性和前瞻性。②教育管理与治理。世界银行推动各国完善教育管理与治理体系，提升教育管理的效率和质量。它帮助各国建立现代化的教育管理体系，加强教育治理的民主性和参与性，提高教育管理的透明度和公正性。③教师队伍建设。世界银行关注教师队伍建设，支持各国提升教师的专业素养和教学能力。它提供教师培训项目支持，帮助各国建立教师培养机制，提升教师队伍的整体素质。④教育公平倡导。世界银行倡导教育公平理念，推动各国形成共识和行动。它通过举办研讨会、论坛等活动，加强各国之间的交流和合作，共同推动教育公平的实现。

五、资金援助与项目管理

1. 教育贷款与赠款条件：促进均等化与系统改革

在教育公共服务均等化的进程中，资金援助发挥着至关重要的作用。世界银行作为全球性的金融机构，通过其教育贷款与赠款项目，为各国提供了资金支持，旨在促进教育服务的均等化以及教育系统的全面改革。

（1）教育贷款与赠款的目的与原则。世界银行的教育贷款与赠款项目旨在帮助各国改善教育基础设施，提高教育质量，缩小教育差距，从而推动教育公共服务均等化的实现。在提供资金援助时，世界银行遵循以下原则：①需求导向。世界银行根据各国的实际需求和发展阶段，提供相应的教育贷款与赠款。这些需求可能包括建设学校、购置教学设备、培训教师等。②注重实效。世界银行强调资金使用的实效性，要求各国在获得资金后能够取得明显的教育改善成果。这些成果可能包括提高入学率、降低辍学率、提升教育质量等。③促进改革。世界银行通过提供资金援助，推动各国在教育领域进行改革，包括教育体制、教育内容、教学方法等方面的改革。这些改革有助于提升教育系统的整体效能，促进教育公共服务均等化。

（2）教育贷款与赠款的条件与要求。在提供教育贷款与赠款时，世界银行对各国提出了一系列条件与要求，以确保资金的合理使用和项目的顺利实施。世界银行教育援助项目的条件，确保了受援国教育发展的"目标在必须要遵循的方向上"[①]，可能与特定的教育发展行动相关，也可能与受援国更广泛的经济和社会改革相关。例如，世界银行教育援助项目的最终目的是改善人力资本以减少贫困、促进繁荣，因此世界银行官员希望这一重点能够反映在受援国的教育政策中。[②]这些条件与要求包括：①政策环境。各国需要具备良好的政策环境，包括教育政策、财政政策、社会政策等。这些政策需要支持教育公共服务均等化的实现，为项目的顺利实施提供保障。②项目设计。各国需要提交详细的项目设计方案，包括项目目标、实施计划、预算安排等。这些方案需要符合世界银行的要求和标准，以确保项目的有效性和可持续性。③能力建设。各国需要具备一定的项目管理能力和执行能力，以确保项目的顺利实施和资金的有效使用。世界银行会提供相关的培训和技术支持，帮助各国提升项目管理能力。④监测与评估。各国需要建立有效的监测与评估机制，对项目的实施情况进行定期监测和评估。这些监测与评估结果需要向世界银行报告，以便世界银行了解项目的进展情况和效果。

（3）教育贷款与赠款对教育均等化的促进作用。世界银行的教育贷款与赠款项目对教育均等化产生了积极的促进作用。这些作用主要体现在以下三个方面：①改善教育基础设施。通过提供资金援助，各国能够建设更多的学校、购置更多的教学设备，从而改善教育基础设施。这有助于提升教育质量，缩小城乡、区域之间的教育差距。②提高教育质量。世界银行的教育贷款与赠款项目注重提升教育质量。通过支持教师培训、课程改革等措施，各国能够提升教师的专业素养和教学能力，提高教育质量。这有助于缩小教育差距，促进教育公共服务均等化。③推动教育改革：世界银行通过提供资金援助，推动各国在教育领域进行改革。这些改革有助于提升教育系统的整体效能，促进教育资源的优化配置和合理利用。这有助于缩小教育差距，推动教育公共服务均等化的实现。

---

① TARABINIA. Educational targeting in the fight against poverty：Limits，omissions and opportunities[J]. Globalization，Societies and Education，2008（4）：415-429.

② 马文婷，阚阅. 世界银行教育援助的价值取向、规范扩散与实践保障：基于"知识分享"的视角[J]. 西南大学学报（社会科学版），2022（4）：158-167.

2. 项目监督与影响评估：确保投资效果最大化

在推进教育公共服务均等化的过程中，项目监督与影响评估作为资金援助与项目管理的关键环节，对确保投资效果最大化具有不可替代的作用。世界银行作为全球性的发展金融机构，在支持各国教育公共服务均等化项目时，特别重视项目监督与影响评估，以确保资金的有效利用和项目的成功实施。

（1）世界银行的项目监督实践。世界银行在支持各国教育公共服务均等化项目时，采取了一系列有效的项目监督措施，以确保项目的顺利实施和资金的有效利用。这些措施包括：①设立专门的监督机构。世界银行在各国设立专门的监督机构，负责对项目执行过程进行持续、系统的监测和评估。这些监督机构由经验丰富的专业人员组成，具备独立性和专业性。②制订详细的监督计划。世界银行要求各国在申请教育公共服务均等化项目时，制定详细的监督计划。这些计划包括监督的频率、内容、方法等，以确保项目监督的全面性和有效性。③采用多种监督方式。世界银行在项目监督中采用多种监督方式，包括现场检查、数据核查、问卷调查等。这些方式可以全面、客观地了解项目执行情况，为项目决策提供依据。

（2）影响评估的方法与标准。影响评估是指对项目实施后产生的社会、经济、环境等方面的影响进行评价和分析。在教育公共服务均等化项目中，影响评估是检验项目效果、衡量投资效益的重要手段。世界银行在影响评估中采用以下方法和标准：①定量评估与定性评估相结合。世界银行在影响评估中既采用定量评估方法，如数据分析、模型预测等，也采用定性评估方法，如案例研究、访谈调查等。这两种方法相互补充，可以更全面、深入地了解项目影响。②设定明确的评估指标。世界银行在影响评估中设定明确的评估指标，包括教育机会均等化指标、教育质量提升指标、教育公平促进指标等。这些指标可以客观地反映项目实施后产生的影响和效果。③强调长期影响评估。世界银行在影响评估中强调长期影响评估，即对项目实施后长期产生的社会、经济、环境等方面的影响进行评价和分析。这有助于更准确地评估项目的长期效益和可持续性。

第四节　国内义务教育评估监测体系

教育监测评价是在党和国家有关方针政策指导下，利用全面客观的数据衡量教育质量、服务教育教学实践改进，进而引领教育高质量发展的活动。①体现区域教育公共服务均等化属性最强的是义务教育监测，因此本节主要探讨的是我国的义务教育监测。实际上，早在 20 世纪 80 年代，《中共中央关于教育体制改革的决定》《义务教育法》相继提出要普及初等义务教育与实行九年制义务教育，主要目标就是实现广大人民群众"有学上"的义务教育需求。从 1993 年发布的《普及九年义务教育评估验收办法（试行）》首次提出要建立普及九年义务教育评估验收制度，到 2005 年《教育部关于进一步推进义务教育均衡发展的若干意见》提出政府部门要建立和完善义务教育均衡发展的监测制度；从 2012 年《县域义务教育均衡发展督导评估暂行办法》的发布与实施，到 2020 年以来《深化新时代教育评价改革总体方案》《义务教育质量评价指南》《国家义务教育质量监测方案（2021 年修订版）》的施行，我国逐步形成了以"地方政府、学校、教师和学生"为主体内容的"四位一体"的评价制度体系，并且这一体系发挥了重要的诊断、监督和导向作用。

一、"普及程度"的强制性义务教育监测探索

改革开放初期，我国各方面人才匮乏，难以支撑国家现代化发展。由于教育投入不足，教育公平与效率之间如何平衡成为教育发展的重大理论研究课题。国民整体素质的提升与教育治理现代化的"双轮驱动"，推动了我国义务教育普九政策的出台和实施。从《义务教育法》（1986 年）、《中国教育改革和发展纲要》（1993 年）到《中共中央　国务院关于深化教育改革全面推进素质教育的决定》（1999 年），呈现出我国落实《义务教育法》（1986 年）和人才培养体制改革的强制化监测思路。其间，《普及义务教育评估验收暂行办法》（1994 年）成为我国教育质量监测起步的重要制度。

1. 评估监测体系的基本框架

普及九年或初等义务教育县的评估验收工作，由省、自治区、直辖市人民政府负责。评估验收"以县、不设区的市、市辖区和国家划定的其他实施义务教育的县级行政区域为单位"。国家教育委员会对此项工作进行指导、监督、检查。评估监测框架从"普及程度、师资水平、办学条件、教育经费、教育质量"等维度

---

① 陈慧娟, 辛涛. 我国基础教育质量监测与评价体系的演进与未来走向[J]. 华东师范大学学报（教育科学版），2021（4）：42-52.

进行构建。

2. 评估监测的核心指标及参数①

义务教育普及评估监测是依据当时的教育发展阶段和社会经济发展水平来设定。核心指标的界定，保障了我国义务教育发展的稳定性和持续性，能够体现出当时的教育公共服务水平。

（1）普及程度"四率"指标。①入学率。初级中等教育阶段适龄少年，在城市和经济文化发达的县都能入学；其他县达到95%左右。各类适龄残疾儿童、少年，在城市和经济文化发达的县达到80%左右，其他县达到60%左右（含在普通学校随班就读的学生。②辍学率。初等教育和初级中等教育在校生年辍学率，城市和经济文化发达的县应分别控制在1%以下和2%以下；其他县应分别控制在1%左右和3%左右。③完成率。15周岁人口中初等教育完成率一般达到98%左右。17周岁人口中初级中等教育完成率达到省级规定的要求。④文盲率。15周岁人口中的文盲率一般控制在1%左右（识字人口含通过非正规教育达到扫盲要求的）。

（2）师资水平的指标。①学历要求。教师学历符合国家规定和取得相应专业合格证书的，小学在90%以上；初中达到80%以上，确有实际困难的县在1995年前亦不得低于70%。实施义务教育后补充的小学、初中教师学历均符合国家规定。②岗位要求。小学、初中校长均经岗位培训并取得合格证书。

（3）办学条件的指标。①小学、初中的设置符合义务教育法实施细则的规定。②小学、初中的校舍均达到省级制定的分类标准要求，做到坚固、够用、适用。校舍中的危房能及时消除。③小学、初中的教学仪器设备和图书资料等均达到省级制定的分类配备标准要求，满足教学基本需求。

（4）教育经费的指标。①财政对教育的拨款做到了"两个增长"。在教育支出总额中做到以财政拨款为主。②财政拨付的按年度每生平均计算的公用经费达到省级制定的标准，并逐年增长。③教职工工资（包括各级政府出台的政策性补贴）按时足额发放。④在城乡均按规定征收教育费附加，并做到专款专用、使用合理。⑤多渠道筹措义务教育资金，坚持集资办学、捐资助学，开展勤工俭学。

（5）教育质量的指标。小学、初中毕业班学生的毕业率达到省级规定的要求。

义务教育普及是政府的法定责任，是为所有学龄儿童和青少年提供的基本公共服务。每一个学龄儿童和青少年都应有平等的机会接受合格的义务教育。我国

基础教育公共服务均等化监测体系的初始构建，为后来的发展和完善奠定了坚实的基础。这一体系的建立不仅有助于全面了解基础教育公共服务的现状和问题，还为政策制定和调整提供了重要的参考依据。

二、"均衡程度"的法制性义务教育监测推进

21世纪初，我国"两基"目标基本实现，普及九年义务教育推进了教育规模化发展。但农村地区、欠发达地区的义务教育发展仍然薄弱、水平偏低，义务教育发展差距逐步扩大。因此，2005年印发的《教育部关于进一步推进义务教育均衡发展的若干意见》明确提出，"建立监测评估体系，切实推进义务教育均衡发展"，并规定县级教育行政部门要建立和完善义务教育均衡发展的监测制度，各省、自治区、直辖市人民政府督导部门要把义务教育均衡发展作为督导评估县级人民政府教育工作的重要内容，国家教育督导团将建立义务教育均衡发展督导评估制度。紧接着《义务教育法》（2006年）提出，"国务院和县级以上地方人民政府应当合理配置教育资源，促进义务教育均衡发展"，第一次把促进义务教育均衡发展上升为各级政府的法定义务。党的十七大报告提出"促进义务教育均衡发展"，也是党的政治报告中第一次提出"义务教育均衡发展"思想。

1. 义务教育均衡发展监测框架

《国家中长期教育改革和发展规划纲要（2010—2020年）》明确提出，到2020年基本实现区域内义务教育均衡发展的目标。《县域义务教育均衡发展督导评估暂行办法》于2012年出台，我国正式建立县域义务教育均衡发展督导评估制度，开展义务教育发展基本均衡县（市、区）的评估认定工作。评估监测的主要对象为义务教育学校达到本省（区、市）义务教育学校办学基本标准的县（市、区）；主要程序为"按照省级评估、国家认定的原则进行"，"国家教育督导团对省级评估工作进行指导和监督"。评估监测框架从"入学机会、保障机制、教师队伍、质量与管理"等四个维度建构。

2. 评估监测的核心指标及参数①

对义务教育校际均衡状况的评估，重点评估县级政府均衡配置教育资源情况。教育资源配置是义务教育均衡发展的基础，也是这一时期监测评估的重点，通过

---

① 教育部关于印发《县域义务教育均衡发展督导评估暂行办法》的通知[EB/OL]. https://www.miluo.gov.cn/25308/41189/41216/41217/content_1237278.html. 2012-01-20.

计算指标差异系数的平均值来衡量校际义务教育资源配置的均衡情况①。

以生均教学及辅助用房面积、生均体育运动场馆面积、生均教学仪器设备值、每百名学生拥有计算机台数、生均图书册数、师生比、生均高于规定学历教师数、生均中级及以上专业技术职务教师数 8 项指标，分别计算小学、初中差异系数，评估县域内小学、初中校际间均衡状况。

（1）入学机会指标。将进城务工人员随迁子女就学纳入当地保障教育发展规划，纳入财政保障体系；建立以政府为主导、社会各方面广泛参与的留守儿童关爱体系；三类残疾儿童少年入学率不低于 80%；优质普通高中招生名额分配到县域内初中的比例逐步提高。

（2）保障机制指标。建立义务教育均衡发展责任、监督和问责机制；义务教育经费在财政预算中单列，近三年教育经费做到"三个增长"；推进学校标准化建设，制定并有效实施了薄弱学校改造计划，财政性教育经费向薄弱学校倾斜；农村税费改革转移支付资金用于义务教育的比例达到省级规定要求。

（3）教师队伍指标。全面实施义务教育绩效工资制度；义务教育学校学科教师配备合理，生师比达到省定编制标准；建立并有效实施了县域内义务教育学校校长和教师定期交流制度；落实教师培训经费，加强教师培训。

（4）质量与管理指标。按照国家规定的义务教育课程方案开齐开足课程；小学、初中巩固率达到省级规定标准；小学、初中学生体质健康及格率达到省级规定标准；义务教育阶段不存在重点学校和重点班，公办义务教育择校现象得到基本遏制；中小学生过重的课业负担得到有效减轻。

此外，县级人民政府推进义务教育均衡发展工作评估得分在 85 分以上、小学和初中的差异系数分别小于或等于 0.65 和 0.55 的县，方可通过义务教育发展基本均衡县的评估认定。同时参考公众满意度调查结果。

三、"优质程度"的引领性义务教育监测深化

我国进入全面建成小康社会决胜阶段，"促进公平、提高质量"的"两大战略目标"成为义务教育发展新的政策目标。为了巩固义务教育基本均衡发展成果，引导各地将义务教育均衡发展向着更高水平推进，在《国务院关于深入推进义务教育均衡发展的意见》（2012 年）和《国务院关于统筹推进县域内城乡义务教育一

---

① 差异系数（$CV=S/X\times100\%$）由标准差（S）与全县平均数（X）的百分比值而得。其中小学和初中的差异系数分别小于或等于 0.65 和 0.55。

体化改革发展的若干意见》（2016 年）等政策基础上，教育部印发《县域义务教育优质均衡发展督导评估办法》（2017 年），彻底解决缩小校际差距、城乡差距，把优质教育资源的"好学校"办在老百姓的家门口，对目标任务和要求进行监测。

1. 义务教育优质均衡发展监测框架

2017 年教育部印发《县域义务教育优质均衡发展督导评估办法》，标志着我国义务教育迈向更高阶段的"优质均衡"发展阶段。该办法对县域义务教育优质均衡发展督导评估目的、范围、内容与标准、程度与方法、结果利用等方面作了更为详细和明确的规定。县域义务教育优质均衡发展评估对象为通过国家义务教育基本均衡发展认定三年以上、基本均衡发展认定后年度监测持续保持较高水平的县（含不设区的市、市辖区和国家划定的其他县级行政区划单位）；评估程序按照"县级自评、市级复核、省级评估、国家认定"的工作程序进行。评估监测框架从"资源配置、政府保障程度、教育质量、社会认可度"等四个维度建构。

2. 评估监测的核心指标及参数①

《县域义务教育优质均衡发展督导评估办法》中的评估内容概括为"一项要求、两个基本条件、三方面内容、一个参考"②，其突出特点是将教育质量作为评估的重要内容，明确了优质均衡发展评估认定的"六个否决项"③。同时，规定县域义务教育优质均衡发展评估结果，是上级人民政府对县级人民政府及其主要负责人履行教育职责评价和教育发展水平综合评估的重要依据。

（1）资源配置指标。主要包括①每百名学生拥有高于规定学历教师数：小学、初中分别达到 4.2 人以上、5.3 人以上。②每百名学生拥有县级以上骨干教师数：小学、初中均达到 1 人以上。③每百名学生拥有体育、艺术（美术、音乐）专任教师数：小学、初中均达到 0.9 人以上。④生均教学及辅助用房面积：小学、初中分别达到 4.5 平方米以上、5.8 平方米以上。⑤生均体育运动场馆面积：小学、

---

① 教育部关于印发《县域义务教育优质均衡发展督导评估办法》的通知[EB/OL]. http://www.moe.gov.cn/srcsite/A11/moe_1789/201705/t20170512_304462.html. 2017-04-26.

② "一项要求"是指资源配置所有指标校际差异系数小学均≤0.5，初中均≤0.45；

"两个基本条件"是指一是通过国家义务教育基本均衡发展县认定满三年以上；

二是县域基本均衡发展认定后年度监测持续保持较高水平；

"三方面内容"是指资源配置（7 项指标，要求每所学校至少 6 项指标达到要求，其余项不能低于要求的 85%）、政府保障程度（15 项指标）均达到要求、教育质量（9 项指标）均达到要求；

"一个参考"是指社会对县域义务教育优质均衡发展的认可度达到 85%以上。

③ "六个否决项"是指存在以考试方式招生、存在违规择校行为、存在重点学校或重点班、存在"有编不补"或长期聘用编外教师的情况、教育系统存在重大安全责任事故和严重违规事件、有弄虚作假行为。

初中分别达到 7.5 平方米以上、10.2 平方米以上。⑥生均教学仪器设备值：小学、初中分别达到 2000 元以上、2500 元以上。⑦每百名学生拥有网络多媒体教室数：小学、初中分别达到 2.3 间以上、2.4 间以上等 7 项指标。

（2）政府保障程度指标。主要包括：县域内义务教育学校规划布局合理，符合国家规定要求；县域内城乡义务教育学校建设标准统一、教师编制标准统一、生均公用经费基准定额统一、基本装备配置标准统一；所有小学、初中每 12 个班级配备音乐、美术专用教室 1 间以上；所有小学、初中规模不超过 2000 人，九年一贯制学校、十二年一贯制学校义务教育阶段规模不超过 2500 人；小学、初中所有班级学生数分别不超过 45 人、50 人；不足 100 名学生的村小学和教学点按 100 名学生核定公用经费；特殊教育学校生均公用经费不低于 6000 元；义务教育学校教师平均工资收入水平不低于当地公务员平均工资收入水平，按规定足额核定教师绩效工资总量；教师 5 年 360 学时培训完成率达到 100%；县级教育行政部门在核定的教职工编制总额和岗位总量内，统筹分配各校教职工编制和岗位数量；全县每年交流轮岗教师的比例不低于符合交流条件教师总数的 10%；其中，骨干教师不低于交流轮岗教师总数的 20%；专任教师持有教师资格证上岗率达到 100%；城区和镇区公办小学、初中（均不含寄宿制学校）就近划片入学比例分别达到 100%、95% 以上；全县优质高中招生名额分配比例不低于 50%，并向农村初中倾斜；留守儿童关爱体系健全，全县符合条件的随迁子女在公办学校和政府购买服务的民办学校就读的比例不低于 85% 等 15 项指标。

（3）教育质量指标。主要包括：全县初中三年巩固率在 95% 以上；全县残疾儿童少年入学率达到 95% 以上；所有学校制定章程，实现学校管理与教学信息化；全县所有学校按照不低于学校年度公用经费预算总额的 5% 安排教师培训经费；教师能熟练运用信息化手段组织教学，设施设备利用率达到较高水平；所有学校德育工作、校园文化建设水平达到良好以上；课程开齐开足，教学秩序规范，综合实践活动有效开展；无过重课业负担；在国家义务教育质量监测中，相关科目学生学业水平达到Ⅲ级以上，且校际差异率低于 0.15 等 9 项指标。

（4）社会认可度指标。社会认可度调查的内容包括县级人民政府及有关职能部门落实教育公平政策、推动优质资源共享，以及义务教育学校规范办学行为、实施素质教育、考试评估制度改革、提高教育质量等方面取得的成效。社会认可度调查的对象包括学生、家长、教师、校长、人大代表、政协委员及其他群众。社会认可度达到 85% 以上。

四、"高质量发展"的全面性义务教育监测创新

义务教育发展评估监测发展的历程揭示，我国政府始终坚持教育优先发展的战略，保障所有儿童接受义务教育的权利。从改革开放初期的资源保障到市场经济体制形成期的资源优化再到"有质量的公平教育"，谱写出我国从教育大国成为教育强国的壮丽诗篇。当我国进入第二个百年发展阶段，党中央、国务院先后发布《关于深化教育教学改革全面提高义务教育质量的意见》（2019 年）、《深化新时代教育评价改革总体方案》（2020 年）、《义务教育质量评价指南》（2021 年）等政策文件，引领义务教育高质量发展，大幅度提高我国区域教育公共服务水平。特别是《义务教育质量评价指南》（2021 年）的颁布实施，指明了教育强国建设的质量监测方向。

1. 义务教育高质量发展监测框架

2021 年颁布的《义务教育质量评价指南》以"五育并举"为核心，建构评价内容。以学生发展为中心，义务教育质量评价包括县域、学校、学生三个层面，各有侧重、相互衔接、内在统一，构成完整的义务教育质量评价体系。评价流程主要分县（市、区）和校自评、市级复核、省级评价、国家抽查监测 4 个阶段。评价周期依据所辖县数、学校数和工作需要，由各地自行确定，原则上每 3—5 年一轮，并保证在县级党政主要负责人、校长任期内至少进行一次评价。

2. 评估监测的核心指标及参数①

（1）县域义务教育质量评价指标。指标体系由价值导向、组织领导、教学条件、教师队伍、均衡发展等 5 个一级指标、12 个二级关键指标和 30 个考查点组成，重点在于促进地方党委政府履行举办义务教育的职责。

（2）学校办学质量评价。指标体系由办学方向、课程教学、教师发展、学校管理、学生发展等 5 个一级指标、12 个二级关键指标和 27 个考查点组成，重点在于促进学校落实"五育并举"，激发办学活力。

（3）学生发展质量评价。指标体系由学生品德发展、学业发展、身心发展、审美素养、劳动与社会实践等 5 个一级指标、12 个二级关键指标和 27 个考查点组成，重点在于促进学生德智体美劳全面发展，培养适应终身发展和社会发展需要的正确价值观、必备品格和关键能力。

---

① 教育部等六部门关于印发《义务教育质量评价指南》的通知[EB/OL]. http://www.moe.gov.cn/srcsite/A06/s3321/202103/t20210317_520238.html. 2021-03-04.

3. 国家义务教育质量监测行动

自 2015 年《国家义务教育质量监测方案》正式印发以来，全国已完成两个周期监测，31 个省（区、市）和新疆生产建设兵团共抽取了 1966 个县（市、区）约 120 万名四年级和八年级学生参加。在此基础上，2021 年教育部印发《国家义务教育质量监测方案（2021 年修订版）》，启动第三周期国家义务教育质量监测工作。监测范围为全国总县数 1/10 左右（每年约 340 个），监测的对象为义务教育阶段四年级和八年级学生，监测内容包括德育、语文、数学、英语、科学、体育与健康、艺术、劳动、心理健康等 9 个学科领域以及影响学生发展的相关因素。学生学业水平监测等级划分为Ⅳ（优秀）、水平Ⅲ（良好）、水平Ⅱ（中等）、水平Ⅰ（待提高）4 个水平段。①

2021 年修订版监测方案取得了系列突破：一是拓展学科领域，增加了劳动教育、心理健康、英语学科等内容，实现了"五育并举"全覆盖；二是提升服务质量，以能力素养导向，新增区县教育管理者问卷；三是创新方式方法，充分运用人工智能与大数据、脑科学等领域前沿技术方法，试点开展人机交互测试，探索多领域综合评价和跨年度增值评价；四是强化结果运用，增加区县监测诊断报告和政策咨询报告，建立监测问题反馈和预警机制。②

自 2021 年开始，全国省、市、区县及特色学校纷纷加入并开展相应的教育监测，涌现出各级各类的典型案例。诸如实施推进教学改革的地区案例中，江苏省通过全省数学专题研讨和优秀课评比活动，打磨有代表性的典型课例，引领全省小学数学教师聚焦数学课程核心内容，从四个方面提高课堂品质：一是充分发掘数学学科的育人价值，培养学生严谨的逻辑思维和求实的科学精神；二是聚焦数学的核心问题，引导学生完成知识的自主建构；三是通过开放性的教学设计引发学生差异化思考，组织有效的课堂交流；四是让学生经历数学的探究与挑战过程，激活发展潜能。③诸如广东省南海区的数学高效课堂，积极开展高效课堂的教学探索，构建有利于落实新课程教育理念、有利于推进教学方式和学习方式转变、

---

① 教育部关于印发《国家义务教育质量监测方案（2021 年修订版）》的通知[EB/OL]. http://www.moe.gov.cn/srcsite/A11/moe_1789/202109/t20210926_567095.html. 2021-09-24.

② 教育部教育督导局负责人就《国家义务教育质量监测方案（2021 年修订版）》答记者问[EB/OL]. http://www.moe.gov.cn/jyb_xwfb/s271/202109/t20210926_567084.html. 2021-09-27.

③ 汪瑞林. 立足学生全面发展推进教学改革：国家义务教育质量监测典型地区经验案例综述[N]. 中国教育报，2021-06-22.

有利于培养学生创新意识及创新能力的交互式课堂。①北京市海淀区强调以"生长"为本，不断优化德育路径，做实八大举措，通过导入式、融入式、嵌入式、渗入式方法，将德育浸润在学生成长生态中，在创设的生长情景平台中，在真实的育人情境中进行道德教育，突出学生的自主与自治，让学生通过真实的情感体验，构建道德认知和道德准则，生成良好的道德情操和道德行为。②

　　教育质量监测成为全球教育发展的趋势，是一个国家支撑核心发展战略的基本手段。在我国最具"公共性"的义务教育监测实践的基础上，结合《教育 2030 议程》、ET2020 和世界银行等国际组的教育监测指标分析，我国教育强国建设指标体系的设计，其中关键指标要增强国际可比性和国际比较数据在教育强国评价中的可用性。一方面，围绕"政府、学校、教师、学生"开发教育强国建设的监测评估体系，应参照世界银行提出的优质教育"6A"③要素，遵循国际"对标"和本土"兼容"原则，借鉴 SABER 创新监测方式方法，为监测教育可持续发展和教育强国建设提供保障；另一方面，提高监测报告与监测数据的服务质量。监测报告并不能全面反映监测结果，需要适度结合监测数据的再分析才能满足地方政府、学校和教师的需求，为个性化的教育实践者提供具有针对性、精准性的监测结果报告，提升区域和地方监测的"获得感"。④

---

① 广东省佛山市南海区教育局. 教、学、研良性互动，促进区域数学优质均衡发展：2021 年国家义务教育质量监测南海区八年级数学典型案例[N]. 中国教育报，2023-09-15.

② 立德树人 培根铸魂 努力培养担当民族复兴大任的时代新人：海淀区"生长德育"实践探索[EB/OL]. http://www.moe.gov.cn/jyb%5Fxwfb/moe_2082/2022/2022_zl29/202211/t20221111_985001.html. 2022-11-11.

③ "6A"是指评估、自治、问责、关注教师、关注学前儿童发展、关注文化. 转引自唐科莉. 世界银行提出：优质教育必备六个"A"[J]. 基础教育参考，2015（5）：75-76.

④ 檀慧玲，孙一帆. 大型教育质量监测项目报告制度要素的比较研究[J]. 比较教育学报，2024（1）：44-55.

第 五 章

我国区域教育公共服务均等化水平提升的路径创新

区域教育公共服务均等化是建设教育强国的核心内容之一，是不断提升教育服务供给水平的重要指标。要保障这一国家战略的稳步实施，从区域层面，应确立"人民满意"的教育政策、扎根"中国特色社会主义"的区域教育内涵发展、创建"命运共同体"的城乡循环式均等机制、坚持"教育优先发展"的投入策略以及完善"多样化"的区域教育人才培养路径等系列举措。

第一节　确立"人民满意"的区域教育政策导向

政府决策在办好人民满意的教育方面具有重要的指导作用。为了达到人民满意的目标，政府应关注公众的需求和期望，灵活和适应性地制定教育政策，注重可持续性、战略性和前瞻性，并注重培养国际视野与国际合作；在"以人民满意为中心"的导向下，针对这些要求分别探讨以人民满意度为导向的政策制定、公众参与政府决策的互动、政府决策的灵活性与适应性、政府决策的可持续性与发展性、政府决策的战略性与前瞻性、教育政策的国际视野与合作等内容。

一、坚持以人民满意度为导向的政策

教育是国家发展的基石，也是人民幸福的关键所在。为了推动我国区域教育公共服务均等化，政府决策选择必须以人民满意度为导向。这种导向意味着政策制定要以提升教育品质为目标，以人民的期望和需求为出发点，致力于创造一个体制完善、资源充足、质量优良的教育体系。①政策制定要注重增强教育的普惠性。普惠性是教育公共服务均等化不可或缺的要素。政府决策选择应聚焦农村地区、欠发达地区和边远地区等教育服务薄弱地区，将资源和政策向这些区域倾斜，以确保每个孩子都能享受到优质的教育资源，实现教育公平。②政策制定要注重提高教育的质量与效益。教育的目标不仅是让学生学到知识，更是要培养他们的全面素质和综合能力。因此，政府决策选择应注重课程改革，推动教学方法的创新，激发学生的学习兴趣和自主性，提升教育的质量和效益。同时，政策制定还应重视教师的培训与发展，提升他们的教学能力和专业素养，以进一步提高教育的质量。③政策制定要加大教育资源均衡配置力度。不同地区教育资源分布不均，是教育公共服务均等化目标尚未实现的主要因素之一。政府决策选择应把教育资源的均衡配置作为重要任务，加强对教育服务薄弱地区的资金投入和资源支持，强化区域之间的合作与交流，促进教育资源的共享与联动发展，让每个地区都能够提供丰富多样的教育资源。④政策制定要加强教育评估与监督机制。只有充分监测和评估教育的质量与效果，才能及时发现问题并采取措施加以解决。政府决策选择应当建立健全教育评估与监督机制，确保对教育服务的质量和效益进行全面、客观的评价，同时也要倾听人民的声音，积极回应社会的需求，不断优化教育政策。

一是确立以"优质师资"为核心的教师队伍建设。教师是教育高质量发展的第一生产力，是推进区域教育公共服务均等化的首要条件。从教师培育角度看：①加强师范教育，进一步健全完善课程设置、教学模式和评估体系，注重培养具备创新精神、教学技能和教育理论基础的教师预备队伍，以适应不断变化的教育环境和需求。②从战略层面研究教师队伍结构变化。从教育大国到教育强国，教师队伍的数量和结构不断发生变化。一方面，根据人口出生率的变化来预测学龄人口的数量，并以此为基础数据研判教师总数量；同时，根据人口的流动趋势和变化，研究教师数量的分布。另一方面，结合学龄人口的变化以及新型城镇化的演变趋势，研判各级各类学校的布局调整。对标发达国家的师生比，优化师资，健全完善符合高质量教育发展的教师准入和退出机制。③提高师资队伍管理水平和优化激励机制。以区县为管理层级，研究教师的准入和退出机制，把教师纳入区县级政府统一管理范围，真正实现"县管校用"，深化"双减"改革，推进片区内的教育质量均衡趋势。④以科研和新技术引领教师队伍建设。教育科研和教育技术的创新是推动教育改革的重要手段，也是实现教育公共服务均等化的关键要素。在政府决策中，进一步加大科研开发和新技术运用的投入，强化科研与新技术在教师专业水平提升方面的支撑功能。以专项基金为抓手，以学校为单位，以学科群教师为对象，提升教师的科研能力和新技术素养，不断强化新时代教师的使命和职责担当能力。

二是强化公众参与政府决策的互动。只有通过广泛的公众参与，政府才能更好地了解民众的需求和期望，形成科学和合理的教育政策。首先，政府要建立公众参与机制。主要包括：①制定相关法律法规，界定公众参与的权利和义务，明确公众参与教育政策制定的原则和程序，并建立相应的组织和机构来负责协调和推动公众参与工作。②采用多种方式促进公众参与，增强其参与意识和能力。诸如，制定政策要开展听证会、座谈会、问卷调查等形式；邀请社会各界代表、教育工作者、家长和学生等参与；利用新媒体和互联网技术，建立在线平台，以方便公众参与教育政策制定和监督。③提升对公众参与过程的透明度和公开性。在教育政策制定的各个阶段及时公布信息，如政策草案、决策依据、参与意见的整理和反馈等，使公众能够及时了解政府的决策情况，并针对决策结果提出意见和建议。同时，政府还应加强对公众意见的回应和解释，确保公众参与的有效性和意义。其次，推行以群众路线为准绳的教育治理。教育领域从"管办评"逐步向"放管服"转变，从专注执行上级政策指令的"管制型"政府向征集民意接纳民意的"服务型"政府转变，国家教育行政部门每一次重大教育政策和文件的制定，都经过征集问题、征集对策、征集文本意见等固定程序，在研制政策中融入普法宣传，在宣传中创新工作方式。最后，实现教育监督主体多元化。教育监督主体由政府部门、专业机构、社会组织等组成，并加大加快步伐健全完善第三方评估组织及其能力机制，形成对政府、学校、教师的常态长效监督机制。

三是加强政府与社会组织的合作与协同。社会组织在教育领域中扮演着重要角色，通过与政府的合作，可以有效推动教育公共服务的改善和发展。①政府应积极引导和支持社会组织参与到教育管理与服务中。社会组织具有丰富的资源和经验，可以为教育公共服务的改善提供有力支持。政府可以通过设立专门的基金和政策鼓励机制，为社会组织提供资金和政策支持，进而促进其积极参与教育领域的相关事务。②政府应加强与社会组织的沟通和协调，建立长期稳定的合作机制。政府部门应及时了解社会组织的需求和意见，通过召开座谈会、开展交流活动等方式，加强与社会组织的沟通和互动。同时，政府还应积极响应社会组织的合理需求，并给予积极的支持和协助，以实现政府与社会组织的协同发展。③政府应建立社会组织评估和监督机制，确保合作与协同的有效实施。政府可以通过制定相关法规和政策，明确社会组织的资质认定、评估标准和监督责任。同时，政府部门应加强对社会组织的监督和评估，对其进行定期检查和评估，确保合作与协同的质量和效果。④政府应加强教育领域的社会组织培育和组织建设工作。政府可以通过开展培训、提供咨询服务等方式，提高社会组织的能力和水平，使其能更好地参与到教育管理和服务中。同时，政府还应支持社会组织的发展，鼓励其积极创新和探索，为教育公共服务的均等化提供更多的解决方案和实践经验。

二、强化政府决策的灵活性与适应性

推动政府决策与实际需求的对接，是实现我国区域教育公共服务均等化的重要环节。政府应积极了解教育的实际需求，建立高效的信息反馈机制，与教育机构和专家学者密切合作，建立灵活快速的决策机制，以确保决策能够真正服务于人民的教育需求。

　　一是推动政府决策的前瞻性与创新性。随着我国经济社会的发展和教育改革的不断推进，特别是学龄人口的减少对教育布局调整至关重要。2022 年，我国首次迎来人口负增长。联合国《世界人口展望 2022》报告预计，2020—2030 年，我国年轻人口（15—34 岁）总数将减少 4800 多万人，人口年龄中位数由 2010 年的 34.1 岁提升至 2030 年的 42.7 岁[①]。在这一过程中，政府决策的前瞻性与创新性是至关重要的：①政府在决策时需要具备敏锐的洞察力和远见卓识，只有了解教育发展的全局和趋势，才能制定具有前瞻性的政策。政府要通过深入研究和分析，了解未来教育发展的需求和挑战，及时调整和完善政策，不断推进教育公共服务均等化的进程。②政府决策需要注重创新思维和方法。随着社会的不断发展和变化，原有的决策模式和方法可能无法应对新问题和挑战。政府要鼓励创新，并为教育决策提供良好的创新环境。政府可以设立专门的创新团队，引入外部专家的意见，并与各方机构和社会力量进行合作，共同研究解决问题的创新方案，推动教育公共服务的均等化。③政府在决策时应当密切关注社会变化和教育需求，积极调整政策和措施，更加精准地满足不同地区和不同人群的教育需求。政府可以通过调研和监测，及时了解社会的发展动态并反馈到政策制定过程中，使决策更加灵活和适应性强。④政府在决策时需要充分发挥学术界和教育研究机构的作用。政府可以与高校、研究机构等合作，共同进行教育研究和政策评估，提供科学的政策建议和意见。学术界在教育政策研究和实践中拥有丰富的经验及专业的知识，政府应充分借鉴这些经验并利用这些资源，以增强政策的前瞻性和创新性。

　　二是政府决策的定期调整与优化。随着社会的不断发展和教育需求的变化，政府应当灵活调整并优化政策与决策，以更好地满足人民对教育的需求：①定期进行教育政策和决策的评估。通过评估政策和决策的实施效果，政府能够了解到哪些政策能够取得良好效果，哪些政策存在问题和不足。在评估中，政府可以采用定量和定性的研究方法，结合实际数据和民意反馈，全面评估政策和决策的科学性、合理性、有效性。评估结果将为政府提供决策的参考和依据，为政策和决策的调整提供科学支持。②定期召开专题研讨会议，听取各方面的意见和建议。这样的会议应包括教育专家、学者、教育行政部门代表、教师、家长、学生等各方面的代表，共同研讨当前教育问题和需求。通过集思广益，政府能够获得来自不同角度及领域的意见和建议，为政策和决策的调整提供多元化的思路与参考。③积极利用现代信息技术和数据分析手段，收集并分析教育领域的实时数据。通

---

　　① 涂端午，焦艺鸿. 2030 可持续发展议程中的教育目标：全球进展与中国面临的挑战和对策[J]. 清华大学教育研究，2024（1）：58-70.

过大数据分析，政府能够了解各个区域和学校的教育资源分布情况、人口流动状况、教育质量评估结果等重要信息，获得政策和决策调整的科学依据。

三是推动政府决策与社会发展的协调。教育公共服务均等化的实现需要政府决策与社会发展之间的协调。政府决策在推动教育均等化的过程中，应强化对社会发展趋势的把握，确保教育服务能够适应社会的变化和需求。①政府应积极关注社会发展的动态，了解社会的需求和变化。在制定教育发展规划和政策时，政府应结合国家发展战略和社会经济形势，准确把握未来社会发展的方向和趋势。政府可以通过举办专题研讨会议、听取专家意见等方式，深入了解社会各方面的需求，为教育发展提供科学依据。②政府决策需要与社会各界进行深入对话和沟通，形成共识。教育公共服务均等化关系到全体人民的福祉，而社会各界对教育需求和期望各不相同。政府应充分听取各方意见，特别是教育专家、教育工作者、学校和家长等直接参与教育的主体，了解他们的真实需求，以便制定更加符合社会期望的政策和措施。③政府决策应与社会各个领域的发展相协调。教育是社会发展的基础和支撑，与经济、科技、文化等领域的发展密切相关。政府应扩大教育与其他领域的合作，并将教育嵌入整个社会发展的大局中，通过教育来推动社会各个领域的协同发展。例如，在实施技术教育普及的过程中，政府可以与相关行业合作，根据行业需求调整课程设置，为社会培养更多的技术人才。

四是完善教育政策的持续性评估与调整。教育是人才培养的关键环节，市场需求是社会经济发展和人力资源需求的重要体现。政府决策应当始终关注市场需求的变化和特点，及时调整教育服务的目标和内容，以确保教育服务与市场需求相匹配。尽管市场需求是重要的参考依据，但政府决策还应关注市场需求与公共利益的平衡，制定相关政策和规划，引导和规范教育机构的发展，以确保教育服务适应未来市场需求的变化。①政府建立科学的教育政策评估体系。通过制定科学的评估指标和方法，政府可以对教育政策的实施效果进行客观、全面的评估，例如可以评估教育服务覆盖率、教育质量、教育公平等方面的指标。评估结果可以为政府决策提供科学依据，及时发现政策存在的问题，并对其进行调整和改进。②政府收集和分析教育发展的相关数据及信息。政府可以利用现代信息技术手段，建立教育统计数据库，并与其他相关部门共享数据。通过收集和分析教育数据，政府可以了解教育发展的趋势和变化，及时掌握教育需求和问题，为决策提供准确的参考。③政府建立教育政策的动态调整机制。随着社会的不断变化和发展，教育政策需要及时调整和改进，以适应新的需求和挑战。政府可以定期进行政策评估和政策对话，听取各方意见，根据新情况和新需求进行政策调整。调整机制应具备灵活性和快速反应能力，以确保教育政策能够及时适应社会发展的变化。④政府重视培养和引进具有教育决策能力的专业人才。教育政策需要深入研究和专业的技术支持，这就需要一批具有教育科学研究能力和实践经验的人才。政府可以通过培训、引进和合作等方式，吸引和培养更多能够参与决策的教育专家、研究人员，为教育政策的制定和调整提供专业支持。

三、加强政府决策的可持续性与发展性

要实现教育公共服务的均等化，政府决策必须具备长远的规划和策略性。通过对国家、地区和学校教育发展的分析与预测，政府往往采用中长期教育发展规划和经费投入的手段，保障和延续国家教育方针政策的一致性与连贯性。

一是推动政府决策的规范与规划，旨在确保教育决策既符合教育科学研究的专业水平，又符合当前教育科学所倡导的要求。决策规范是制定教育政策的指导原则和标准，可以帮助政府在决策过程中依法合规，并确保政策的科学性和合理性。①政府应加强教育决策的规划能力。规划是决策的基础，是确保决策的发展性和长远性的重要手段。政府可以制定区域教育发展规划，明确教育目标、方向和重点，以指导决策的制定和实施。规划应充分考虑区域差异和需求，确保教育公共服务适应不同地区的发展需求，并实现公平与效能的统一。②政府应加强决策的民主参与和提高透明度。教育决策关乎广大人民群众的利益，政府应确保广泛的民主参与，充分听取各方声音，并将其纳入决策过程。同时，政府应加强信息公开，为社会公众提供决策相关的信息和数据，提升决策的透明度。民主参与和透明度的提升有助于增强决策的合法性、可接受性，强化其效果和可持续性。③政府应建立跨部门合作机制，推动教育决策的协同发展。教育是一个综合性领域，涉及多个部门和利益相关者。政府可以通过建立跨部门工作机制，协调各方资源和力量，加强合作和互动，以实现教育决策的一体化和整体性。跨部门合作有助于强化决策的综合效益和发展性，推动教育公共服务的均等化。

二是加强政府决策的智能与科技应用。随着信息技术的快速发展和智能化的进步，加强政府决策的智能与科技应用成为实现我国区域教育公共服务均等化的重要途径。①政府可以加强数据的采集与分析。教育公共服务的均等化需要充分的数据支撑，政府可以利用现代科技手段，建立起全面的教育统计数据库，收集和整理各地区、各学校的教育数据，包括学生的学籍信息、教师队伍的构成、教育资源的分布等。政府可以借助大数据技术，通过对数据的深度分析和挖掘，掌

握教育发展的趋势和问题，为政府决策提供科学依据。②政府可以推动智能决策系统的建立与应用。智能决策系统是指利用人工智能和机器学习等技术，模拟和辅助政府决策过程，帮助政府制定更加科学、准确和高效的决策。政府可以引入智能决策系统，在教育政策和决策制定的过程中，借助系统提供的信息和分析，辅助决策者评估不同方案的优劣，制定出最佳政策。③政府可以利用物联网技术推进教育服务的智能化。物联网技术的发展已经使得许多设备和场所具备智能化的能力，政府可以利用这一技术，提升教育公共服务的质量和效率。例如，在学校建设和管理方面，可以利用物联网技术实现对教室、实验室等场所的远程监控和管理，提高教学设施的利用率和安全性；同时，还可以通过物联网技术实现教育资源的智能化调配，确保资源的均衡分布，满足不同区域和学校的需求。④政府还可以加强与科技企业的合作。科技企业在技术研发和创新方面具有优势，政府可以与科技企业合作，共同开展教育公共服务均等化的研究与实践。政府可以提供政策支持和资源保障，鼓励科技企业投入教育领域，提供创新的技术和解决方案，为政府决策提供参考和支持，例如，可以利用人工智能技术开发智能教育系统，提供个性化的教学服务，以满足学生的不同需求。

　　三是推动政府决策的改善与优化，追求政府决策的可持续性和发展性。为了实现我国区域教育公共服务的均等化目标，政府决策必须不断改善与优化。推动政府决策的改善与优化对实现我国区域教育公共服务的均等化目标具有重要意义。政府应加强与教育科研机构的合作与沟通，强化决策的科学性和合理性，加强民意的参与反馈，提升决策的透明度与公正性。这些措施将有助于提高政府决策的质量和效果，推进我国区域教育公共服务均等化的进程。①政府决策需要充分考虑教育的长期发展。教育公共服务的均等化是一个长期且复杂的任务，不能仅仅着眼于短期效果。政府在决策中应当设立长远目标，并制定可持续的政策措施，以确保教育公共服务的稳定改善和可持续发展。②政府决策需要注重教育资源的合理配置。教育资源是实现教育公共服务均等化的基础，政府需要根据不同地区的需求和实际情况，合理安排教育资源的分配，避免资源过度集中或不均衡的情况出现，以确保每个地区及其居民都能享受到良好的教育服务。③政府决策需要加强对教育质量的关注。教育公共服务均等化不仅仅是提供教育机会的平等，更重要的是保障教育质量的均等化。政府应注重改善教育教学质量，提高教育服务的质量和效益，确保每个学生都能获得优质教育资源。④政府决策需要积极引导社会力量参与教育公共服务。政府不能独自承担教育公共服务的责任，应主动引导和鼓励社会力量参与教育改革与发展。政府可以通过优惠政策、激励措施等方式，鼓励社会投资教育，并建立有效的监督机制，确保社会力量参与教育公共服务的质量和效果。⑤政府决策需要加强跨部门、跨区域的协调与合作。教育公共服务的均等化需要各个部门的合作与协调，需要各个地区之间的交流与合作。政府应建立跨部门、跨区域的工作机制，加强信息共享与资源整合，形成合力，推动教育公共服务均等化的进程。

四、凸显政府决策的战略性与前瞻性

教育领域的变革和发展日新月异，政府决策不能仅仅停留在过去的经验和现状上，要积极应对未来的挑战和变化。在推动我国区域教育公共服务均等化的过程中，政府决策需要具备战略性与前瞻性的思维。教育公共服务均等化是一个长期、复杂的过程，需要政府决策者具备远见和决策的战略眼光。政府决策者应根据教育发展的整体目标，制定长远规划，并进行有效的资源配置。此外，政府决策者还应密切关注社会和经济的变化，及时调整政策和措施，以适应不断变化的教育需求。

一是加强政府决策的专业与能力。政府决策在推动我国区域教育公共服务均等化过程中，需要加强决策者的专业与能力，以应对复杂的教育问题和挑战。①政府决策者应具备教育科学研究的专业水平。教育科学是理论和实践相结合的学科，决策者需要深入研究教育问题的本质和规律，掌握教育改革的前沿理论和研究成果。政府决策者应参与教育科研项目，积极借鉴国内外的先进经验，并与学界和专家进行深入交流，以增强决策的科学性和准确性。②政府决策者需要具备教育政策制定和执行的能力。教育政策是教育发展的重要引导，政府决策者需要熟悉教育法规和政策文件，了解不同政策之间的关系和相互影响。政府决策者应具备政策制定和执行的技巧，能够将具体政策转化为可操作的实践方案，并推动各相关部门将其落实。同时，政府决策者还应具备监测和评估政策效果的能力，及时调整和完善政策措施。③政府决策者需要具备统筹规划和资源配置的能力。教育公共服务均等化需要各类资源的协同配置和合理利用。政府决策者应具备整体规划和资源管理的能力，能够统筹考虑不同教育阶段、不同地区的需求差异，合理配置教育资源。政府决策者还应加强与地方政府和社会组织的合作，建立有效的协调机制，共同推动教育公共服务均等化的实现。④政府决策者要加强学习与创新能力。教育领域变化迅速，政府决策者应不断学习和研究新理论、新技术和新模式，积极开展创新实践。政府决策者应鼓励并支持教育实验和示范，推动教育改革的深入发展。同时，政府决策者还应关注国际教育动态，借鉴国际先进经验，为我国教育公共服务均等化提供更多启示和借鉴。

二是推动政府决策的科技与创新。在推动我国区域教育公共服务均等化发展的过程中，科技与创新在政府决策中发挥着重要的作用。政府应充分利用科技与创新的力量，增强决策的科学性、准确性和前瞻性，以更好地满足人民对教育的需求。①科技的应用可以为政府决策提供更全面、更准确的数据支持。政府可以利用现代信息技术手段对教育资源分布、人口结构、经济发展等方面进行全面调查和分析，准确获取各地教育公共服务的需求情况，为决策提供科学依据。②政府应积极借助创新科技手段改善教育公共服务的管理和运行。例如，利用大数据分析技术，政府可以实时监测教育资源的配置及使用情况，及时调整政策和资源分配，确保各地教育公共服务均等化。③政府通过创新科技手段来促进教育公共服务的优化和创新。例如，利用互联网技术，政府可以建设在线教育平台，为各地教师和学生提供优质的教育资源及学习机会，缩小教育资源分布不均带来的区域差异，实现更公平的教育公共服务。

三是完善政府决策的信息化与数字化。在推动我国区域教育公共服务均等化的过程中，政府决策的信息化和数字化发挥着重要作用。通过完善决策过程中的信息化和数字化手段，政府能够更好地把握全国、全区域教育公共服务的需求和变化趋势，制定出更加战略性和前瞻性的政策，提升整体教育公共服务的质量。①政府加强信息系统建设。建立完善的教育信息系统是推动教育公共服务均等化的基础。政府决策者可以通过建设全面、准确、实时的教育数据平台，收集和整合教育资源的相关数据。利用教育数据分析技术，政府能够更好地了解教育供需状况、教育资源分配情况和教育公共服务的实际需求，为决策者提供准确、可靠的信息支持。②政府加强数字化手段在决策过程中的应用。数字化技术的快速发展为政府决策提供了新的工具和方法。政府决策者可以利用大数据分析、人工智能、机器学习等技术，对教育数据进行深入挖掘和分析，发现潜在的问题和优化空间。数字化手段能够帮助政府决策者更好地预测教育发展趋势，制定战略性决策，促进教育公共服务的均等化。③政府应提升信息公开和透明度。信息公开和透明度是政府决策的重要原则。政府决策者应建立健全信息公开制度，及时向公众公开教育公共服务的相关信息，包括政策文件、资源分配情况、服务质量评估结果等。通过提升信息公开和透明度，能够提升公众对政府决策的信任和参与度，形成共治共建的良好氛围，推动教育公共服务的均等化进程。④政府加强信息安全和隐私保护。随着信息化和数字化的发展，信息安全和隐私保护面临新的挑战。

政府决策者需要制定相应的政策和法规，保护教育数据的安全和隐私，加强信息安全管理和技术保障，确保教育数据的完整性和保密性，防止数据被滥用或泄露，维护公众对政府决策的信任和支持。

四是政府决策的长远规划与战略。在推动我国区域教育公共服务均等化的过程中，政府决策的长远规划与战略至关重要。长远规划和战略不仅能够引领教育发展的方向，更能够为实施教育公共服务均等化提供指导和保障。①政府需要制定明确的教育发展目标和规划。教育公共服务均等化的实现需要明确的发展目标和规划。政府决策者应根据教育发展的实际情况和人民的需求，制定相应的目标和规划。这些目标和规划应综合考虑区域差异、资源分配和需求特点，确保区域教育公共服务能够更加均衡、公平、优质。②政府需要加强战略性决策与前瞻性规划。教育公共服务均等化的实现需要政府具备战略思维和前瞻性规划能力。政府决策者应考虑教育发展的长远性和全局性，制定具有战略性的政策和措施。此外，政府还应预测教育发展的趋势和需求变化，提前做好规划和准备，以应对未来可能出现的挑战和问题。③政府需要强化政策协调和整体推进。教育公共服务均等化的实现需要政府在各个层面进行政策协调和整体推进。政府决策者应明确政府部门之间的职责和协作机制，加强政策的配套推进和协同实施。同时，政府还应注重与社会力量的合作与参与，形成多方合力，共同推进教育公共服务均等化的进程。④政府还需要关注资源的合理配置和优化利用。教育公共服务的均等化需要合理配置教育资源，以确保资源的优质供给。政府决策者应根据教育发展的需求和特点，制定相应的资源配置方案和政策。同时，政府还需要通过创新教育管理机制，提高教育资源的利用效率，使不同地区的教育资源得到充分利用。

五、创新教育政策的国际视野与合作

教育公共服务均等化是各国共同关注和追求的目标，其他国家的经验和实践在教育政策的制定与实施往往有一定的借鉴意义。我国在推动区域教育公共服务均等化的政府决策选择上，应该注重立足国际视野和加强国际合作，以提升我国教育发展的水平和质量。

一是推动国际教育合作，提高教育改革效率。①通过借鉴其他国家的国际先进的制度安排和治理实践，加强国际合作与交流，形成国际化的思考和治理模式，政府决策者能够更好地面对教育发展的挑战，推动我国教育公共服务的均等化，实现人民满意的教育目标。②通过借鉴国际先进的教育理念、政策和经验，我们能够提高教育发展的质量和效益，不断推进教育公共服务均等化的目标。此外，加强国际合作与交流能够促进我国与其他国家在教育领域的共同发展，实现教育公共服务的全球化。③随着世界变革的加速和全球化趋势的不断推进，各国在教育发展上面临着共同的挑战。通过国际合作可以拓宽教育资源的获取渠道，提高教育质量和教师素质，提升我国教育的国际竞争力。我们学习到如何建立更加灵活和适应性强的教育政策体系，如何加强学校管理和教师培训，以及如何提高教育资源的配置和利用效率等。

二是在国际视野下打造现代化教育体系。国际视野和合作是打造现代化教育体系的关键，通过与国际社会的交流与合作，我们能够借鉴国外先进的教育理念和经验，不断提高我国教育的质量和水平。①从国际的教育经验中学习创新的教育理念和方法。不同国家在教育方面有着各自的优势和特点，通过与它们的交流与合作，我们能够了解到不同教育体系的创新实践，发现其中的先进之处并加以借鉴。如今，数字化教育、个性化教学和跨学科教育等新兴教育理念正日益受到国际社会的关注与推广。我们可以通过与国际合作伙伴的交流，掌握这些先进的教育理念和方法，进一步推动我国教育体系的创新与发展。②帮助我们拓宽教育资源的渠道。不同国家的教育资源各具特色。通过与其他国家的合作，我们可以借鉴它们的优质教材、先进教学设备和先进管理经验，丰富我们的教育资源库。比如，一些发达国家在教育技术、教材研发和教师培训方面具有较高水平，我们可以通过与之合作，引进先进的教育技术和教学资源，提高我国教育的质量和效益。③促进我国教育体系与国际接轨。与其他国家的合作和交流有助于我国的教育体系与国际接轨，使我国教育更加国际化。国际教育合作可以促进知识和文化的交流，提升我国学生的国际竞争力并培养其全球视野。此外，通过国际合作，我们还能够了解到其他国家的教育评估和质量保障体系，借鉴其经验，进一步完善我国的教育评估和监管体系。④提升教育质量和教学水平。各国在教学方法、课程设置和教材开发等方面都有着独到的经验与优势。通过与其他国家的合作，我们可以引进国际先进的教育理念和方法，优化我国的教育体系，提升我国的教育质量和教学水平。同时，国际合作还可以促进师资培养和专业发展，提高教师队伍的素质，使其为学生提供更加优质的教育服务。

三是开展教育政策的国际比较与评估。在我国区域教育公共服务均等化的政府决策中，了解和借鉴其他国家的教育政策经验具有重要意义。通过国际比较和评估，我们可以了解其他国家在教育政策制定和实施方面的特点，评估我国教育政策的效果，并促进国际合作，提升我国教育的质量和服务的均等化。①帮助我们了解其他国家在教育政策制定和实施方面的特点。不同国家的教育政策存在着共性和差异性。通过研究其他国家的教育政策，可以了解到它们的教育投入、课程设置、教师培养、学生评估等方面的管理模式和政策措施。比如，芬兰的教育政策重视教师培养和专业发展，注重学生个性化发展；新加坡的教育政策注重学生素质的全面培养，高度重视科学技术和创新能力的培养。通过对其他国家经验的比较研究，我们可以借鉴其成功经验，为我国教育政策的制定和改进提供参考。②评估我国教育政策的效果，发现存在的问题和不足之处。国际评估机构经常对各国的教育体系进行评估，如国际学生评估计划（Program for International Student Assessment，PISA）、国际教育成果评估（Trends in International Mathematics and Science Study，TIMSS）等。通过与其他国家的教育水平和发展情况进行比较，可以客观地评估我国教育政策的实施效果，并发现其中的问题和不足之处。比如，国际教育评估结果可能显示我国学生在某些科目上的表现不尽如人意，这可能与我国教育政策的方向和教育资源分配有关。通过这样的评估，我们能够找到改进教育政策的方向和重点，以进一步提升教育质量和服务的均等化程度。③强化国际合作有助于提升我国教育政策的影响力和扩大国际交流。教育政策的国际比较和评估不仅仅在于了解其他国家的做法和效果，更应该是一个互相学习和交流的过程。我国可以与其他国家在教育政策制定、教育资源共享、教育技术创新等方面展开合作，借鉴其成功经验，改进自身的教育政策和实践。同时，我国也可以在教育领域与其他国家共同研究、共同推动教育发展，以提高我国教育的国际影响力。

第二节　扎根"中国特色社会主义"的区域教育内涵发展

在扎根中国大地、办好中国特色社会主义教育方面，政府决策具有重要的指导作用。为了适应习近平新时代中国特色社会主义思想核心价值观的要求、推进学前教育普及与发展、促进九年义务教育的均衡发展，注重特殊教育与学生多样性、推进民族地区教育政策、制定校园安全与健康教育政策以及家庭教育支持政策等，政府需要灵活、战略性和前瞻性地制定决策。

一、建设适应社会主义核心价值观的学校教育基因

教育是价值传承和培育的重要途径，社会主义核心价值观体现了中国特色社会主义的精神追求和价值取向，是培养德智体美劳全面发展的社会主义建设者和接班人的重要内容。因此，教育体系必须与社会主义核心价值观相契合，以培养社会主义建设者和接班人为目标。通过提升教育体系对核心价值观的融合能力、加强教师队伍的培养和引导、构建基于核心价值观的教育评价体系以及加强对家庭和社会的教育引导，我们能够实现教育目标与核心价值观的有机结合，推动我国教育公共服务的均等化发展。

一是构建体现社会主义核心价值观的校园文化。①构建体现社会主义核心价值观的校园文化需要注重核心价值观的内涵和表达。社会主义核心价值观体现了中华民族的优秀传统和现代社会主义的特点，具有鲜明的时代性和中国特色。在校园文化建设中，我们要以社会主义核心价值观为基石，培养学生爱国主义、集体主义、社会主义道德等核心价值观念，同时关注培养学生的创新精神、社会责任感和文化自信。通过制定相应的教育课程、开展特色活动以及校园文化建设，在学生中倡导社会主义核心价值观的内涵，使其在实践中融入学生的思想与行为。②构建体现社会主义核心价值观的校园文化需要注重价值观的体验和实践。仅仅传达价值观的概念是远远不够的，我们需要让学生在实践中感受与体验这些价值观的真正内涵。通过开展丰富多彩的校园活动、社会实践和志愿服务等，学生有机会参与到各种社会实践中，了解社会现实、感受社会情感，并从中体验到社会主义核心价值观对个人和社会的积极影响。这样的实践可以加强学生对核心价值观的认同感和承载感，进而引发学生对自身行为的思考和调整，从而形成符合社会主义核心价值观的行为准则。③构建体现社会主义核心价值观的校园文化需要注重师生共同参与和共同教育。校园文化的建设离不开广大教育工作者的共同努力，同时也需要学生的参与和主动交流。学校和教师可以通过与学生的互动，了解学生的需求和意愿，将学生的声音和建议融入校园文化建设中。同时，教师也应成为榜样，以身作则，引领学生树立正确的价值观。通过师生共同参与和共同教育，构建充满活力、追求卓越、体现社会主义核心价值观的校园文化。

二是培养学生践行社会主义核心价值观的意识与行动能力。①重视学生价值观的意识培养。学生的意识是其行动的基础，只有在深刻认识社会主义核心价值观的基础上，才能真正理解其内涵和重要性。在教育过程中，我们可以通过多样化的内容和形式，使学生接触和了解社会主义核心价值观，通过教育课程和思政

课，引导学生思考、讨论与实践社会主义核心价值观。同时，要注重鼓励学生自主思考和表达，培养他们对核心价值观的自我认同和价值追求的意识。②注重学生的行动能力培养。意识与行动是相互联系的，只有把社会主义核心价值观融入学生的行动中，才能将其真正落实到实际生活中。通过开展社会实践、志愿服务和校园活动等，让学生有机会亲身参与公益事业和社会活动，感受到实践中的核心价值观的力量。同时，我们也要注重引导学生自我规范与反思，培养他们理性思考和自我约束的能力，使其更加自觉地践行社会主义核心价值观。③建立多元评价体系，促进学生践行社会主义核心价值观的全面发展。传统的评价体系主要注重学生知识与成绩的评价，而在价值观培养方面则相对较少。因此，我们需要建立相应的评价指标和方法，对学生践行社会主义核心价值观的意识和行动能力进行全面评价。这包括学生的道德行为、社会责任感、创新能力等方面的评价，以鼓励和引导学生在践行核心价值观的过程中展示出全面的素质与能力。

三是加强教师队伍建设，引领教育实践与社会主义核心价值观相契合。教师是教育事业的重要基石，他们肩负着培养学生积极向上的态度、弘扬社会主义核心价值观的使命。因此，在建设适应社会主义核心价值观的教育体系中，加强教师队伍建设，引领教育实践与社会主义核心价值观相契合，是至关重要的。①注重培养教师的专业能力和思想素养。教师作为知识传授和道德引领的重要角色，需要具备扎实的学科知识和教学技能，同时要注重培养自己的社会责任感和思想品质。培训课程和教师进修计划应紧密结合社会主义核心价值观的内容，引导教师对核心价值观进行深入的理解和思考，使他们能够在教育实践中积极践行核心价值观并将其传递给学生。②倡导教育实践与社会主义核心价值观相契合。教师在课堂上不仅仅是传授知识，更应注重培养学生的道德品质和价值观念。教师应以身作则，严格遵循社会主义核心价值观的要求，注重培养学生的爱国主义情怀、法治意识、诚信友善等方面的素养。同时，教师还要积极参与社会实践活动，为学生树立榜样，引导他们以正确的价值观念来面对社会中的各种挑战。③注重激发教师的创新精神和教学能力。教师应不断探索教育教学方法的创新，使之与社会主义核心价值观相契合。教师需要有丰富的教学经验和灵活的教学策略，能够激发学生的学习兴趣和主动性。教师应通过多样化的教学手段和资源，引导学生积极参与社会实践和公共事务，助力其全面发展并与社会主义核心价值观相融合。④需要教育行政部门和学校的共同努力。教育行政部门应加强对教师队伍建设的管理和指导，为其提供培训机会和专业支持。学校应注重教师培训和交流机制的搭建，为教师提供更多的晋升和发展机会，激励教师全力投入教育实践与社会主义核心价值观相融合的工作中。

四是倡导社会主义核心价值观的教育课程开发。教育课程是实施教育政策、传播核心价值观的重要途径，通过科学规划和设计，可以使学生全面接触和了解社会主义核心价值观，提高其道德素养和思想觉悟。①围绕社会主义核心价值观的核心内容展开。社会主义核心价值观包括爱国主义、集体主义、社会主义道德与法治、诚信友善等。教育课程要将这些核心内容嵌入到各科目的教学中，通过各种教学手段和方式，让学生全面了解和理解这些核心价值观的内涵与重要性，培养其道德情感和社会责任感。②强调实践性和体验性。社会主义核心价值观是具有鲜明时代特征和中国特色的，需要通过实践来深入体验和理解。教育课程要注重学生的实践能力培养，通过各种实践活动、实验课程、社会实践等形式，让学生亲身参与，并在实践中感受到社会主义核心价值观的生动力量，增强对核心价值观的认同感和信仰。③鼓励创新和多元性。社会主义核心价值观的传播需要与时俱进，满足不同学生的需求和特点。教育课程要开展多元化的教学方法和评价方式，鼓励学生发展创新思维和批判性思维，培养其独立思考和自主学习的能力。同时，教育课程还应着重培养学生的审美意识，通过艺术教育和文化活动，让学生感受到社会主义核心价值观的美和力量。④强化教师的角色和能力。教育课程开发需要教师具备较高的教学水平和专业素养。教师应具备良好的教育理论基础、丰富的学科知识和教学经验，能够恰当地组织和设计教育课程，引导学生理解和运用社会主义核心价值观。教育行政部门应加强对教师的培训和支持，提供教育课程开发的指导和资源，使其能够更好地履行教育使命。

五是推动社会主义核心价值观的教育评价体系建设。教育评价是教育改革的重要方向之一，能够直接影响教育质量和学生发展。因此，建立一个符合社会主义核心价值观的教育评价体系对培养符合社会需求的人才具有重要意义。①教育评价体系应充分体现社会主义核心价值观的内涵和要求。社会主义核心价值观以爱国主义、集体主义、社会主义道德与法治、诚信友善等内容为核心，教育评价体系应将这些核心价值观作为评价指标的重要依据。评价体系应注重学生的道德素养、公民意识和社会责任感的培养，通过综合评价、品德评价等方式，全面考察学生在核心价值观方面的表现和发展。②教育评价体系应注重优化教育过程的监控和指导。评价体系不仅仅是对学生的评判和排名，更应该起到监控和指导的作用。教育评价应关注学生的学习态度、学习兴趣和学习能力的培养，通过评价反馈和评估结果，帮助学生及时调整学习方法和心态，提高学习效果和综合素质。③教育评价体系应注重多元化和个性化发展。社会主义核心价值观的传播需要照顾到不同学生的需求和特点。评价体系应支持多元化的评价方式和评价内容，充分考虑学生的兴趣、特长和个人发展，提供适合不同学生发展的评价标准和路径。只有让每位学生都能够在评价体系中找到自己的定位和发展空间，才能更好地培养符合社会主义核心价值观的新一代公民。④教育评价体系的建设需要教育行政部门和学校的共同努力。教育行政部门应加强对评价体系建设的规划和组织，提供专业指导和资源支持。学校应将评价体系融入教育教学过程中，注重教师的评价能力培养，加强评价反馈的有效运用，使评价成为促进学生发展的有力工具。

二、提速九年义务教育高质量均衡发展

九年义务教育是我国教育公共服务的基石，保障全体学生能够接受良好教育是实现教育公共服务均等化的核心任务。我国充分发挥举国体制的强大功能，全面实现义务教育普及，并逐步缩小城乡间、区域间的教育发展水平。在资源配置中，加大对农村教育的投入力度，农村教师队伍规模与质量同步提升；城郊接合部成为教育规划布局的重要监测点，通过传统市内名校辐射带动城郊接合部学校大力发展，提高城市建设中的教育整体发展水平。

一是完善乡村教师队伍建设机制。乡村教育是教育公共服务均等化中的关键环节。为了推进九年义务教育的均衡发展，必须完善乡村教师队伍建设机制，提高乡村教师队伍的整体素质和能力水平。①加强乡村教师的培训和培养。由于乡村地区的教育资源相对不足，乡村教师的专业素养和教学能力与城市相比整体水平较低。因此，需要加强对乡村教师的培训和培养，提高他们的教学水平和教育理念。可以通过定期培训班、远程教育等方式，为乡村教师提供专业知识和教学技能的提升机会。同时，还要加强对乡村教师的政策支持，提供必要的经济和奖励措施，激励他们积极投入教育实践。②优化乡村教师的待遇和工作环境。乡村教师作为乡村教育的中坚力量，其待遇和工作环境直接关系到其工作稳定性与发展动力。为了提高乡村教师的工作积极性和教学质量，应适当提高乡村教师的工资待遇，营造良好的工作环境。同时，还要加强对乡村学校的基础设施建设，改善教学条件，为乡村教师创造更好的教学环境。③加强乡村教师管理和评价。乡村教师的管理和评价是提高教育质量和均衡发展的重要保障。应建立完善的乡村教师管理制度，明确教师的权责及激励机制，加强对乡村教师的职业道德和教学能力的评价，及时发现和解决存在的问题。同时，要加强对乡村教师的考核和追责，确保教师的教育教学质量和专业水平。

二是加强乡村特色教育模式的探索与推广。乡村特色教育模式的探索与推广是加强乡村教育公共服务均等化的关键举措。在推进九年义务教育的均衡发展过程中，需要结合乡村的实际情况，寻找符合当地特色和需求的教育模式，为乡村地区提供优质教育资源和服务。①加强对乡村学校的特色发展支持。乡村地区有其独特的地理环境、社会文化和产业特点，因此，乡村学校可以根据当地实际情况，开展适合乡村学生需求的特色教育课程和活动。比如，可以加强农业科技教育、乡土文化传承等方面的教育内容，培养学生实践能力和职业发展潜力。同时，还应加强对乡村学校师资力量的支持，提供必要的培训和资源支持，推动乡村教师的专业发展。②倡导家校合作，促进乡村学生全面发展。家庭是学生成长的重要环境，家校合作对学生的教育发展起到关键作用。乡村地区的家庭教育资源相对匮乏，因此，应加强家校合作机制的建设，促进学校和家庭之间的有效沟通和合作。可以通过举办家长会、家庭教育讲座等活动，引导家长关注孩子的学习和成长，帮助他们增强教育意识和育儿能力。③加强乡村教育资源的整合与共享。乡村教育资源相对有限，为了弥补资源的不足，应该加强乡村教育资源的整合与共享。可以通过建立乡村学校之间的合作网络，共同研发教学资源和课程内容，分享师资和教育设施，提高教育资源的利用效率和质量水平。同时，还可以利用现代信息技术手段，打破地理限制，实现远程教育资源共享，为乡村学生提供更广泛的教育机会。

三是推动民族地区教育均衡发展。我国是一个多民族的国家，尊重和保护各民族的教育权益，要积极采取措施，推动民族地区教育的均衡发展，保障各民族学生享受公平的教育机会和资源。①改善民族地区教育的基础设施。民族地区的教育基础设施普遍薄弱，在一定程度上影响了学生的学习和教学质量。应该加强对民族地区教育基础设施建设的投入，提高学校的硬件设施和教学设备水平，保障学生和教师的学习和工作条件。②加大双语教师的培养力度。民族地区的教师队伍，特别是双语教师数量不足，制约着民族地区的教育融合进展。政府应加大对民族地区教师的培训和培养力度，提高他们的教学水平和文化素质。同时，要加强对少数民族教师的政策支持，健全相关的评价和激励机制，提供适当的激励和奖励，吸引和留住优秀的教师。③注重保护和传承民族地区的文化教育。民族地区有着独特的文化和教育传统，应该加强对这些文化教育的保护和传承。政府应制定相应的政策和措施，鼓励并支持民族地区的语言、习俗和传统文化的传承。同时，要加强对民族学生的文化教育，培养他们对民族文化的认同和自尊。通过制定相关政策和法规，保护民族地区的语言、习俗、传统技艺等非物质文化遗产，确保其得到妥善传承和保护。同时，要加强对民族学生的文化教育，推动传统文化融入教育课程，让民族学生树立对自己文化的自豪感和认同感。政府应推动在跨区域、跨民族的文化交流与互动，可以组织各类文化庆典、艺术交流活动，为民族学生提供展示和交流的平台，增进彼此之间的理解和友谊。

三、强化学前教育的普惠化与特色化

我国学前教育仍然面临资源总量供不应求、资源配置不均衡、幼教老师素质参差不齐、缺少规范普惠的托管服务等问题。我国学前教育普及水平存在明显的城乡差异，因此，将学前教育纳入教育公共服务体系，也是提高人口出生率的措施之一。

一是开发适应学龄前儿童发展需要的课程体系。学前教育是教育公共服务均等化的重要组成部分，关系到儿童的全面发展和社会的长远发展。为了促进学前教育的普及与发展，我们必须着眼于课程改革，确保每个孩子都能享有优质、公平的学前教育。①学前教育课程要注重针对不同年龄段儿童的特点和需求进行设计。学前教育是从婴幼儿到学龄前儿童的关键教育阶段，需要根据儿童发展的不同阶段，设计相应的课程。对于婴幼儿，要注重情感和肢体的培养，建立安全、亲密的环境；对于幼儿，要注重语言和认知的发展，提供丰富多样的学习机会；对于学龄前儿童，要注重综合素质的培养，开展游戏和实践活动。②学前教育课程要注重全面发展的核心素养培养。学前教育的目标是培养儿童的身心健康、语言沟通、社交情感、适应能力等核心素养。因此，课程设计要涵盖各个方面的发展，注重培养儿童的兴趣爱好、创造力和解决问题的能力。同时，要注重培养儿童的乐观、自信和独立性，培养他们积极参与社会和环境的能力。③学前教育课程要注重家庭与社区的融合。学前教育不仅仅是幼儿园的工作，还需要与家庭和社区形成良好的互动。课程设计要充分利用家庭和社区资源，建立与家长的良好沟通和合作机制，共同关注儿童的成长和发展。家庭和社区要成为儿童学习、实践的重要场所，为他们提供丰富的学习和体验机会。④学前教育课程改革要注重教师专业化的提升。教师是学前教育的核心力量，他们的专业素养和教育能力直接影响到教育质量与公平性。因此，要加强学前教育教师的培训和发展，提高他们的专业知识和教育技能；建立相应的评价和激励机制，吸引和留住优秀的学前教育教师，为学前教育的普及与发展提供有力支持。

二是加强学前教育师资培养与培训。学前教师有别于其他阶段的教师，更要注重自己的语言与行为的示范化，为儿童提供学习和模仿的榜样。①建立健全教师培养体系。教师培养体系应包括学前教育专业的本科、硕士和博士等层次的教育，以及教师进修培训、研修等长期、短期的培训机制。通过建立多层次、多样化的培养途径，可以满足不同层次的学前教育师资需求，提高教师的专业素养和教育能力。②优化教师培训内容和方法。教师培训要注重理论与实践的结合，以及知识与能力的培养。培训内容应紧密结合学前教育的特点和需求，涵盖教育学、心理学、幼儿发展等相关学科的知识。培训方法应多样化，包括课堂教学、实践教学和案例分析等，确保教师能够灵活运用所学知识和技能。③建立科学的评价和激励机制。围绕学前教育的特点，开发科学的评价标准和程序，评价教师在专业知识、教育能力、师德师风等方面的表现；给予优秀教师相应的激励和奖励，激发其进一步提升教育质量的积极性和创造性。

三是加强学前教育中的家长教育。家庭是孩子成长的第一课堂，家长教育不仅对孩子的学习成绩和综合发展具有重要影响，也是实现学前教育公共服务均等化和保障教育质量的关键因素之一。①加强家长教育的宣传和培训工作。政府应提供全方位的家长教育宣传，向家长普及学前教育的重要性、科学的育儿理念以及有效的教育方法。同时，建立健全家长教育培训体系，通过开展家长培训班、讲座和网络课程等形式，为家长提供有关育儿知识、教育技巧和交流的培训，提高他们的育儿能力和教育意识。②加强家校合作，促进家长与学校、教师的良好互动。学前教育机构应积极与家长建立沟通渠道，定期组织家长会议、亲子活动和家访等，加强学校与家庭的联系和合作。家长要充分发挥自身的育儿主体作用，积极参与孩子的成长过程，关注孩子的情感体验和个性发展，尊重并引导孩子的兴趣和选择。通过与家长的密切配合，共同制订孩子的成长计划，共同关注孩子的学习和发展情况，为孩子提供更全面的成长环境和教育资源。③鼓励家长参与学前教育的管理和决策，增强家长参与的实效性。学前教育机构应设立家长委员会或家委会，由家长代表参与学前教育机构的管理与决策，共同解决教育教学中的问题，为学生提供更优质的教育服务。同时，政府还应建立评价和奖励制度，激励家长积极参与学前教育事务，推动学前教育与家长之间的深度合作，实现家庭与学校的良性互动。

四是强化学前教育的体育与健康教育。在推进学前教育普及与发展的过程中，强化学前教育的体育与健康教育具有重要意义。①体育和健康教育是儿童全面发展的基石。通过体育活动，儿童可以锻炼身体，培养协作能力和团队精神，增强意志力和自信心。健康教育则可以帮助儿童养成良好的卫生习惯和生活方式，增强健康意识和自我保护能力。因此，在学前教育阶段，加强体育和健康教育，有助于培养儿童的身体素质和健康意识，为他们今后的发展奠定良好的基础。②体育和健康教育有助于促进儿童的认知与情感发展。体育活动可以锻炼儿童的大脑、感官和运动协调能力，提高他们的学习和思维能力。同时，体育活动也可以培养儿童的情感表达和沟通能力，促进他们与他人的交往和合作。健康教育则可以帮助儿童认识自己的身体，理解生命的意义，培养积极乐观的情感态度。因此，在学前教育阶段，加强体育和健康教育，有助于促进儿童的整体认知和情感发展，提高他们的综合素质。③体育和健康教育有助于培养儿童的良好价值观和社会意识。通过体育活动，儿童可以学会尊重规则、遵守纪律，培养公平竞争意识和团队精神。健康教育则可以引导儿童认识社会的价值观和道德规范，学会关心他人、友爱互助。因此，在学前教育阶段，加强体育和健康教育，有助于培养儿童积极向上的价值观和社会意识，为他们树立正确的人生观和价值观奠定基础。

五是重视儿童科技素养的培育。借助现代信息技术，通过建立学前教育管理信息系统和家园互动平台，实现学前教育资源的共享和统一管理。同时，利用互联网和移动应用技术，推广学前教育在线课程和教学资源，让学前教育服务覆盖更广泛的地区和人群，实现教育公共服务的均等化。①鼓励教育科技企业参与学前教育创新。政府可以提供政策支持和鼓励，引导企业加大对学前教育领域的研发投入，推动教育科技企业与学前教育机构的合作，共同探索适合学前教育的科技创新模式和产品。例如，开发具有互动性和个性化特点的教育软件和应用，提供针对学前儿童的智能化学习工具和辅助教育设备等，以提高学前教育的教学效果和个性化服务水平。②加强教师专业发展与科技教育能力培养。教师是学前教育的核心力量，培养优秀的学前教育师资队伍是推进学前教育科技创新的关键。政府和教育机构应当加大对学前教师的培养、培训力度，提高他们的科技素养和教育技能，使其能够灵活运用科技手段，为学前儿童提供更丰富、多样化的教育体验。③建立学前教育与科技创新的评价机制。学前教育评估指标体系，包括儿童的身体健康、智力发展、语言表达、情感社交、审美素养等多个方面。评估指标体系应当与学前教育的目标相匹配，能够全面反映学前教育的发展情况。同时，评估指标体系应当具有科学性和可操作性，能够为学前教育机构提供具体的改进意见和建议。评估应与科学技术应用相结合，创建评估平台和应用反馈机制，从教育质量、教学效果、学前儿童发展等多个维度对科技创新进行评估。通过评价的结果，及时调整、改进科技创新的方向和策略，为进一步提升学前教育的质量和效益提供依据。

四、注重特殊教育与学生多样性

在注重特殊教育与学生多样性的背景下，增强特殊教育的研究与创新成为促进其发展的关键。增强特殊教育的研究与创新是注重特殊教育与学生多样性的重要策略。通过加强对特殊学生的教育需求与学习特点的研究，创新特殊教育的教学模式和教育技术，加强实践创新与教育改革，注重社会支持与合作，可以为特殊学生提供个性化、差异化的教育服务，促进其全面发展，实现教育公共服务均等化的目标。

一是多元化特殊教育课程的开发。特殊教育旨在为特殊学生提供个性化、差异化的教育服务，帮助他们充分发展潜能，实现自身价值。在注重特殊教育与学生多样性的背景下，多元化特殊教育课程的开发显得尤为重要。多元化特殊教育课程可以满足特殊学生多样的学习需求和个体差异，促进他们全面发展，实现公平接受教育的目标。因此，在推进特殊教育的发展过程中，应当加强多元化特殊教育课程的研发与实施。①确立多元化特殊教育课程的理念和理论基础。多元化特殊教育课程应当以个体差异和发展需求为出发点，重视特殊学生的学习特点和兴趣爱好，注重培养他们的综合能力和自主发展能力。此外，多元化特殊教育课程还应当兼顾特殊学生的文化背景和社会融合需求，帮助他们更好地适应社会环境，实现自我发展。②注重多元化特殊教育课程的实施策略和实践路径。特殊学生的学习需求和学习方法与常规教育存在差异，因此，在特殊教育课程的实施过程中，应当采取差异化的教学策略和个性化的学习支持措施。此外，多元化特殊教育课程还应当注重与家庭和社会的合作与支持，形成教育共同体，为特殊学生提供全方位的教育服务。③课程开发过程中注重学业规划。在学业规划中，应充分重视学生的兴趣爱好、能力特长、学习风格等方面，为其提供相应的学科选择、课程设计和活动安排。通过多样化的学习方式和实践机会，学生能够在兴趣和潜能的驱动下，更加积极主动地参与学习，不仅提升了学科知识水平，还培养了解决问题的能力、合作与沟通的能力等综合素质。因此，在学生多样性的学业规划中，教育部门应注重培养学生的个性特色，关注其全面发展。④建立健全特殊教育课程评估与反馈机制。多元化特殊教育课程的开发并非一蹴而就的，需要不断反思和调整。因此，在特殊教育课程的实施过程中，应当建立有效的课程评估与反馈机制，及时发现问题和不足，进行改进和完善。特殊教育课程评估与反馈机制应当多元化、全面化，结合学生的学习表现、学习成果和学习体验等多个方面进行评估，既注重定量评估，又注重定性评估，为特殊教育课程的持续发展提供科学依据。

二是学生多样性社会适应能力的培养。学生多样性是当代教育面临的重要挑战之一，代表了学生个体在文化、社会背景、认知风格、兴趣爱好等方面的多样性。在特殊教育的实践中，培养学生的社会适应能力尤为重要。①培养学生的自我认知和自尊心是提高社会适应能力的基础。特殊教育学生往往与常规教育学生存在差异，容易受到自我认知和自尊心的挑战。因此，教育者应当帮助学生正确认识自己的特点和能力，并积极引导学生树立积极的自尊心。通过正面肯定、鼓励和支持，增强学生的自信心，培养他们积极、健康的态度和行为。②注重社交技巧的培养。社交技巧是学生适应社会环境的重要组成部分。特殊教育学生通常需要面对与常人不同的问题和挑战，因此，学校和教育机构应当开设相关的培训课程，帮助学生掌握社交技巧，学会与他人进行有效的沟通和互动。通过模拟实践、角色扮演等方式，让学生学会处理适应社会环境的各种情境和问题。③提供支持和帮助学生建立支持网络。学生多样性的社会适应能力培养需要一个有助于学生成长的支持网络。学校、家庭和社区应当协同合作，为特殊教育学生提供全方位的支持和帮助。学校和教育机构可以设置专门的辅导团队，为学生提供心理咨询和行为支持。家庭和社区可以提供情感关怀和社会参与的机会，让学生感受到社会的支持和认同。④强调实践和体验的教育方法。学生多样性的社会适应能力培养需要通过实践和体验来强化。学校和教育机构应当通过丰富多样的课外活动和实践项目，为学生提供实践锻炼的机会。通过参与社会实践、志愿服务、培训讲座等活动，学生可以亲身经历、体验和反思，提升社会适应能力和综合素养。

三是学生多样性的教育评估。教育公共服务均等化的目标之一是为每个学生提供公平的教育机会与学习资源，无论其文化背景、身体条件或认知特点如何。在注重特殊教育与学生多样性的努力中，教育评估起着关键的作用。①多元化评估工具的运用。针对学生多样性，评估工具应具备多元化，既能评价认知能力，也能考虑学习过程和个人发展。除了传统的标准化考试，评估应采用多种方式，如综合评价、作品展示、口头表达等形式，以更全面地了解学生的学习状况和个性特点。②评估过程的个性化和灵活性。学生多样性的教育评估需要关注每位学生的个体差异和发展需求。评估应采取个性化的方法，充分考虑学生的特殊需求，为他们提供适合的评估环境和支持。同时，评估应具备一定的灵活性，允许学生按照自身的学习节奏和方式进行评估，以充分展现其潜力和特长。③评估结果的综合运用与反馈。评估结果不仅仅是考核学生的学习成绩，更应作为促进教育公共服务均等化的基础数据。评估结果应综合运用于学校管理、教学改进和政策制定等方面，为决策者提供科学依据。此外，评估结果还应为学生提供有针对性的反馈和指导，帮助他们认识自身优势与不足，促进个人成长和进步。④评估的参与透明度。学生多样性的教育评估应追求公正和参与。评估过程应充分征求学生和家长的意见，关注他们的声音和需求，避免评估成为单方面的权威决策。此外，在评估中要注重信息的透明和公开，让学生和家长了解评估标准、流程和结果，以提升评估的可信度和公信力。

五、推动校园安全与健康教育政策

推动校园安全与健康教育政策，对于构建公平、优质的教育体系具有重要的背景与意义。推动校园安全与健康教育政策有助于创造公平、优质的教育环境，促进学生全面发展。政府应制定相应的政策法规，加强师资队伍建设，建立监测与评估机制，并鼓励学校与社区、家长合作，共同推动校园安全与健康教育政策的实施。基于教育科学研究的专业水平，本部分提出了一些政策建议，希望为校园安全与健康教育政策的实施提供参考。

一是学校安全管理体制与机制的建立。为了确保学生在安全的学习环境中得到充分的教育，学校安全管理体制与机制的建立显得尤为关键。①明确政府和学校的责任是落实校园安全的基础。地方政府健全完善校园安全的教育法规和政策，明确学校安全管理的职责和权限。学校应设立安全管理部门或委员会，负责制定和实施安全管理规章制度，并配备专业的安全人员。同时，学校应建立健全的报警和应急响应机制，确保在突发事件发生时能够做出快速和有效的应对。②学校安全机制的建立是确保学生安全的关键。学校应设立安全委员会或类似机构，由校长和相关部门领导组成。安全委员会应定期召开会议，制定和评估学校的安全工作计划，并落实具体的工作任务。同时，学校应建立健全学生信息管理系统和校园监控系统，加强对学生的身份识别和进出校园的安全管理。此外，学校还应定期进行各类安全演练和培训，提高学生和教师的应急处理能力。③学校安全教育的实施是确保学生安全的重要环节。学校应制定全面的安全教育计划和课程，确保每位学生都接受到系统和有针对性的安全教育。安全教育的内容应涵盖校园安全、交通安全、网络安全、食品安全等方面，针对学生的不同年龄和特点进行细化与分层。教师在安全教育方面应承担重要的角色，政府可加强对教师的培训和支持，提高其安全教育的专业水平。④学校与社会的合作与支持是学校安全管理的重要保障。政府应鼓励学校与社区、家长、警方等职能部门建立紧密的合作关系，共同推动校园安全与健康教育政策的落实。社区和家长可积极参与学校的安全工作，提供安全隐患的线索和建议。警方等职能部门可以提供安全咨询、巡逻、协助调查等支持，确保学校安全有序进行。

二是校园欺凌与暴力行为的防范与处理政策。由于社会多元思潮以及经济文化等综合因素的影响，校园欺凌与暴力行为时有发生，对于校园安全与学生健康成长带来很大的负面影响。需要采取系列措施阻断和预防：①加强学生的法律教育，提高他们的法律意识和法治观念。校园中的欺凌与暴力行为往往违背法律规定和公序良俗，了解法律的约束和保护意味着学生有能力辨别什么是合法和不合法的行为，在遇到问题时可以及时求助。教育部门应在课程中加入相关法律知识，引导学生确立正确的价值观与行为准则。②加强家校合作，共同关注学生的心理健康。大多数学生的暴力行为倾向与家庭教育紧密相关。学校要通过多种形式与家长沟通，积极介入学生的家庭教育，提供必要的家庭教育指导和支持。同时，学校应建立完善的心理健康教育机制，为学生提供心理咨询和辅导服务，帮助他们解决情绪问题，增强学生的自我调适和抗挫折能力。③加强校园安全管理，建立有效的投诉和处理机制。学校应制定明确的校规校纪和行为规范，确保学生明白什么是可接受的行为、什么是不可接受的行为，并明确相应的处罚措施。教师和学校管理者应加强监督，及时发现和处理校园欺凌与暴力行为。对于侵害他人权益的行为，学校应严肃处理，进行必要的纪律处分，并向相关部门报告和记录，以形成有效的校园安全管理机制。④教育部门应推动校园欺凌与暴力行为的研究，加大对该领域的政策支持和投入力度。鼓励高校和研究机构开展相关研究，深入了解校园欺凌与暴力行为的成因和预防措施。同时，政府部门应加强信息共享与交流，建立校园欺凌与暴力行为的数据监测和报告系统，及时掌握问题的规模和发展趋势，为决策提供科学依据。

三是校园安全知识与技能培训与普及。校园安全教育是保障学生在学习过程中获得安全与健康成长的基础。为了推动校园安全与健康教育政策的实施，政府决策者需要注重校园安全知识与技能的培训与普及。①加大教师的校园安全知识培训的力度。教师在学生的日常学习和活动中担当着重要角色，他们需要具备丰富的校园安全知识来保障学生的安全。政府可以组织专门的培训班，引导教师学习校园安全管理的最新理论和实践经验，并提供相关教材和教学资源。同时，政府可以与专业机构合作，举办研讨会和培训活动，促进教师间的交流与合作，不断提升其校园安全教育的能力和水平。②加强学生的校园安全教育。校园安全教育应当贯穿学生的整个学习过程，从幼儿园到高中，通过学校教育全面普及。政府可以制定相应的课程标准和教学大纲，引导学校系统地开展校园安全教育的活动。校园安全知识的普及可通过多种形式实施，如课堂教学、校园广播、短视频、专题片、安全演练、安全基地等形式，以提高学生对危险行为的识别和自我保护能力。③加强社会资源的调动和合作，共同推动校园安全与健康教育。各级政府可以与非政府组织、专业机构和志愿者团体合作，开展更多的校园安全教育活动。为了确保校园安全教育的全面普及，政府可以提供相应的经费和政策支持，加大对相关组织和机构的资助力度。

四是学生伤害事故应急处理措施。在推动校园安全与健康教育政策的实施中，学生伤害事故的预防与应急处理是尤其重要的。政府决策者应加强学校的安全监管和应急处理机制，以确保学生的身心健康。①建立健全学校安全管理制度。制定符合国家标准和要求的安全管理规章制度，明确学校的安全目标和责任分工。政府可以制定相关的管理办法，要求学校进行安全自查自纠，定期进行安全培训和演练，确保学校安全工作的规范化和制度化。②加强学校安全设施的建设和管理。学校应配备必要的安全设施，如栏杆、防护网、监控设备等，以预防意外事故的发生。同时，政府应对学校的安全设施进行定期检查和维护，在发现问题时及时修复或更换，确保设施的有效性和安全性。③加强学校安全教育的指导和支持。学校应将安全教育纳入课程体系，加强学生的安全意识培养和自我保护能力的培养。政府可以提供相关的教学资源和教材，组织专家学者进行安全教育培训，帮助学校提高安全教育的质量和效果。④建立健全学生伤害事故的应急处理机制。学校应制定应急预案，明确各类事故的应对措施和责任人，并进行定期的演练和模拟。政府可以组织培训师资队伍，提高教师和学生在应急情况下的应对能力和自救能力。同时，政府应加强与医疗机构的合作，确保及时的医疗援助和有效的救治措施。

六、健全完善家庭教育支持政策

在我国的教育系统中，家庭教育面临着许多挑战和问题，如家长的教育水平不高、家庭教育资源分配不均等。因此，制定家庭教育支持政策，提供全面的支持和帮助，有助于家长更好地履行家庭教育的责任，有助于缩小因家庭环境条件引发的教育差距。

一是家庭教育支持政策的落地与实施。制定家庭教育支持政策是实现教育公共服务均等化的重要举措，其落地与实施的关键在于合理的政策设计、具体的实施方案以及有效的监测和评估机制。①在政策设计方面，应充分考虑家庭教育的多样性和特殊性。家庭教育支持政策应该具有灵活性和差异化，以满足不同家庭的需求。政策设计者需要深入了解不同家庭的特点和需求，充分考虑家庭教育的文化差异、地域差异、社会经济差异等因素，制定差异化的政策措施，以确保政策的针对性和实效性。②在实施方案上，需要建立健全的机制和体系。政府应加强与学校、社区以及相关部门的合作，形成多方共同参与的工作机制。特别是在提供家庭教育服务方面，可以通过建立家庭教育指导中心、培训家长教育导师、开展家庭教育讲座等方式，为家长提供专业的支持和指导。同时，政府还应加强家庭教育服务的宣传工作，提高家长的意识和参与度，推动政策的全面落实。③监测和评估机制是确保政策实施效果的重要保证。政府需要建立科学有效的监测和评估机制，对家庭教育支持政策的实施情况进行监测和评估，了解政策的实际效果并进行及时调整。监测指标应包括家庭教育支持政策的实施情况、家庭教育资源配置、家庭教育质量提升等方面的内容。按照监测指标开展定期与不定期评估，并根据监测和评估的结果进行调整和改进。在不断优化调整中，充分吸纳各方面的意见和建议，深化与相关部门和社会组织之间的沟通与协调，形成共治共建的局面。

二是家庭教育专家与顾问的邀请与合作。政府决策者应该积极邀请、合作并充分利用家庭教育专家和顾问的智慧，以确保家庭教育支持政策的科学性和有效性。①政府决策者应广泛邀请家庭教育专家和顾问参与政策制定的讨论和研究。家庭教育专家和顾问拥有丰富的理论知识和实践经验，他们能够对家庭教育业务进行全面、系统的分析和研究。政府决策者可以组织专题研讨会或专家座谈会，邀请相关专家和顾问进行研讨和交流，共同探讨制定家庭教育支持政策的思路和方向。②政府决策者应建立定期的家庭教育专家和顾问的合作机制。通过与家庭教育专家和顾问建立长期稳定的合作关系，政府能够更好地利用他们的专业知识和经验。可以成立家庭教育专家和顾问委员会，定期召开会议，共同研究和解决家庭教育领域的问题，并提出政策建议和改进建议。政府还可以委托专家和顾问开展相关研究项目，为政策制定和实施提供科学依据。③政府决策者应鼓励家庭教育专家、顾问参与政策评估和修订工作。随着家庭教育支持政策的实施，政府需要对其进行评估和修订，以确保政策的有效性和适应性。在这个过程中，家庭教育专家和顾问可以发挥重要作用。他们可以参与政策评估的设计和实施，提供专业的数据分析和评估报告，帮助政府了解政策的成效和问题，从而优化和改进家庭教育支持政策。④政府决策者应加强家庭教育专家和顾问的培训和交流。家庭教育领域的知识和理论在不断发展和更新，政府决策者应与家庭教育专家和顾问保持密切的联系，了解最新的研究成果和实践经验。可以组织家庭教育专家和顾问的培训班或学术交流会，提供专业的培训和学术交流平台，促进他们之间的互动和合作，提高其研究和咨询能力。

三是家庭教育支持网络平台的建设和维护。随着信息技术的快速发展，建设和维护家庭教育支持网络平台已成为加强家庭教育服务的重要手段。家庭教育支持网络平台提供了家庭教育资源的共享和交流平台，为广大家庭提供了便捷的教育服务和互动机会。因此，政府决策者应积极推动家庭教育支持网络平台的建设和维护，以促进家庭教育公共服务均等化的实现。①加强对家庭教育支持网络平台的投入。建设和维护一个功能全面、内容丰富的家庭教育支持网络平台需要大量的资源投入，包括技术设备、人力资源和资金支持等。地方政府应持续投入财政资金，确保家庭教育支持网络平台的建设和维护能够长期稳定运行。②引导家庭教育支持网络平台的内容建设。家庭教育支持网络平台的内容应覆盖家庭教育的各个方面，包括科学育儿知识、家庭教育资源的分享、家庭教育案例的讨论等。政府应组织专家学者和家庭教育从业者共同参与平台内容的编写和审核，确保内容的科学性和实用性。同时，政府还应建立相应的评价机制，对平台上的内容进行审核和筛选，避免出现虚假信息和低质量的内容。③加强对家庭教育支持网络平台的监管和管理。家庭教育支持网络平台作为提供公共服务的平台，需要受到相关法规和管理规定的指导与约束。政府应建立相应的监管机制，加强对平台的监测和评估工作，确保平台的安全性和可靠性。同时，政府还要加强对平台的宣传和推广工作，提高广大家庭的使用意识和参与度，从而更好地发挥平台的作用。

第三节　创建"命运共同体"的城乡循环式教育机制

习近平总书记指出："世界上有 200 多个国家和地区，2500 多个民族和多种宗教。如果只有一种生活方式，只有一种语言，只有一种音乐，只有一种服饰，那是不可想象的。"①显然，习近平总书记倡导的"命运共同体"，凸显这个世界的多样性、差异性，更是体现着统一性、整体性。"命运共同体"的本质是利益共同体，从这一视角看，我国城乡是具有共同利益或整体利益的，它们的发展存在"荣损与共"、利益相连的"连带效应"。在我国区域教育公共服务均等化过程中开辟"命运共同体"城乡循环式均等机制，对于我国建设教育强国、实现中国式现代化的

---

① 习近平在联合国教科文组织总部的演讲[EB/OL]. https://jhsjk.people.cn/article/24759342. 2014-03-28.

教育具有里程碑式的时代意义。

一、建立农村学校与城市学校循环合作模式

一是教育资源共享与城乡学校循环合作机制。为了有效应对农村和城市之间的教育资源分配不均问题，建立城乡循环式均等机制，通过农村学校与城市学校的循环合作，农村学校与城市学校之间建立起一种互补关系，通过资源共享和师资共建，促进教育均等化的实现。①城市学校可以向农村学校提供教学资源，包括教材、教具、实验设备等，从而提升农村学校的教学质量和教育条件。同时，城市学校还可以派遣优秀教师到农村学校任教，通过师资共建的方式提高农村学校的教育水平。②农村学校通过循环合作与城市学校建立起良好的合作关系后，通过参观交流、挂职锻炼等方式，促进教师的专业发展与提升。③政府通过制度的强制性引导城乡交流。通过资金扶持、政策倾斜等方式，提供经济上的保障和激励，鼓励城市学校与农村学校积极开展循环合作。在此基础上，政府部门通过强化合作模式的监督和指导，宣传教育和舆论引导，推动更多的学校和教育者参与到这种循环合作中。

二是城市学校支持农村学校的师资力量。城市学校作为教育资源更为丰富的地方，拥有更多优秀的教师和专业的教学技术。通过城市学校派遣优秀的教师到农村学校任教，可以实现师资力量的共享与合作。①城市学校可以派遣优秀的教师到农村学校，通过直接教学的方式提升农村学校的教学质量。这些优秀的教师凭借丰富的教学经验和专业的知识，能够为农村学生提供更好的教育和指导。同时，他们还可以将城市学校的先进教学理念和方法引入农村学校，促进教育教学的创新与改善。②城市学校可以派遣优秀的教研人员到农村学校开展教研与指导工作。这些教研人员可以组织教师培训和研讨活动，提高农村教师的专业素养和教学水平。他们也可以协助农村学校开展课程设计、教材编写等工作，推动教育教学的科学化和规范化。③城市学校还可以为农村学校提供专业的教育咨询和支持服务。他们可以与农村学校建立长期的合作关系，定期派遣专家进行学校评估和教育咨询，为农村学校提供指导和建议。同时，城市学校也可以通过远程教育和网络教学技术，为农村学校提供远程教学资源和培训服务，弥补教育资源的差距，促进教育公共服务的均等化。不过，政府此时不能缺位，需要采取政策、经费、职称和荣誉等方式鼓励支持城市教师参与流动。

三是农村学校与城市学校的交流与互访项目。交流与互访项目能够有效地帮

助农村学校与城市学校之间建立起合作关系，进一步促进教育资源的共享与平衡。①农村学校可以安排学生和教师参观城市学校，了解城市学校的教学环境、课程设置以及先进的教育理念与方法。通过交流和互动，农村学生和教师可以获得更广阔的教育视野，了解到世界上更多的可能性。②城市学校也可以派遣学生和教师到农村学校进行交流与互访，以了解农村教育的实际情况和问题，并为农村学校提供帮助和支持。通过这样的交流与互访项目，不仅可以促进城乡之间的教育资源共享，同时也能加强农村学校与城市学校之间的感情与合作，搭建起一个"命运共同体"。③政府角色从主导者向引导者转变。在开始阶段，政府应主导校际间的互助合作，提供相关支持；在发展阶段，政府加大宣传力度，引导更多的学校参与互助合作项目，做好评估监管的服务。这样学校间的合作与互助能够更顺利地推进，诸如组织教师研讨会、教育交流活动以及课程设计与资源共享，学校之间可以加强专业知识的交流和教学经验的分享。同时，还可以通过合作研究和教育实践进行创新，共同推进教育的发展与改革。这样的互动与合作，不仅可以提升学校教师的专业水准和教学质量，还可以促进教育资源的共享与优化，实现教育公共服务的均等化目标。

四是城市学校向农村学校提供教学管理支持。教学管理支持是城市学校通过跨区域合作和资源共享，为农村学校提供管理经验、指导和服务的一种机制。①城市学校可以为农村学校提供行政管理方面的支持。城市学校通过与农村学校建立合作关系，可以为农村学校提供行政管理的指导和支持，帮助农村学校建立健全的管理制度，提高管理效能。②城市学校可以运用现代信息技术手段，为农村学校提供教育信息化方面的支持。信息技术的发展为学校管理与教学方法提供了新图景。结对的城市学校通过信息化、数字化的建设和运用，为农村学校提供专题教研、课堂教学、在线课程和学习活动等方面的资源，以拓展农村学校师生的成长空间。③城市学校还可以为农村学校提供课程设计与教学改革方面的支持。城市学校通常具有更好的课程资源和教学改革经验。城市学校可以与农村学校开展合作，共同研发适合农村学校实际的课程方案，并为农村学校提供教学改革方面的指导和培训，推动课程改革的深入发展。

五是农村学校与城市学校的教育研究合作。促进教育公共服务均等化的重要途径之一是农村学校与城市学校的教育研究合作。教育研究合作可以建立起城乡学校之间的双向沟通与协作，通过共同研究、共享研究成果等方式，提升农村学校的教学质量和教育管理能力。①农村学校与城市学校共同开展课题研究。课题研究是教育改革与发展的重要环节，可以为学校和教育部门提供决策与政策制定的参考依据。通过共同研究，农村学校和城市学校可以在教育教学、课程设计、教学方法等方面进行深入探讨和交流，共同解决教育问题，提升教学质量。②农村学校与城市学校共建教育研究平台。教育研究平台为教师和学生提供了开展研究的机会及条件。通过共建平台，农村学校可以与城市学校共享教育研究资源和设备，从而有更广阔的研究平台，促进师生的研究能力和创新思维的培养。③农村学校与城市学校可以加强教育实践经验的交流与分享。城市学校通常具备丰富的教育实践经验，农村学校则面临着特定的教育现状和难题。通过教育实践经验的交流与分享，农村学校可以借鉴城市学校的成功经验，解决自身存在的问题，提升教育质量和管理水平。

二、创新城乡循环式教育管理和组织机制

城乡循环式教育管理作为促进教育公共服务均等化的一种机制，需要在政策层面进行充分支持和引导。政府在决策选择时，应根据当前教育科学的倡导，制定相应的政策举措，加强城乡教育管理与组织机制的循环式建设，以实现教育公共服务的全面均等化。循环式城乡教育管理侧重于城乡教育资源的整合和优化配置，其关键点在于城乡政府教育部门的职能和权责划分，突出项目牵引的功能，因地制宜研究、出台相关的政策、措施和评估。

一是开展城乡教育循环实验和创新项目。城乡教育循环实验是指以公共利益为导向，通过创新的教育管理与组织机制，推动城乡教育资源共享和优化配置的实践。①城乡教育循环实验能够促进城乡教育资源的有效流动与共享。城市地区相对于农村地区，拥有更为丰富的教育资源，包括师资力量、教育设施、教学课程等。通过建立城乡教育资源共享平台，优质的城市教育资源可以输送到农村地区，同时农村地区的教育优势资源也能回流到城市，实现了资源的互补与优化配置。这种循环式的资源流动有助于缩小城乡教育差距，提高农村地区的教育水平。②城乡教育循环实验的关键要素。这些要素主要有：实验项目的前期调研与规划、实施方案，社会参与与共识形成，实验运行的监测与评估，多部门（机构）协同合作，可持续发展经费支持，形成实验经验的总结与分享机制。③以项目引领合作与共享。首先设立专项资金支持城乡教师交流与互访项目，城乡学校和教师根据现有条件，自由申报，通过专家评审，以发展绩效作为项目的考核目标。其次设立城乡教育经验交流的调研与示范项目。通过资助研究机构和教育从业者，深入调研城乡教育经验交流与应用的实际情况，总结和推广可行的经验模式；通过

示范学校或项目影响和引领更多的学校和地区加入交流合作，实现城乡教育公共服务均等化。

二是创新城乡教育循环治理体系。推动城乡教育循环治理体系创新需要建立一体化的教育管理模式，提升城乡教育管理机构的治理能力，将城市和农村的教育资源有机整合，并推动均衡配置。①完善城乡政府衔接的治理体系。根据城乡地区的实际情况，制定差异化的政策措施，及时开展定向督导与监测，把实施效果作为后续政策调整和改进的依据。②强化城乡教育协会和联盟建设。城乡教育协会和联盟协助政府教育行政在区域内组建城乡学校捆绑发展联合体，实施区域"一体化办学"，将发挥桥梁和枢纽功能。作为第三方教育组织，城乡教育协会和联盟可以进行补位充分自主性与创新性，开展教育资源共享项目，促进教师和学生的培训与交流。③加强城乡教育研究与智库建设。在开辟"命运共同体"的城乡循环式教育机制过程中，为掌握城乡教育差异和真实问题，研制决策和实施方案，城乡教育研究与智库建设是至关重要的。通过这类智库开展实地调研、数据分析，搜集整理城乡教育在资源分配、教师队伍、教育质量等方面的数据，并结合这些数据分析城乡学生的学习状况、教育需求和心理特点等，保障政府采取有效性、可行性和适用性好的措施。"以研促政、以研促教、以研促学"作为城乡教育研究与智库建设的基本原则，利用智库筑巢引凤，推进"政研教学"四位一体的运行机制。

三是加强城乡教育资源循环调配机制。循环调配机制的功能是把城乡教育资源的优势发挥出来，在互补中进行流动和共享。①精准支持。城市的优质教育资源的分类，诸如教师、教法、教材、仪器设备等，在城乡教育一体化推进中最紧缺的资源是哪一种。当前，大部分乡村学校的教师数量足够，甚至在配比上高于城市学校。从这一视角上看，乡村学校的发展最缺的是优质教师和适合的教学方法，城区则可安排相应的部分教师进行流动、开展定期培训和共享课堂等措施支持乡村学校。②共生互融。在城乡学校捆绑式发展格局中，有计划有节奏地安排城乡学生之间的交流和互动，增强和拓展"双向奔赴式"的理解和尊重，有助于培育城乡学生群体的新时代社会主义核心价值观。③科学引流。在城镇化加速发展和人口迁移变化中，资源调配机制有助于学校的布局调整设计，有助于科学合理把乡村学校引入新型"城镇"，并促进乡村学生快速融入城镇学校生活。

四是城乡教育发展的经验循环分享机制。促进资源共享、优势互补，弥补城乡教育发展的差距，政府需要创造多样化的分享途径和渠道，确保城乡教育发展的经验分享、相互借鉴。①常态化、多样化形式开展经验分享交流。分享交流形式一般包括：首先是在线信息共享平台，利用博客、论坛、视频分享等形式，为教育工作者、教师、专家等提供经验的广泛交流和学习；其次是组织交流研讨会和座谈会，邀请优秀城乡学校的校长、教师以及教育专家探讨交流学校管理、教学方法、师资培训等方面的困境和举措；最后是片区内、片区间的"伙伴式"城乡学校开展互访、交流、影子校长（教师），开展有效的实践互动。②共建数字化城乡教育平台。政府创建城乡教育经验交流平台和网络，架起城乡之间的沟通桥梁。在平台上开辟两大空间：一个是城乡学校和教育行政部门空间，城乡学校在平台上向教育部门反馈教育资源、教师培训、校园建设等方面的需求和问题，教育部门也可以及时了解到城乡学校的情况和需求，并提供支持和帮助；另一个是建设城乡教师交流空间，提供城乡教师交流的功能，如讨论区、博客、资源共享等，在平台上分享自己成功的教学经验和教育观念，与其他教师进行互动、交流和学习。这样，我们才能共同迈向一个更加公平、均衡、高质量的教育未来。③推动城乡教育经验的转化和应用。政府建立城乡教育实验和示范项目成果转化机制，鼓励教师和专家及时总结提炼成果，把这些实践成果纳入深化城乡交流的政策措施和改革办法之中。

三、推进城乡师生培养与支持的循环机制

随着中国城乡发展的不断迈进，城乡教师交流政策的制定和有效执行成为建设"命运共同体"的基础。政府应当制定具有前瞻性、针对性和可操作性的城乡教师交流政策框架，以确保教师的流动和互动。在制度层面，政府应设立专门的机构或部门，负责组织和协调城乡教师的交流活动，确保交流的顺利进行。城乡教师交流政策有助于加强城乡教育体系的整合和衔接。通过城市教师到农村地区执教，可以带来新的教学理念和方法，促进农村教育的发展。同时，农村教师到城市地区交流学习，可以提升其专业水平和教育观念，为农村教育的改进提供新的思路。

一是城乡大区域教师队伍交流。城乡教师队伍的流动和共享资源，是实现区域内教育高质量均衡发展的关键。①教师队伍实行县管校聘。教师的人事集中在县级层面统一管理，编制按学校实际需求进行调配。每年的新招聘教师按政策规定都需要在相应的乡村学校工作3—5年，为乡村学校教师造血。对于在乡村支教的教师，政府应给予特殊津贴、奖励计划，设立相应比例的职称晋升和评优指标。②促进城乡学校领导干部交流。通过组织培训和研讨活动，探索教育管理模式、

管理经验和问题解决方法，交流特色教育、优质学校的成功经验。同质培训与异质培训相结合，为城乡学校领导提供多类型多层次的干部培训。③成立捆绑式教育集团，把优质学校办在老百姓的家门口。城里的优质学校与乡村学校组建教育集团，通过教育集团定期轮流实现优秀校长、教师去乡村学校工作，指导、兼任乡村学校管理和课堂教学任务。④拨付教育集团专项交流经费。集团专项交流经费主要用于支持优秀教师去乡村学校挂职和乡村学校教师到城市学校学习。这种集团内部的双向交流螺旋式上升交替，不断培育更多的高水平教师。

二是名师引领城乡"教师共同体"发展。城乡学校师资共享的本质是优质师资的共享，以优带新、以优带差实现教师群体的整体素质提高。①建立区域教师名师群。教育行政部门牵头，教育科研部门主导，组建全区不同学科名师群，形成"学科名师共同体"。②以项目竞争引领学科名师"带帮扶乡村教师"。以分学科名师"帮带扶"乡村学校，以学校教学质量和影响力为核心考核指标，推行学期评估、学年考核、绩效增量、项目优先配置的机制，持续扩大名师的集群效应。③打造"乡村名师共同体"。通过学科名师共同体的平台，培育具有特色的"乡村名师共同体"，为乡村学校的持续发展造血，不断扩大"留得住、教得好"的乡村名师。

三是打造"研训结合"的"教师科研共同体"。结合"国培""省培""市培"的教师轮训制度，优化城乡学校教师年度培训，提升教师专业发展能力。①"普及化"培训，对城乡教师开展全口径的学科教师培训，作为教师培训的基本动作，规范、科学、全面地提高教师的基本教学素养。②"研究式"培训。设立专题，委托区域名校、名师围绕特定的教学问题、目标开展学科"骨干教师培训"。以教学问题为中心，以解决问题为目标，实施优质教师提高培训。③"研训一体化"的培训。培训主题与研究主题交错，既可以以研带训，也可以以训促研，两者互为中心，这样激发名师的教学反思能力和创造能力，适应不同教学环境下的教学任务。随之，参与"研训一体化"培训的名师，依次开展同学科的教师培训，其他学科的教师可以观摩和评析。在每一学期和年度开展循环培训，最终逐步培养梯级名师，形成相应的"教师科研共同体"。

四是拓展教师交流空间。以数字教育网络为基础，提供城乡教师交流互动机会和分享学习资源。①通过信息平台开展在线学习和培训。利用平台的互动功能，城乡教师可以参加在线讲座、研讨会、教学示范等活动，提高自身的教学水平。②支持平台设置城乡教师交流的论坛、微博或者微信公众号。城乡教师可以在这些网络平台上互动交流，分享自己的教学经验和问题，寻求他人的帮助与解答。

通过共享教学资源、教材、教案等，实现城乡学校之间教学资源的互通有无。③教师跨区域交流学习。通过网络交互平台，区域内城乡教师跨地区交流和学习机会，使他们能够随时随地进行学术交流和信息分享。在跨域交流互动中，教师更容易接受先进的教育教学理念，有动力去学习专业知识，提高教学方法的运用能力。同时，在多层次交流互动中，科学的城乡教师发展评价体系更容易获得教师认可，从被动执行转向主动普及，从而推动教师以教育家精神去从事教育职业。

五是推进城乡学生素质教育的一体化循环方式。素质教育是社会发展的实际需要，要达到让人正确面临和处理自身所处社会环境的一切事物和现象的目的。城乡学生交流成为新时代基础教育培养学生全面成长的一个有力举措。①确立城乡学生教育交流的形式。交流形式主要通过伙伴学校、学校社团、教育实践活动等呈现，具体通过交流访问、文化交流、作业交流、科技竞赛等形式，旨在促进城乡学生的全面发展和多维素质的提升。②构建城乡学生课程互补发展机制。制定全面、统一的课程标准和教材，确保城乡学生接受的教育内容和质量相一致。在此基础上，推行城乡学校间的课程互访机制，促进城乡学生的交流与互动。城市学校可以组织学生到农村地区参观、实践，了解农村生活和文化，增强他们的社会责任感和同理心。同时，也可以为农村学校的学生提供进城交流学习的机会，让他们接触到城市的先进教育资源，拓宽他们的眼界和知识面。③城乡学生参与社会实践和志愿服务。政府或学校牵头组织城乡学生参与清扫公共场所、绿化环境、垃圾分类、节约用水、推广可再生能源和慈善募捐等活动。通过参与这些活动，城乡学生可以了解到不同层面的社会问题，提升自身的社会意识、价值观和人文素质。在参与实践中，他们还将培养创新思维、解决问题的能力以及团队合作的技能。④城乡学生的互访学习与交流项目。因地因校推出互访交流项目。根据城乡学校和周边社区的教育资源，设计相应的互访交流活动。诸如在城市学校开展高科技、图书馆名人历史活动等，乡村学校开展体育竞技、农业种植、爬山等，有机促进"德智体美劳"融合，为城乡学生提供实践体验。

六是建立城乡教育数据共享与分析系统。开发城乡教育合作的在线学习平台，实现城市和农村学校之间的教育资源共享和交流，打破地域限制，促进教育公共服务的均衡发展。①城乡教育合作的在线学习平台促进城乡教师的专业成长。在线学习平台提供教师培训和专业交流的机会，使农村教师能够接触到城市教育的最新发展和前沿理论。同时，教师可以通过在线课程、讲座和研讨会等形式，与城市学校的优秀教师进行交流和互动，不断提升自己的教学水平。②建立城乡教育数据共享与分析系统实现乡教育数据共享。城乡教育数据的共享应该是双向的、全面的，既可以使城市教育部门了解到农村教育的现状和需求，也可以让农村教育部门了解到城市教育的先进经验和管理模式。共享方式可以通过建立信息平台、开展专家讲座、举办研讨会等途径进行，以确保数据的及时、有效传递。③采取专业的技术支持和科学的数据分析方法。教育数据的分析应该基于科学的研究模型和统计方法，以实现对城乡教育资源配置的科学性评估和预测。同时，技术支持也需要确保数据的安全性和隐私保护，以防止信息泄露和滥用的问题。为了实现教育优质，政府加强对教育数据的监管和管理，提供数据资源和技术支持，以保证数据的质量和准确性。④倡导广大教育工作者和专家的积极参与。他们应该利用数据共享与分析系统提供的数据资源，开展深入研究和分析，推动城乡教育合作与交流的深度发展。同时，他们还应该提出相关政策和措施的建议，为政府决策提供科学的依据和参考。

第四节　坚持"教育优先"的区域财政投入策略

自改革开放以来，我国区域教育的发展取得全方位的巨大成就。其背后最重要的因素就是教育统筹发挥了举国体制下的统筹优势。无论是统筹体制从中央主导到中央与地方统筹再到"省级统筹、分级管理"，还是统筹内容从统筹经费与师资转向"经费统筹、师资统筹、学生入学机会统筹、校园建设统筹、城乡统筹"，都体现了"教育优先发展"的政府投入策略。在实现教育强国战略背景下，实施积极的教育公共服务财政保障、增加教育培训和职业教育投入、提高教育科研与创新投入、提高地方教育财政自主性、鼓励社会力量参与教育投入以及鼓励产业与教育结合的投入模式，成为政府有效促进教育公共服务均等化的充分条件。

一、强化教育公共服务的财政保障

习近平总书记在中共中央政治局第五次集体学习时要求，"把促进教育公平融入深化教育领域综合改革的各方面各环节，缩小教育的城乡、区域、校际、群体差距，努力让每个孩子都能享有公平而有质量的教育，更好满足群众对'上好学'的需要"，强调"各级党委和政府要始终坚持教育优先发展，在组织领导、发展规划、资源保障、经费投入上加大力度"。①区域教育在财政保障上，凸显"公共性"、"精准性"和"关键性"。

一是保障优质师资培养和人才引进。优质师资培养是建设教育强国的重点工作，需要规避过去的大水漫灌式、普及式的师资培养。①扩大优质师资的数量。从国家宏观调控上，在中小学师资教育结构上要做出存量盘活、增量跟进的调整。一方面，坚持教育家精神的师资队伍培养目标，从源头上强化教育部部署师范院校的招生质量，提升省级政府直属师范学院培养地方需求的师资；另一方面，盘活优化现有教师队伍，针对性地加强不同学科教师队伍的素质培训，突出教师的教学思维、教学方法的培训，通过"教学—培训—教学"挖掘具有领军能力的优质师资。②打造"为我所用"的名师队伍集群。薄弱地区和乡村地区的学校，通过政府的资金投入和扶持加大优质教师的区外引进、城市嫁入乡村等途径，尤其是引进身体健康的编制自由的银龄教师和校长，快快改变薄弱地区和乡村地区的办学理念、育人方式，形成"名校长名师队伍"群聚效应。这样有利于激发薄弱地区和乡村地区的办教育积极性、教师投入教学的能动性以及学生、家长的参与学校教育的热情。③加强人才引进，增加教育领域的专业人士。省级政府统筹，可以试点提供良好的工作条件和福利待遇，引进更多的专业人才，解决师资结构不平衡和人才短缺的问题。

二是保障教育科研经费投入力度。教育科研对于提高教学质量、促进教师专业发展、更新教育观念、促进教师终身学习等方面具有重要的引领和推动功能。保障教育科研经费是最扎实、最可靠、最有效促进教育发展。①加大科研经费的总量。教育科研的发展需要充足的经费支持，因此，省级政府应该加大教育科研经费的拨款力度，在制定年度财政预算时，要将教育科研作为重点领域，提高其在国家财政总预算中的比重。同时，政府还应该注重科研经费的稳定性，确保教育科研项目的长期可持续发展。②优化科研经费的使用方式。科研经费的使用要遵循科学合理的原则，注重效益和效果。省、市两级政府教育行政部门直属的教育科研机构，依据地方教育事业发展需求，主要分为区域整体规划布局调研类和学校教育教学类，经费配置侧重学校教育教学类。同步制定相应的考核评价指标体系，注重教师教学能力和教学反思能力的培养，用科研引领教师队伍高质量发展。有条件的地区，鼓励支持高校与中小学校结对开展科研，发挥科研的社会价值外溢性。③提高科研成果转化率。随着科技的不断进步和教育领域的不断发展，

① 习近平主持中央政治局第五次集体学习并发表重要讲话[EB/OL]. https://www.gov.cn/yaowen/liebiao/202305/content_6883632.htm. 2023-05-29.

通过加强教育科研与创新的投入，提高科研成果的转化率，促进教育领域的进步与创新。一方面，加强对教育科研成果的应用与转化的研究，建立科研成果转化的机制和体系，鼓励科研人员积极推动科研成果的转化和应用；另一方面，要加强与产业界的合作，加强知识产权保护，推进企业与科研机构合作研发，提高科研成果的转化效率，形成科研成果的产业化与市场化。另外，扩大教育科研的国际交流与合作。各国之间教育科研的合作与交流不仅能够拓宽研究视野，还能够促进科研成果的应用与创新，能够分享先进的研究理念、研究方法和研究成果，促进教育科研的创新和突破。

三是提高教育信息化建设投入。教育信息化是指利用信息技术手段，提高教育教学效率和质量的过程。通过信息技术的应用，可以实现教育资源的共享和优化，提供更加便捷、灵活的学习模式，推动教育公共服务的均等化。①提高教育信息化建设的投入水平。省级政府统筹，加大对教育信息化建设的投入，提供必要的财政支持和政策倾斜。突出"应用为王"的原则，加强对学校、教师的数字化培训和支持，提高他们的信息化应用水平。同时，积极引导和支持教育机构和企业参与信息化建设，共同推动教育领域的数字化转型。②加强教育信息化基础设施的建设和完善。教育信息化的发展需要良好的网络环境和信息技术设备支持。政府可以加强对学校和教育机构的网络基础设施建设，提供高速、稳定的网络服务。同时，推动教育资源的数字化和共享，建设统一的教育信息平台，方便师生获取教学资源以及管理教育过程。此外，还应关注农村和贫困地区教育信息化的发展，通过各种手段推动信息化资源的公平分配，缩小城乡教育信息化差距。③加强教育信息化能力的培养和提升。教师和教育管理者的信息化素养对教育信息化建设至关重要。政府应加大对教师的信息技术培训和专业发展支持力度，提高教师信息化应用的技能和能力。同时加强对教育管理者的信息化能力培养，推动信息技术与教育管理的深度融合，提高教育公共服务管理的效率和质量。

四是推进教育-产业链融合发展。教育-产业链融合发展通过优化资源配置和提升教育服务质量，为广大人民群众提供更加均等和多样化的教育公共服务。①推进教育与产业的深度融合。通过与各个产业相结合，充分发挥教育的功能，促进人力资源的培养和就业的发展。在政府决策层面，应加强产业发展规划与教育发展规划的协调，推动教育与就业、创新、文化等领域的有机链接。同时，鼓励高校和教育机构与产业界的合作，建立联合培养、实习实训基地等机制，促进学生的产业导向性学习和实践经验积累。②优化教育资源配置。通过教育-产业链融合发展，可以实现教育资源的优化配置。政府需要采取措施，促进各地区、各层级教育资源的合理分配，确保教育公共服务更加平等和普遍。此外，应鼓励教育机构与产业界建立长期合作关系，共享资源，推动财力、物力、人力等资源的共建共享，提升教育公共服务的整体效能。③提升教育服务质量。教育-产业链融合发展可以通过与产业界的互动合作，为教育公共服务提供更加多样化、实践性更强的内容。政府应加大对教育服务质量的监督和评估力度，加强对教师培训和教育机构管理的规范。同时，鼓励教育机构与企业开展深入的合作，开设实训基地，提供更加符合企业需求的培训项目，培养更具市场竞争力的人才。④加强政策支持和激励机制建设。政府应出台相关政策，鼓励教育机构与产业界开展合作，提供财政支持和税收优惠等激励措施，推动教育-产业链融合发展。此外，还应完善知识产权保护机制，促进科技创新与教育发展相结合，为教育-产业链融合创造良好的法律和政策环境。

五是推动教育公益慈善事业发展。政府积极推动教育公益慈善事业的发展，以多元化的资金来源和多样化的服务模式，为教育公共服务提供更多选择和支持。①政府应积极引导社会力量参与教育公益慈善事业。通过设立教育公益慈善基金、鼓励各界捐赠和投资等方式，吸引社会力量积极参与教育公益事业，为教育公共服务提供更多资源支持。政府可以制定相关优惠政策，鼓励企事业单位和个人参与教育公益慈善事业，并建立相应的激励机制，以提高参与度和效益。②政府应加大对教育公益慈善组织的支持力度。鼓励和支持民间组织、非营利机构等参与教育公益慈善事业的开展，为其提供政策、资金和资源支持，提升其组织能力和服务水平。政府可以与教育公益慈善组织开展合作，共同承担教育公共服务的责任，形成政府、社会和市场的良性互动。政府应加强对教育公益慈善事业的监管和规范。加强对教育公益慈善组织的登记、评估和监督，确保其合法合规运作，维护教育公共服务的质量和公正性。政府可以建立健全的管理体系和法律法规，完善相关政策和制度，为教育公益慈善事业提供良好的发展环境。③政府应推动教育公益慈善事业的专业化和可持续发展。通过培养专业化人才、提升服务质量、加强项目管理和评估等措施，提高教育公益慈善事业的专业水平和效果。同时，政府还可以建立长效机制，确保教育公益慈善事业的可持续发展，为教育公共服务均等化提供持续的资金和服务保障。

二、提高地方教育财政自主性

当前，我国教育供给主体从实体学校转变为"实体学校＋课外补习机构＋虚拟化项目与机构＋国际化供给"，教育财政政策的瞄准对象和瞄准方式也应相应调整。在调整的过程中，需要将技术从教育财政体系设计的边缘位置移动到中心，需要鼓励数字化学习活动本身，需要考虑为非传统的、但是符合公共财政负担原则的教学活动付费。[①]因而，我国地方政府的财政自主性成为教育投资效益是否合理的关键点。从"以人民为中心"视角出发，地方政府的财政自主性以提高"服务质量"为第一原则，突出体现在：地方政府自有收入在支出中的比重提高意味着具有自主收入权的地方政府能够展开真正的竞争；自主收入比重的提高改善了地方政府对辖区居民需求的回应能力；较高的自有收入份额保证地方政府在公共服务边际收益和边际成本相等时提供公共服务，从而提高财政资金的使用效率。省级财政支出分权有助于增加预算内教育支出和义务教育支出，且在省级或县乡级财政自主性较低时有助于增加财政性教育投入。[②]同理，县乡级财政自主性在省内支出分权较低的大多数地区有助于增加财政性教育投入，对预算内教育支出均无显著影响，但会减少义务教育支出。

一是鼓励地方创新教育财政手段。鼓励地方创新教育财政手段可以促进教育资源的合理配置。不同地区的人口结构、经济发展水平和教育需求有所不同，因此，地方政府应当根据实际情况，结合教育财政的实际状况，灵活运用各种财政手段，确保教育资源的合理分配。比如，可以采取适度下放教育财政权力，让地方政府有更多的决策自主权，根据实际需要安排教育经费，提高教育资源的利用效率和公平性。地方政府在教育财政方面的创新将促使他们更加关注教育质量的改善，采取更加有效的方式来支持学校和教师的专业发展，提供更好的教育设施和资源，为学生创造更好的学习环境。①优化财政分配机制。完善地方教育经费的分配机制，确保公平合理的分配。根据地区经济发展水平、教育资源禀赋和教育需求等因素，制定科学合理的分配准则，使教育经费有针对性地流向教育资源相对匮乏、发展水平相对较低的地区，促进教育公共服务均等化的实现。②鼓励地方政府多元化筹集教育经费。地方政府可以通过内部多元化的方式筹集教育经费，如开发土地资源、发展教育产业、引进社会资本等，以提高地方教育财政的自主性。③加强地方教育财政管理能力建设。提高地方教育财政自主性需要地方政府具备较强的财政管理能力。因此，地方政府应加强对教育财政的科学规划和有效管理，同时提高财政监管和审计的能力，确保教育经费的合理使用和监督，

---

① 王蓉，田志磊. 迎接教育财政 3.0 时代[J]. 教育经济评论，2018（1）：26-46.
② 杨良松. 中国的财政分权与地方教育供给：省内分权与财政自主性的视角[J]. 公共行政评论，2013（2）：104-134.

避免浪费和滥用。可以推行学校负责制，让学校根据自身的特点和需求，合理规划和使用教育经费。鼓励学校建立科学的经费管理制度，提高经费使用的透明度和效益。同时，要加强对学校的监督和评估，确保教育经费的合理使用和绩效评估的公正性。

二是支持地方教育财政多元化。多元化的财政筹资方式将提供更多的经济支持，使地方政府能够更好地满足当地教育发展的需要。①鼓励地方政府积极寻求外部资金支持。地方政府可以主动与企业、社会组织以及慈善机构等合作，共同筹集教育经费。例如，可以通过与企业建立合作伙伴关系，获得企业捐赠或资助，用于教育设施建设、师资培养等方面。此外，地方政府还可以积极开展教育项目与社会投资结合，吸引社会资本参与教育投资，推动教育公共服务均等化。②支持地方教育财政采取多样化手段筹资方式。地方政府可以运用现代金融工具，如债券、基金等，来筹集教育经费。债券融资可以使地方政府获得更多的资金，支持教育设施建设和教育改革。同时，地方政府还可以设立教育基金，吸引社会资本参与，用于支持教育艺术、体育、科技等领域的发展，增强地方教育财政的自主性。③加强地方教育财政支出的监督和评估。地方政府应建立健全教育财政支出的评价体系，对教育经费的使用进行跟踪和评估。通过公开透明的评价结果，激励地方政府加强教育财政的审计和监管力度，确保教育经费的合法、规范和有效使用，提高财政支出的效益和质量。

三是鼓励地方教育财政项目投资。鼓励地方教育财政进行项目投资是一种有效的方式，通过项目投资能够有效提高教育财政的使用效益和资源配置效率。①鼓励地方教育财政进行项目投资需要明确教育发展的目标和方向。地方政府应根据教育发展的需求和区域特点，制定明确的教育发展规划和目标。在项目投资中，可以优先支持具有战略性意义、能够促进教育公平和均等化发展的项目，如改善学校基础设施、提高教育资源配置的项目等。②鼓励地方教育财政进行项目投资需要加强项目管理和评估。地方政府应建立完善的项目管理制度，确保项目投资的规范性和科学性。在项目实施过程中，要加强对项目进展和效果的监督与评估，及时发现问题并进行调整和改进。同时，要注重对项目的成本效益和社会效益进行评估，确保教育财政的使用能够达到预期的效果。③地方政府还可以引入社会资本和民间投资，共同参与教育项目的投资和运营。通过引入社会资本的力量，能够增加教育投入的规模和广度，提高教育财政的使用效益。可以采取政府和社会资本合作（public-private partnership，PPP）等模式，共同投资教育项目，通过市场化运营和管理，提供更多的教育资源和服务，促进教育公共服务的均等化。

④鼓励地方教育财政进行项目投资还需要注重风险管理和风险防范。地方政府应根据项目的特点和风险，制定相应的风险管理措施和应对策略，确保项目投资的安全和稳定。可以通过建立风险评估和预警机制，加强对项目的监管和风险防范，及时发现和解决问题，保障教育项目的顺利进行和投资的安全性。

四是支持弱势地区教育财政发展。为了解决弱势地区教育财政不足的问题，政府应采取措施支持弱势地区的教育财政发展，确保它们能够提供具有基本保障水平的教育公共服务。①中央与省级政府可以通过财政转移支付的方式来支持弱势地区的教育财政发展。通过提高财政转移支付的比例，特别是针对教育财政的转移支付，可以有效缓解弱势地区教育财政压力，提高其提供教育公共服务的能力。同时，政府还应建立健全转移支付机制，确保资源的合理配置和使用效益，避免转移支付成为弱势地区教育财政的一种依赖。②省级政府引导弱势区县教育财政的多元化筹资。弱势地区可以通过引进社会资本、发展企业赞助、开展教育基金等方式，拓宽教育财政的筹资渠道。政府可以通过提供税收减免和激励政策，鼓励社会资本和企业参与教育财政的支持，促进弱势地区教育财政的可持续发展。同时，省级政府还可以加强对弱势地区教育财政的监督和评估。通过建立健全的监督机制，加强对教育经费使用情况的审计和监管，确保教育财政的安全和有效使用。政府还应加强对教育财政支出的绩效评估，鼓励弱势地区探索适合自身特点的教育财政管理模式，提高教育投入的使用效益。③中央与省级政府可以通过加强教育资源的优先分配来支持弱势地区的教育财政发展。可以通过提供更多的教育资源和优先分配教育项目，增强弱势地区的教育公共服务能力。政府可以加大对弱势地区学校的改造和扩建力度，改善其教育环境和设施条件。同时，还要加强对弱势地区教师的培训和发展支持，提高他们的教学水平和专业素养。

五是支持地方教育财政与产业融合。在现行的政府决策中，通过支持地方教育财政与产业融合，可以有效增强地方教育财政自主性。①政府可以积极推动地方教育财政与产业融合的规划和实施。通过制定相关政策和法规，引导地方政府与产业界进行合作，建立起教育财政与产业融合的机制和体系。同时，政府还应加大对产业界参与教育事业的激励和支持力度，鼓励企业、社会组织等各方面力量投入到地方教育财政的发展中。②政府可以通过提供税收优惠政策来引导地方教育财政与产业融合。通过减免企业在教育产业投入方面的税收，鼓励企业增加对教育财政的投入，为地方教育财政的发展提供资金来源。同时，政府还应加大对教育产业的扶持力度，为教育产业的发展创造良好的环境和条件。通过探索教育投资基金、教育基金会、专项基金等新的融资模式，为地方教育财政的发展提供更多的资金来源。③政府可以加强对地方教育财政与产业融合的监督和评估。通过建立健全的监督机制，对地方政府和产业界的资金使用情况进行审计、监管，确保资金的合理使用和教育财政与产业融合的效果。同时，政府还可以对地方教育财政与产业融合的效果进行绩效评估，鼓励地方政府和产业界共同探索更加有效的合作模式，增强教育财政自主性。

六是引导社会产业与区域教育发展相结合的投入模式。产业的参与教育公共服务供给，带来更多的资金和资源支持，能促进教育的持续发展和提升。①构建企业、学校与政府之间的新型关系。通过与企业合作，学校可以获得更多的资源支持，提升教育质量和教学水平；产业为教育提供实践平台、实习机会和就业岗位，为学生提供更多的实际操作和实践经验。反之，教育为产业提供人才培养和技术支持，促进产业的创新和升级。②鼓励产业与学校共建产学研一体化中心。政府作为服务者，通过法规政策的支持，推动地方产业与中职、高职紧密结合，共建基于区域产业结构调整升级的低端人才优化的"产学研一体化"中心。研究中心可以成为产学研合作的重要平台，促进双方在教育研究和应用开发方面的深度合作，整合不同领域的跨界智力资源，为地方人才链的形成提供支撑。③推进产业投资教育信息化建设。智慧校园是利用信息技术手段，将校园内部各个系统和资源实现网络化、智能化的教育环境。区县政府的财力难以支撑智慧校园及其在线教育平台的建设，运用积极的财政手段引导产业投资提供硬件设备、网络建设、数据管理等支持，提供开放式在线课程、教学资源共享、学习管理和在线评估等服务，为学生提供全方位、个性化的学习机会。

三、增加区域内职业培训和职业教育投入

一是加强职业教育产学研合作。职业教育是区域社会发展和经济建设的重要支撑，也是提高劳动者技能和就业能力的关键途径。①政府应制定政策，促进职业教育与产业的紧密结合。通过鼓励企业参与职业教育的规划和实施，确保提供与实际工作需求相适应的培训内容和课程设置。政府可以提供资金支持和税收优惠等激励措施，吸引企业加大对职业教育的投入力度。同时，政府还应加强与行业协会、职业技能鉴定机构等的合作，共同推动职业教育的发展，增强培训的针对性和实效性。②政府应加强职业教育与科研的结合，推动职业教育的创新和提升。政府可以建立职业教育科研基地，支持高校和专业机构开展职业教育的科研项目。通过将科研成果应用于职业教育实践中，可以提高培训的质量和效果。同

时，政府还应鼓励职业教育机构与科研机构、企业等建立紧密的合作关系，加强教育培训与实际需求之间的衔接。③政府应着力提高职业教育师资队伍的素质和能力。职业教育师资的专业化水平和实践经验对教育质量的提升至关重要。政府可以通过加大对职业教育师资培训和学术交流的支持力度，提高教师的教学能力和实践能力。政府还可以鼓励职业教育师资的多元化发展，吸引更多具有行业经验和实践能力的人才加入职业教育师资队伍。

二是推进职业技能评价和认证体系建设。为了提高教育培训和职业教育的质量和效果，政府应该推进职业技能评价和认证体系的建设。①政府应加大对职业技能评价机构的支持和引导。职业技能评价是衡量个体技能水平和能力的重要标准，也是评判教育培训和职业教育成果的重要依据。政府应加大对职业技能评价机构的培养和引进力度，提高其评价和认证的专业水平。同时，政府应建立健全的评价标准和体系，确保评价的公正性和科学性。②政府应推动职业技能认证体系的建设。职业技能认证是对个体技能水平和能力进行确认、证明的过程，对提高劳动者的就业竞争力和职业发展至关重要。政府应加强与行业协会、企业等的合作，制定行业标准和认证体系，为职业技能认证提供参考和支持。政府还应加大对职业技能认证的宣传力度，增强公众和用人单位对认证价值的认识与重视。③政府应加强职业技能培训的规范和监管。职业技能培训是提高劳动者技能和能力的重要途径，对保障教育培训质量和效果具有重要意义。政府应制定相应的培训规范和标准，确保培训内容和过程的科学性、适应性。政府还应加强对培训机构的监管，提高培训质量的可信度和可靠性。

三是发展新兴职业领域的教育培训。随着社会的发展和经济结构的转型，新兴职业领域的需求也不断增长。政府应该重视发展与新兴职业领域相关的教育培训。①政府制定相应政策和措施，提供有吸引力的投资环境和政策支持，吸引更多的教育培训机构和企业参与新兴职业领域的教育培训。政府可以通过减税、奖励和优惠等手段，鼓励企业增加对新兴职业领域的教育培训投入，提高培训的质量和效果。同时，政府还应该加强与行业协会和专业组织的合作，共同推动新兴职业领域的教育培训发展。②政府加大对新兴职业领域教育培训的政策扶持力度。新兴职业领域的发展常常伴随着技术创新和市场需求的变化，教育培训机构需要不断更新教育内容，提供与时俱进的培训服务。政府可以通过设立专项资金，提供补贴或贷款支持，促进新兴职业领域教育培训的创新和发展。同时，政府还应当加强对新兴职业领域师资队伍的培养和引进，提高教师的教学水平和实践能力。③政府推动新兴职业领域教育培训与经济发展的有机结合。新兴职业领域的培训不仅要满足学生的学习需求，更应该与实际就业和经济发展需求相结合。政府可以通过与相关产业的合作和沟通，了解市场需求并提供有针对性的培训课程和项目。同时，政府还应加强职业教育与企业的合作，开展校企合作项目，提供实习和就业机会，为学生的职业发展提供支持。

四是推动职业教育与高等教育的衔接。职业教育和高等教育不仅在教育理念、培养目标和就业方向上存在边界差异，而且在教育资源分配和机会均等方面也存在一定差距。政府应该重视职业教育与高等教育的衔接问题。①政府加强职业教育与高等教育的协调与合作。职业教育和高等教育之间应该形成紧密的衔接机制，通过制定明确的政策和规划，促进二者之间的资源共享和协同发展。政府可以鼓励高校设立职业教育类专业，提供与市场需求相匹配的职业培训。同时，政府还可以加强对高职院校的支持，提高其教育质量和教学水平，助力其在职业教育领域的发展。②政府建立健全的学分互认和转换机制。职业教育与高等教育之间存在学分不对等的问题，这给学生的学习和就业带来了一定的困扰。政府可以推动建立学分互认和转换制度，让职业教育的学生在完成学业后有机会继续深造，进入高等教育阶段。同时，政府还可以通过建立职业资格证书和高等学历的对应关系，为职业教育的学生提供更多的升学和就业机会。③政府应促进职业导向的高等教育发展。职业教育和高等教育的衔接，需要高等教育更多地关注职业教育的需求和就业市场的变化。政府可以通过制定相关政策和规划，鼓励高等教育机构开设职业导向的课程和专业，提供与职业需求相匹配的培养方案。同时，政府还应加强与行业协会和企业的合作，促进校企合作项目开展，提供更多与职业发展密切相关的实践机会。

五是加强职业教育的国际合作交流。随着经济全球化的深入发展，各国之间的教育交流与合作变得日益紧密，国际合作不仅能够为我国职业教育带来先进的理念和经验，还可以促进我国职业教育的发展和国际影响力的提升。①加强与发达国家和地区的职业教育交流合作，借鉴其先进的职业教育理念和经验。发达国家和地区在职业教育方面积累了丰富的经验及成功的案例，它们注重理论与实践相结合、学习与工作相衔接，强调职业能力和素质培养。我国可以通过聘请高水平的外籍教师、引进国外优质教育资源、组织师生互访等方式，加强与发达国家和地区的职业教育交流，借鉴其先进经验，优化我国职业教育的发展路径。②加强与发展中国家的职业教育交流合作，可以促进我国的职业教育国际化发展。发展中国家在职业教育方面也有着独特的经验和优势，它们在技术培训、职业技能提升方面具备一定的优势。我国可以将自身职业教育的特点与发展中国家的经验相结合，加强合作交流，共同推动职业教育的发展，为各方提供更多的合作机会和更大的发展空间。③加强国际交流合作，还可以提升我国职业教育的国际影响力。通过与国际知名的职业教育机构和组织建立合作关系，参与国际职业教育论坛和展览，我国职业教育可以更好地展示自身的成就和特色，提高国际知名度和认可度。同时，与其他国家和地区的合作交流也有助于开阔我国职业教育的发展视野，提升其教育质量和水平。

六是提高职业教育的生涯规划服务。生涯规划是指个体在不同的生命周期内对自身教育、职业发展和人生规划进行有目的有计划的思考和行动，旨在使个体能够更好地适应社会变化、实现人生价值。职业教育的生涯规划服务不仅能够提高学生的就业能力和职业发展动力，还能够促进教育公共服务的均等化和高质量发展。①提高职业教育的生涯规划服务水平可以帮助学生明确职业目标和发展方向。职业教育的核心目标是培养适应社会和经济发展需要的高素质人才，明确职业目标和发展方向是实现这一目标的基础。通过为学生提供职业规划、职业导向以及相关咨询服务，引导学生了解不同行业和职业的特点、发展趋势和就业前景，可以帮助他们明确自己的兴趣、特长和职业定位，进而选择适合自己的职业道路，提高职业匹配度和就业竞争力。②提高职业教育的生涯规划服务可以促进学生的职业技能和职业素养的全面提升。生涯规划服务不仅关注就业，还关注个体在职业发展过程中的长远规划和成长。通过为学生提供职业技能培训、实习机会和实践项目，帮助他们发展职业所需的技能和素养，提高就业能力和竞争力。同时，通过为学生提供职业道德等方面的培训和指导，促进他们形成良好的职业素养和价值观，进而培养出更加优秀的职业人才。③提高职业教育的生涯规划服务水平可以建立学校与社会间的紧密连接。生涯规划服务需要学校、家庭和社会的共同参与和合作，通过建立起学校、行业协会、企业和其他相关机构的合作关系，可以提供更全面且实际的生涯规划服务。与行业协会和企业合作可以为学生提供实习和就业机会，使学生能够更好地了解职业现实和发展趋势；与社会机构合作可以提供更多的职业咨询和就业信息，使学生能够更全面地了解职业选择和发展路径。

第五节　完善"多样化"的区域教育人才培养路径

人才培养是教育强国建设进程中重中之重的任务。2013 年发布的《教育部关于 2013 年深化教育领域综合改革的意见》就明确提出：深化高中办学模式多样化试验，加强高中学校特色建设，启动中小学与高校科研院所合作开展创新人才培养试验。组织实施科教结合协同育人行动计划。切实加强实践教学和创新创业教育。时隔 10 年，2023 年 5 月 1 日，习近平总书记在给中国农业大学科技小院的同学们回信中指出，"得知大家通过学校设立的科技小院，深入田间地头和村屯农家，在服务乡村振兴中解民生、治学问，我很欣慰"，"希望同学们志存高远、脚踏实地，把课堂学习和乡村实践紧密结合起来，厚植爱农情怀，练就兴农本领，在乡村振兴的大舞台上建功立业"。①在全球化、知识化、智能化的今天，人才培养已成为国家发展的核心竞争力和创新驱动力。其中，立足区域推进教育强国的进展、完善人才培养的多样化路径成为新时代区域教育变革发展的重要驱动力。

一、拓宽学生的实践教育途径

社会实践活动是指在学校课堂教学之外的补充教育。针对学生与社会接触机会不多、劳动意识不足的问题，由教育行政部门、中小学和社会教育机构与社会资源、企业、乡村农业基地等建立合作关系，组织学生利用节假日和寒暑假前往这些服务场所开展的活动，旨在提升学生的综合素养，促进学生的全面发展。

一是推广学生社会实践活动。学生实践教育作为重要的教育组成部分，对于培养学生的实践能力、创新思维和社会责任感具有重要意义。因此，政府应引导推广学生社会实践活动，拓宽学生的实践教育途径，以满足学生多元化发展的需求。①政府相关行政部门加大对学生社会实践活动的支持力度。通过加强资金投入和政策引导，政府可以提供更多的资源和平台，支持学生参与社会实践活动。例如，建立专项资金，用于资助学生实践项目的开展；制定相关政策，鼓励高校和中小学开设实践教育课程和实践基地。②政府可以加强学校与社会资源的合作，丰富学生的实践机会。政府可以促进学校与企业、社区、非营利组织等的合作，通过实习、参观、实践项目等方式，让学生接触到更多真实的社会环境，增强实践能力，积累实际操作经验。③政府提供奖励措施，激励学生积极参与社会实践活动。通过设立奖学金、荣誉称号等方式，政府可以鼓励学生主动参与实践活动，更好地发挥他们的潜力和能力。

---

① 习近平给中国农业大学科技小院的学生回信强调 厚植爱农情怀 练就兴农本领 在乡村振兴的大舞台上建功立业 在五四青年节到来之际向全国广大青年致以节日的祝贺[EB/OL]. https://jhsjk.people.cn/article/32677590. 2023-05-03.

　　二是加强学生社会实践指导。为了拓宽学生的实践教育途径，政府应加强对学生社会实践活动的指导和管理，以确保学生能够获得更有意义的实践经验并有效地提升他们的综合素养。①政府应制定明确的学生社会实践指导标准和指南，引导学校、教师在实践活动的组织与实施中遵循一定的原则和方法。这些标准和指南可以包括活动选择的原则、实践环节的设置、实践目标的明确等方面。通过统一的指导标准，政府可以确保学生社会实践活动的质量和效果。②政府应加强学校与社会实践基地、企业等实践创新资源之间的合作和沟通，提供更好的支持和指导。政府可以建立实践资源库，整合优质的实践资源，为学校和教师提供更多选择与资源补充。③政府应加强学校和教师的培训，提升其实践指导能力。通过举办研修班、培训讲座等形式，政府可以帮助教师熟悉实践教育的理念和方法，了解最新的实践教育动态。政府还可以鼓励学校组织教师间的交流与分享，促进实践指导经验的共享与传承。④政府应建立健全的评估体系，对学生社会实践活动进行全面的评价和反馈。政府可以制定评估标准和指标，对学生的实践成果、实践过程进行评价，为学生提供个性化的评估报告。同时，政府也要鼓励学生参与自我评价和互评，促进他们对实践活动的反思与提升。

　　三是开发学生社会实践教学课程。社会实践课程培养学生的创新思维、实践能力和社会责任感。①政府应该制定相关政策和指导方针，明确学生社会实践教学课程的目标和要求。通过统一的课程设计和标准，可以确保学生在实践活动中获得一致且高质量的教育体验。政府可以组织专家、学者对课程进行评估和优化，保证课程内容与学生的成长需求相匹配。②政府需要支持学校和教育机构开设多样化的学生社会实践教学课程。这些课程可以包括社会实践项目的设计与开展、实践报告的撰写与分享、实践经验的总结与反思等，旨在培养学生的实践能力和跨学科的综合素养。政府可以提供必要的经费和资源支持，给予学校和教师更多的培训及指导，以确保学生社会实践教学课程的质量和效果。③政府鼓励学校与社会资源进行合作，为学生提供更多实践机会。政府可以促进学校与企业、社区、科研机构等的合作，通过实习基地、实验室、社会项目等方式，让学生接触到丰富多样的实践环境，培养他们的实践能力和创新思维。

　　四是鼓励学生参与多类型活动。①参与行业科研项目。学生参与行业科研项目是一种能够培养学生创新精神和科学研究能力的重要途径。学生参与科研机构、企业等行业科研项目，可以设立学术论文奖励、科技创新竞赛等奖项，对参与行业科研项目并取得突出成果的学生给予特别嘉奖。②鼓励学生参与社会志愿者活动。社会志愿者活动作为一种重要的实践形式，不仅可以帮助学生发展实践能力和社会责任感，还可以促进社区与学校的互动和共同发展。学校与非营利组织、社区机构等建立合作伙伴关系，共同开展志愿者项目，为学生提供更多的实践机会。与此同时，政府也需要加强对志愿者的安全保障，提供必要的保险和法律支持，确保志愿者的权益得到维护。③推动学生参与社会调查研究。社会调查研究作为一种实践教育的形式，不仅可以提升学生的实际调研能力和数据分析能力，还可以培养学生的独立思考和问题解决能力。学校设立年度或长期的社会调查项目，使学生能接触到真实的社会问题和需求，更好地理解社会现象，培育学生适应社会的生存能力。

二、引导学生参与创新创业教育

在全球经济形式复杂化和低迷境况下，创新创业教育的本质是职业生涯教育，对于破解普通高中转型升级的发展困境，具有重要的导向价值。创新创业教育在学生的课程选修、职业选择、学习规划等方面都能发挥积极作用。

一是开设创新创业课程。在基础教育阶段，我国学生经历两次生涯转折点，一次是中考后学生进入普通高中和中职学校的分流，另一次是高考后学生进入学术型大学、应用型大学以及职业技术类高职学校的分流。实际上，从初中阶段开始，学生便需直面职业探索的早期决策。这一阶段多样化的选择路径虽为学生个性化成长和多维发展提供了自主探索的空间，但也导致高中生在升学与职业分流时面临更加复杂的决策情境，充满了风险和不确定性。因此，自初中阶段开始，政府需要用政策支持学校引导学生参与创新创业教育，开设创新创业课程。①设计个性化创新创业课程。在国家课程的核心框架下，创新创业课程为学生提供学习计划制订、课程选择、时间安排等方面的指导。参照我国现行三级教材体系，创新创业教育课程以校本课程（选修课程）为主，不同课程中的内容选择各有偏重，可以为学生提供多样性的选择。②创新创业课程拓展学生创新能力。在选修课中，学生要学会制订个人学习计划，并监督和评估个人学习计划的实现情况；在规划学习和申请继续教育的过程中，要学会使用不同的方式来获取信息；学生将学习如何评估自己的学习方式，去了解并尝试他们在学习时可以利用的其他学习方式。创新创业课程的开设将为学生提供获取信息以及评估信息可靠性的工具，让学生养成独立学习的习惯的同时学会与其他学生合作的能力等。在个别指导课程中，与学生讨论与学习相关的机会和挑战，以及在学习过程的需求，并通过评估学习过程来鼓励学生调整和改进学习方法。③为学生提供实践机会和创业创新的平台。这些课程可以涵盖创新思维、创新管理、市场营销、企业运作等多个领域，旨在培养学生的创新意识、实践能力和创业精神。通过学习创新创业理论和实践案例，学生可以学习如何发现问题、解决问题、创造价值，并在现实中应用所学知识。此外，创新创业课程还可以培养学生的团队合作精神和项目管理能力，促进学生在创新创业领域的全面发展。

二是鼓励学生参与创新创业活动。创新创业不仅能培养学生的创新思维、实践能力和团队合作精神，还能为他们提供创业机会和实现个人价值的途径。①政府设立创新创业基金，为学生提供创业资金的支持。这些基金可以用于其创业项目的启动资金、租金费用、市场推广等方面的支持。同时，政府可以加强与银行和投资机构的合作，鼓励他们为学生创新创业项目提供贷款和投资，帮助学生更好地实现创业梦想。②政府通过鼓励企业提供实习机会和创业实践基地，为学生提供创新创业的实践平台。政府可以与企业建立良好的合作关系，协助学生参与真实的创新创业项目。这样的实践环境可以让学生更好地了解创新创业过程，培养他们的实践能力和创新精神。③政府组织创新创业大赛和创业活动，激发学生的创业热情和创新潜能。这样的活动可以为学生提供展示自己创新创业成果的机会，并吸引投资者和企业的关注。政府可以设立奖金和奖励机制，鼓励学生参与创新创业活动并取得良好的成绩。这些活动不仅可以提升学生的创新创业能力，还能为他们提供更多的发展机会。④政府加强与高校、科研机构以及创新创业孵化器的合作，促进学生的创新创业教育与实践有机结合。政府可以提供资金和资源支持，帮助学生在科研机构和孵化器中开展创新创业项目。通过与这些机构的合作，政府可以为学生提供创新创业的专业指导和技术支持，提高学生的成功率并有更多的高水平创新成果。

三是推进创新创业教育国际交流。随着全球经济一体化的发展，创新创业能力已成为21世纪核心竞争力的重要组成部分。国际交流可以帮助我们借鉴国外先进的创新创业教育经验，提升我国人才培养的质量和水平。①政府应鼓励学生参与国际创新创业竞赛和项目。这些活动提供了学生在国际舞台上展示自己能力的机会，也为学生提供了与来自其他国家学生交流合作的平台。政府可以与国际合作伙伴共同举办创新创业比赛，帮助学生培养创新思维、团队合作和国际合作的能力。②政府应积极推动与国外高校和研究机构的合作交流。政府支持学生和教师参与海外交流项目，如访问学者计划、留学交流等，让他们了解国外先进的创新创业教育模式，学习国外先进的创新创业理念和实践经验。国际组织和国外专家在创新创业教育方面积累了丰富的经验和资源，在政策制定、课程设计和实践培训等方面可以提供有价值的建议与支持。政府可以与这些国际组织建立合作伙伴关系，共同开展研究、组织培训和举办国际会议，促进创新创业教育的国际交流与合作。③政府通过促进国际创新创业教育资源的引进与共享，帮助我国的创新创业教育更好地发展。政府可以与国外高校和研究机构合作，引进国外先进的创新创业教材、课程和教学资源。此外，政府还可以支持国内高校和研究机构开展创新创业教育研究及教师培训，提升我国创新创业教育的研究能力和教学水平。

三、推动中等职业教育与学术教育的协同发展

推动职业教育与学术教育的协同发展，政府应当积极促进两者之间的互补关系，以更好地适应社会发展和人才需求。政府应加强职业教育与学术教育的衔接机制。职业教育和学术教育并非相互独立的教育形式，而应当形成相互补充、协同发展的关系。政府可以与学术界和职业界合作，建立起职业教育和学术教育的衔接机制。这包括制定双轨制的教育体系，建立职业教育与学术教育的课程对接，以及实行学分互认机制。这样的衔接机制可以让学生在职业教育和学术教育之间灵活转换，实现教育的多样化发展。当然，要实现这种转换，职业教育和学术教育的教师队伍是教育质量的重要保障。实现这一目标，一般通过加强师资培训和项目合作两种途径。

一是协同发展培养具备多元能力的综合型人才。为了推动职业教育与学术教育的协同发展，实现人才培养的多样化路径，政府应注重培养具备多元能力的综合型人才，以适应未来社会的发展需要。①倡导全面素质教育。综合能力的培养应贯穿职业教育和学术教育的全过程。政府可以制定相关政策，推动学校在课程设置和教育模式上注重培养学生的创新能力、沟通能力、团队协作能力等综合素质。这样的教育目标可以使学生在职业教育和学术教育中兼具专业能力及综合能力，更好地适应未来社会的发展需求。②提供多元化的教育资源和机会。职业教育和学术教育的发展需要具备多元能力的综合型人才，培养这样的人才需要多样化的教育资源和机会。政府可以加强学校之间的合作，搭建资源共享平台，为学生提供跨校培训和交流的机会。同时，政府还可以推动学校与企业之间的合作，为学生提供实习和实践的机会，以增强其实际操作和解决问题的能力。③推动课程改革和创新。鼓励特色高中开设将职业教育和学术教育融合的课程，为学生提供学习不同领域知识的机会。同时，政府还可以引入跨学科的课程设置，培养学

生的综合分析和问题解决能力。这样的课程改革和创新可以促进职业教育与学术教育的有机结合，培养出更符合社会需求的综合型人才。④加强综合型人才的评价体系建设。政府可以制定新的评价标准和方法，充分考虑学生的综合素质和社会实践，形成更全面、公正的评价体系。同时，政府还可以鼓励学校和企业合作，共同参与评价体系的建设，推动评价结果与就业机会和职业发展相结合，为综合型人才的培养提供有效的激励和保障机制。

二是创新职业教育的教学方法与模式。创新职业教育的教学方法与模式需要政府积极推动教学改革，提供相应的支持和创新机制。①建立产学研合作机制，促进职业教育与学术教育的结合。通过与实际生产、服务领域的企业和机构合作，职业教育可以更好地了解行业需求，培养符合市场需求的人才。政府可以加强与企业的合作，鼓励企业提供实习机会和实践项目，让学生能够在真实的工作环境中学习和实践。②鼓励职业院校和高等学校之间的合作与交流。职业教育和学术教育之间的合作可以借鉴对方的优势，提升教学质量和职业能力培养。政府可以鼓励高等学校与职业院校签订合作协议，开展交叉学科的合作项目，共享教学资源和设施。这样的合作可以让学生接触到不同教育模式和知识领域，拓宽他们的学习视野和职业选择。③推动职业教育与学术教育的课程融合。政府制定相关指导方针和要求，促使教育机构将职业教育与学术教育的课程相互融合，形成有机统一的培养体系。与此相应的是，积极培养具备跨学科能力的教师。这些教师将能够理解和掌握职业教育、学术教育的核心要素，在教学中灵活运用不同教育模式和方法，实现课程融合的目标。

三是推动职业教育的行业导向与专业定位。职业教育的目标是为社会培养合格的职业人才，因此行业导向和专业定位至关重要。政府应促进职业教育与行业企业的紧密合作，贴合行业需求和发展趋势，同时加强专业课程的优化与更新。①建立行业导向的教学计划和课程体系。通过与相关行业和企业合作，职业学校在课程设置中融入产业发展要求。教学计划的制定应与行业专家和企业代表密切合作，从而确保课程内容与实际需求相结合。政府可以组织行业研讨会和座谈会，邀请行业专家和企业代表参与课程的设计和评审。这样的行业导向教学计划和课程体系可以提高学生的就业竞争力，并为行业的发展和创新提供优质人才。②加强职业教育的实践环节和实训基地建设。实践是职业教育的重要组成部分，可以让学生更好地理解和掌握职业技能。政府可以鼓励职业院校与企业合作，建立实训基地和实践基地，提供真实的工作环境和设备，让学生进行实际操作和实践训练。政府可以提供经费支持和政策引导，鼓励企业提供实习机会和实践项目，让学生能够在实际工作中锻炼自己的技能和能力。③建立学分互认制度,让职业教育的学生能够选择学术教育的课程,提升他们的学习深度和广度。同时,政府还可以建立转学制度,让职业教育的学生有机会继续深造,进一步提升自己的职业素养和学术能力。④建立企业导师制度,提供指导与支持。在推动企业与学校的合作实训过程中,我国政府应建立起企业导师制度,并提供相应的指导与支持。企业导师可以为学生提供具体的实践指导,向学生传授实际操作技能和应用知识;帮助学生了解不同职业领域的发展趋势和就业情况,制定自己的职业规划和发展目标;培养学生的实际操作能力、创新思维和解决问题的技巧,帮助学生培养实际应用能力和解决问题的能力。⑤推广行业实训标准和认证体系。通过建立和推行统一的行业实训标准,并进行相关的认证和评估,可以提高实训质量、保障学生的实践能力培养,以及促进学校与企业之间的良好合作关系。

四、探索智能化教育与人才培养的融合

随着经济发展的不断演进和科技进步的推动,人工智能、大数据等新兴产业领域日益成为经济的新增长点。新兴产业通常具有技术密集、知识密集的特点,需要具备高水平的技术和创新能力。通过为新兴产业提供合适的职业教育,能够培养出适应产业发展需求的人才,推动产业的升级和转型。

一是推进智能化教育教学工具的应用。随着信息技术的快速发展,智能化教育逐渐成为教育领域的新趋势。①推进智能化教育教学工具的应用能够提升教育教学的效果和学习体验。通过智能化教育教学工具,学生可以根据自身的学习特点和能力水平进行个性化学习,获得更加深入和有效的学习体验。教师也可以通过智能化教育教学工具提供更加精准的教学指导和反馈,提高教学效果。②推进智能化教育教学工具的应用有助于培养学生的信息素养和创新能力。智能化教育教学工具在提供知识的同时,注重培养学生的信息搜索、分析和创新能力。学生能够利用智能化教育教学工具获取丰富的知识资源,进行独立思考和创新实践,提升信息素养和创新能力。③推进智能化教育教学工具的应用还能促进教育公共服务的均等化。智能化教育教学工具可以突破时空限制,让更多的学生享受到优质教育资源。尤其是在乡村地区和一些资源相对匮乏的地区,智能化教育教学工具可以弥补教育资源的不足,实现教育公共服务的均等化。

二是开展智能化评估和学业诊断。随着科技的迅猛发展,智能化教育成为教育领域的新趋势,通过开展智能化评估和学业诊断,可以更好地了解学生的学习

状况和个体差异，为个性化教学和人才培养提供有效支持。①开展智能化评估能够准确了解学生的学习情况，为教师提供科学的参考。通过结合大数据分析和先进的评估技术，智能化评估能够全面、客观地评估学生的知识水平、学习能力、兴趣特长等方面。教师可以根据评估结果，有针对性地制订个性化的教学计划，为学生提供更好的学习支持。②开展学业诊断能够帮助学生更好地认识自己的学习状态，促进个性化发展。学业诊断通过智能化的方式，提供学生学习水平和潜力预测，帮助他们了解自己的优势和不足，并为进一步的学习规划提供指导。学生可以根据诊断结果，有针对性地选择学习内容和学习方式，发挥自己的潜力和优势，实现个性化发展。③政府应建立完善的智能化评估体系，制定评估标准和方法，并提供相应的技术支持和培训。人工智能教育能够根据学生的学习特点和能力进行个性化教育，提供精准的学习推荐和反馈，从而帮助学生更好地理解和掌握知识。同时，人工智能教育还能够培养学生的创造力和解决问题的能力，鼓励学生主动思考和实践。学生通过与人工智能教育系统的交互，不仅可以提高自己的创新能力，还可以通过问题解决和合作协作等实践活动，提升实际应用能力。

三是发展虚拟实境和增强现实技术教育。除了智能化评估和学业诊断外，发展虚拟现实（virtual reality，VR）和增强现实（augmented reality，AR）技术教育也是提升教育公共服务均等化的重要手段。VR 和 AR 技术以其逼真的体验和互动性，能够为学生提供多样化、跨时空的学习体验，有效促进学生的学习兴趣和创造力的培养。①VR 和 AR 技术能够创造沉浸式学习环境，帮助学生在虚拟的场景中进行实践探索。例如，通过 VR 技术，学生可以参观历史遗迹、观察生物进化过程、探索宇宙等，在现实生活中难以触及的领域进行全方位的学习。AR 技术则可以将虚拟对象与真实环境相融合，为学生提供更加真实、生动的学习体验。这种沉浸式学习方式能够激发学生的好奇心和学习动力，提高学习效果。②VR 和 AR 技术能够个性化学习，满足每个学生的不同需求。通过智能化的体验设计和个性化的学习内容，学生可以根据自己的学习进度和兴趣进行学习，避免了传统教育中的"一刀切"问题。VR 和 AR 技术还可以根据学生的学习情况和反馈信息，进行智能化的引导和调整，提供有针对性的学习支持和辅导。这种个性化的学习方式能够满足学生的多样化需求，提高学习的满意度和学习效果。③建设智慧校园和智慧教育生态系统。智慧校园通过整合各种信息技术和智能设备，实现教育资源的共享和传递，提供全方位的学习环境和个性化学习支持。学生可以通过智能化学习系统，在校内或者远程学习中获得高质量的教育资源和个性化的学习支持，从而更好地发展自身潜能。智能校园通过信息技术的应用，提供更加便捷、高效的教学工具和资源，辅助教师的教学活动，提高教学效果。学生可以通过智能化学习系统，获得实时的学习反馈和个性化的学习推荐，从而在学习过程中不断进行调整和改进。

四是推动教育评价的智能化转型。教育评价是衡量学生学习成果和教育质量的重要手段，通过智能化技术的应用，增强评价的准确性、客观性和时效性，促进更公正、科学的人才评价体系的构建。①智能化评价的核心在于利用先进的人工智能技术和大数据分析方法，对学生的学习情况进行全面、准确的评估。智能化评价不仅可以关注学生的知识掌握程度，还能够综合考虑学生的思维能力、创新意识、合作能力等综合素养，实现全面评价。②开发数字监测工具。在数智化时代，基于多任务情境的创造力测评、复杂问题解决能力测评、人机交互的科学探究能力测评、审辩思维能力测评等工具，我国在学业评价的基础上，扩大德、体、美、劳等领域的信息化测评方式，尝试开发相应的测评系统，重视高阶思维能力和非认知能力等关键能力的测评，以实现学生综合素质的科学评价。①③智能化评价通过大数据分析学习和预测学生的学习需求及潜力，为学生提供个性化的学习建议和指导。同时，通过对教育资源利用情况的数据分析，发现资源分配的不均衡问题，为政府决策提供参考依据。④建设评价数据平台，并支持数据资源的共享与整合，以提高评价的准确性和全面性。此外，政府还应加强教师对智能化评价工具及方法的培训和使用指导，提高其智能化评价的能力和水平。

① 王正青，杜丽玮. 国际基础教育质量监测的数字化转型：实践路径、支持保障与经验借鉴[J]. 中国考试，2024（8）：89-98.

参考文献
REFERENCES

著作类

阿比吉特•班纳吉，埃斯特•迪弗洛. 2018. 贫穷的本质：我们为什么摆脱不了贫穷[M]. 景芳，译. 北京：中信出版集团.

蔡拓，杨雪冬，吴志成. 2016. 全球治理概论[M]. 北京：北京大学出版社.

曹沛霖. 1998. 政府与市场[M]. 杭州：浙江人民出版社.

戴维•奥斯本，特德•盖布勒. 1996. 改革政府：企业精神如何改革着公营部门[M]. 上海市政协编译组，东方编译所，编译. 上海：上海译文出版社.

道格拉斯•C. 诺思. 2008. 制度、制度变迁与经济绩效（中译本）[M]. 杭行，译. 上海：格致出版社.

杜越. 2016. 联合国教科文组织与全球教育治理：理论与实践探究[M]. 北京：教育科学出版社.

弗朗西斯•福山. 2017. 国家构建：21世纪的国家治理与世界秩序[M]. 郭华，孟凡礼，译. 上海：学林出版社.

黄光扬. 2012. 教育测量与评价[M]. 2版. 上海：华东师范大学出版社.

靳希斌. 2001. 教育经济学[M]. 2版. 北京：人民教育出版社.

联合国教科文组织. 2017. 反思教育：向"全球共同利益"的理念转变？[M]. 联合国教科文组织总部中文科，译. 北京：教育科学出版社.

刘显娅. 2010. 英国教育行政法[M]. 北京：中国政法大学出版社.

杨东平，杨旻，黄胜利. 2020. 中国教育发展报告（2020）[M]. 北京：社会科学文献出版社.

姚云. 2007. 美国教育法治的制度与精神[M]. 北京：教育科学出版社.

俞可平. 2000. 治理与善治[M]. 北京：社会科学文献出版社.

约翰•罗尔斯. 2014. 正义论[M]. 何怀宏，何包钢，廖申白，译. 北京：中国社会科学出版社.

珍妮特•登哈特，罗伯特•登哈特. 2004. 新公共服务：服务，而不是掌舵[M]. 丁煌，译. 北京：中国人民大学出版社.

珍妮特•登哈特，罗伯特•登哈特. 2006. 新公共服务：服务，而不是掌舵[M]. 2版. 丁煌，译. 北京：中国人民大学出版社.

中共中央. 2024. 中共中央关于进一步全面深化改革 推进中国式现代化的决定[M]. 北京：人民出版社.

周雪光. 2017. 中国国家治理的制度逻辑：一个组织学研究[M]. 北京：生活·读书·新知三联书店.

Acemoglu D，Robinson J A. 2019. The Narrow Corridor：States，Societies and the Fate of Liberty[M]. New York：Penguin Press.

Bartell C A. 2005. Cultivating High-Quality Teaching through Induction and Mentoring[M]. Thousand Oaks：Corwin Press.

Bechtel M，Lattke S，Nuissl E. 2005. Portrt Weiterbildung Europische Union[M]. Bielefeld：W. Bertelsmann Verlag.

Bevir M. 2013. A Theory of Governance[M]. California：University of California Press.

Collins C S. 2012. Education Strategy in the Developing World：Revising the World Bank's Education Policy International Perspectives on Education and Society[M]. Houston：Emerald.

Deming W E. 1986. Out of the Crisis[M]. Cambridge：The MIT Press.

Gilbrt L，David V. 2006. The World Bank：Structure and Policies[M]. Cambridge：Cambridge University Press.

Langley G J，Moen R D，Nolan T W，et al. 2009. The Improvement Guide：A Practical Approach to Enhancing Organizationl Performance[M].2nd ed. San Francisco：Jossey-Bass.

Meyer H D，Benavot A. 2013. PISA，Power，and Policy：The Emergence of Global Educational Governance[M]. Oxford：Symposium Books.

Mundy K. 2007. Educational multilateralism：Origins and indications for global governance [M]// Martens K，Rusconi A，Leuze K（Eds.），New Arenas of Education Governance：The Impact of International Organizations and Markets on Education Policymaking. Houndmills，Basingstoke：Palgrave Macmillan，19-39.

North D C. 1983. Structure and Change in Economic History[M]. New York：W.W. Norton & Company.

Park S，Hiroak A S，Carver P，et al. 2013. Continuous Improvement in Education[M]. Stanford：Carnegidation for the Advancement of Teachie Founng.

Rosenau J N，Czempiel E-O. 1992. Governance without Government：Order and Change in World Politics[M]. Cambridge：Cambridge University Press.

论文报告类

本亚伦，曾龙. 2017. 从千年发展目标走向可持续发展：教育 2030 实施的现状、挑战及对策：基于《2016 全球教育监测报告》的分析[J]. 世界教育信息，（10）.

车富川，祁峰. 2020. 我国市（地）域教育公平监测指标体系研究[J]. 教育发展研究，（3）.

陈斌开，亢延锟，侯嘉奕. 2023. 公共服务均等化、教育公平与共同富裕[J]. 经济学（季刊），（6）.

陈慧娟，辛涛. 2021. 我国基础教育质量监测与评价体系的演进与未来走向[J]. 教育探究，（6）.

陈嘉锐，黄小莲. 2024. 城乡学前教育普及普惠进程中的资源配置：以义务教育为镜鉴的视角[J]. 宁波教育学院学报，（5）.

陈金芳，万作芳. 2016. 教育治理体系与治理能力现代化的几点思考[J]. 教育研究，（10）.

陈荣荣，张丰. 2024. 浙江省中小学教育质量监测的迭代发展：从健康体检走向实践指导[J]. 华东师范大学学报（教育科学版），（1）.

程天君，陈南. 2020. 中国教育现代化的百年书写[J]. 教育研究，（1）.

楚江亭. 2002. 关于建立我国教育发展指标体系的思考：兼论 OECD 教育发展指标体系的主要内容[J]. 教育理论与实践，（4）.

楚江亭，郭德侠. 2002. 关于建立我国教育标准的思考：兼论 UNESCO《国际教育标准分类法》的主要内容[J]. 教育理论与实践，（10）.

崔俊萍，阚阅，朱羽潇. 2015. 面向 2030 的全球教育路线图[J]. 上海教育，（17）.

崔胜男. 2021. 站稳人民立场 践行以人民为中心的发展思想[J]. 奋斗，（15）.

丁瑞常. 2019. 经济合作与发展组织参与全球教育治理的权力与机制[J]. 教育研究（7）.

丁瑞常，康云菲. 2021. 世界银行对推动实现可持续发展教育目标的承诺与行动[J]. 比较教育研究，（11）.

杜静，王雨露. 2024. 美国教师培养新路径：新教育研究生院项目的实施与特征：基于八个教师培养项目的比较分析[J]. 比较教育研究，（2）.

范海洲，段后苗，石夏芳. 2024. 省域基本公共教育服务均等化水平研究：以安徽省为例[J]. 河南科技学院学报，（2）.

谷小燕. 2015. 国际组织在中国教育融入世界教育蓝图中的作用分析：基于新制度主义的世界社会理论视角[J]. 比较教育研究，（5）.

顾明远，丁瑞常. 2020. 百年未有之大变局与新时代比较教育：应变与坚守[J]. 比较教育学报，（1）.

韩方廷. 2020. 深耕质量监测数据，推进区域教育优质均衡发展：国家义务教育质量监测结果应用的福田经验[J]. 中小学管理，（1）.

何叶荣，胡平. 2021. 新时代高校教师教学胜任力评价研究[J]. 安徽工业大学学报（社会科学版），（1）.

胡睿，宁波. 2024. 联合国教科文组织全民受教育权工作的实践与挑战[J]. 比较教育学报，（1）.

黄平. 2024. 习近平关于坚持以人民为中心发展教育重要论述阐释[J]. 教育评论，（7）.

贾红旗，李宜江. 2023. 基本公共教育服务均等化的政策演变、行动逻辑与实践路向：共同富裕的视角[J]. 当代教育论坛，（6）.

江夏，张世义. 2017. 世界银行教师政策框架结构、特点及启示[J]. 外国中小学教育，（4）.

江洋. 2013. 欧盟 2010—2020 年教育发展战略及启示[J]. 世界教育信息，（7）.

蒋凯. 2008. 教育研究的国际视野：联合国教科文组织教育研究机构的比较分析[J]. 比较教育研究，（1）.

蒋龙艳，李青青，辛涛.2023.聚焦教育高质量发展：区域教育质量评价的现状与前瞻[J].中国教育学刊，（2）.

教育监测评估中心.2018.义务教育学校现代化监测指标体系探索[J].教育科学论坛，（12）.

金淦英.2023.从"枫桥经验"探究教育公共服务水平提升的路径[J].人民教育，（22）.

卡伦·芒迪，申超.2011.全球治理与教育变革：跨国与国际教育政策过程研究的重要性[J].北京大学教育评论，（1）.

阚阅，陶阳.2013.向知识银行转型：从教育战略看世界银行的全球教育治理[J].比较教育研究，（4）.

孔令帅，洪硕.2015.世界银行教师教育政策的演变、现状及偏差[J].比较教育研究，（5）.

赖长春.2020.县级政府履行教育职责监测指标体系构建与运用策略初探[J].乐山师范学院学报，（9）.

劳凯声.2009.公立学校200年：问题与变革[J].北京大学教育评论，（4）.

李翠翠.2022.义务教育均衡发展监测评估制度优化研究[D].上海：华东师范大学.

李刚，李慧婷，辛涛.2023.区域基础教育质量评价的历史沿革、体系样态与发展方向[J].中国教育学刊，（2）.

李凌艳，苏怡，陈慧娟.2019.区域运用基础教育质量监测结果的策略与方法[J].中小学管理，（8）.

李茂菊，修旗，李军.2024.教育改进学的创建与中国探索：专业改进共同体[J].清华大学教育研究，（4）.

李勉.2018.基础教育质量监测结果的应用路径[J].教育科学，（3）.

李勉，刘春晖.2016.国家义务教育质量监测：素质教育实施的制度突破口[J].中国教育学刊，（12）.

李学良，冉华，王晴.2020.区域教育现代化监测评价指标体系的构建与实施研究：以苏南地区为例[J].教育发展研究，（2）.

李永智.2023.智慧教育是数字时代的教育新形态[J].中国高等教育，（S3）.

李永智.2024.以教育强国建设推动人口高质量发展[J].中国教育学刊，（10）.

李永智，安德烈亚斯·施莱歇尔.2024.人工智能时代的教育图景与忧思[J].全球教育展望，（4）.

李志涛.2017.PISA测试推动下的德国教育政策改革：措施、经验、借鉴[J].外国中小学教育，（6）.

李志涛.2024.欧盟国家基础教育质量保证的启示[J].人民教育，（6）.

林美，谢少华.2021.改革开放以来我国义务教育管理体制之学术研究：历程、特征与展望[J].现代教育管理，（6）.

刘春，庞国彬，陈莉欣.2015.教育公共服务理论研究溯源：SSCI相关文献的学术渗透图景[J].现代教育管理，（7）.

刘骥.2018.如何应对全球学习危机：世界银行《2018世界发展报告》述评[J].全球教育展望，（6）.

刘思来，魏永芳. 2024. 循证教育视域下技术之于教育的潜力与条件：基于《2023 年全球教育监测报告》的分析[J]. 中国教育信息化，（6）.

刘秀峰，杜茜茜. 2023. 中国式教育现代化的演进逻辑与路向前瞻[J]. 教育发展研究，（6）.

刘杨. 2022. 现代教育体系特征及其构建[J]. 淮北师范大学学报（哲学社会科学版），（2）.

罗强. 2019. 监测驱动：大数据时代评价改革的新走向：苏州市义务教育学业质量监测结果运用的思考与启示[J]. 中小学信息技术教育，（Z1）.

马文婷，阚阅. 2022. 世界银行教育援助的价值取向、规范扩散与实践保障：基于"知识分享"的视角[J]. 西南大学学报（社会科学版），（4）.

马忠虎. 1996. 家长参与学校教育：美国家庭、学校合作的模式[J]. 外国中小学教育，（6）.

梅海莲，刘小璇，彭晓敏. 2021. 美国教师数据素养教育及对我国中小学教师数据素养培训的启示[J]. 现代中小学教育，（12）.

蒲蕊. 2022. 论高质量发展阶段的教育治理效能提升[J]. 中国教育学刊，（8）.

冉源懋. 2013. 从隐性生存走向软性治理：欧盟教育政策历史变迁及发展趋势研究[D]. 重庆：西南大学.

任昌山，刘嘉豪，张国良，等. 2024. 全球教育数字化转型背景下"中国国家智慧教育公共服务平台（国际版）"的价值与发展[J]. 中国电化教育，（10）.

沈伟. 2021. 从"人人皆学"到"处处能学"：世界银行的教育愿景[J]. 上海教育，（6）.

孙进，燕环. 2020. 全球教育治理：概念·主体·机制[J]. 比较教育研究，（2）.

檀慧玲，孙一帆. 2024. 大型教育质量监测项目报告制度要素的比较研究[J]. 比较教育学报，（1）.

唐智彬，王池名. 2021. 全球贫困治理视域下世界银行推动职业教育发展路径与逻辑[J]. 比较教育研究，（6）.

滕珺，鲁春秀，卡伦·芒迪. 2018. 中国与世界银行"全球教育合作基金"合作途径与挑战[J]. 比较教育研究，（12）.

田伟，杨丽萍，辛涛，等. 2022. 科技赋能教育监测与评价：现状与前瞻[J]. 中国远程教育，（1）.

童健，薛景. 2024. "公平的起跑线"改革与基础教育公共服务均等化：以上海市"公民同招、民办摇号"政策为例[J]. 财经研究，（8）.

童健岳，童张聪. 2024. 教育资源配置改革与义务教育公共服务均等化：来自北京市多校划片政策试点的证据[J]. 教育研究，（8）.

屠希亮，刘崧. 2024. 世界银行推动数字教育变革的理念与实践[J]. 比较教育研究，（9）.

汪大海，莫雪杨. 2024. 大数据驱动下义务教育公共服务的供需匹配：理论阐释、困境展现与实现路径[J]. 当代教育论坛，（3）.

汪万发，蒙天宇，蓝艳. 2022. 新兴国家落实联合国 2030 年可持续发展议程进展：基于新兴 11 国的数据分析[J]. 环境与可持续发展，（2）.

汪毅霖，唐玉琴. 2021. 强国家能力的制度起源及其经济影响：基于中国视角的新制度经济学国家理论批判[J]. 当代经济研究，（10）.

王佳佳，喻宇轩. 2019. 家长委员会的立场迷失与回归[J]. 当代教育科学，（6）.

王晶心，王胜清，陈文广．2022．基于 TPACK 的高校教师混合式教学胜任力模型研究[J]．中国远程教育，（8）．

王俊烽，温得中，傅楷淇．2014．传播终身学习理念　推进全民教育发展：访联合国教科文组织终身学习研究所所长阿奈·卡尔森[J]．世界教育信息，（21）．

王维．2017．我国各省份基本公共教育服务水平评价研究[J]．教育科学，（2）．

王晓辉．2008．全球教育治理：鸟瞰国际组织在世界教育发展中的作用[J]．北京大学教育评论，（3）．

魏叶美，范国睿．2016．美国家长教师协会参与学校治理研究[J]．全球教育展望，（12）．

邬志辉，范国睿，李立国，等．2022．教育高质量发展笔谈[J]．清华大学教育研究，（2）．

习近平．2023．扎实推动教育强国建设[J]．求是，（8）．

习近平．2024．全面深化改革开放　为中国式现代化持续注入强劲动力[J]．求是，（10）．

辛涛，张彩．2018．中小学教育质量综合评价改革的现状与前瞻[J]．中国教育学刊，（8）．

徐国冲．2023．迈向合作治理：从新公共管理运动说起[J]．江海学刊，（2）．

许海莹．2014．美国 STEM 教育监测指标体系述评[J]．上海教育科研，（7）．

薛海平，黄为．2024．义务教育课后服务质量保障：发达国家的经验与启示[J]．福建师范大学学报（哲学社会科学版），（1）．

闫温乐，白宇．2019．世界银行 SABER 教育管理信息系统测评探析：以美国马里兰州为例[J]．外国中小学教育，（8）．

杨文杰，范国睿．2021．突破藩篱：高水平推进教育治理现代化的战略选择[J]．华东师范大学学报（教育科学版），（8）．

杨文杰，张珏．2021．以教育现代化支撑与驱动国家现代化：兼论我国教育现代化的发展愿景[J]．教育发展研究，（3）．

杨文杰，张珏．2024．教育强国视域下教育现代化监测评估体系构建：指标要素及着力点[J]．大学教育科学，（2）．

杨小微，冉华，李学良，等．2016．评价导引下中国教育现代化路径求索：基于苏南五市和重庆的教育现代化调研[J]．教育研究与实验，（4）．

杨莹莹．2019．区域义务教育质量监测何以止于报告：基于学校层面监测结果使用的思考[J]．教育理论与实践，（26）．

尹春丽，曲铁华．2024．智慧教育背景下数字教育资源公共服务体系的构建[J]．教学与管理，（19）．

尤莉．2016．UNESCO 教育发展监测框架及其借鉴意义[J]．教师教育学报，（6）．

于国伟．2023．中国共产党素质教育百年回顾与展望[J]．内蒙古农业大学学报（社会科学版），（3）．

曾鸣．2016．美国"高质量教师"（HQT）计划述评[J]．外国教育研究，（1）．

张婵娟．2020．基本公共服务均等化实施效度与现程评估研究：理论基础、指标构建、实证测评[D]．苏州大学．

张海洋，陈静勉，李学良，等.2023. 区域教育监测评价体系的构建与实施研究：以深圳市罗湖区为例[J]. 中国教育学刊，（2）.

张健.2014. 教育治理体系的现代化：标准、困境及路径[J]. 教育发展研究，（9）.

张民选.1995. 回应、协商与共同建构："第四代评价理论"评述[J]. 外国教育资料，（3）.

张冉，姚金菊.2017. 公立学校教师有偿补课的法律规制：美国经验及其对中国的启示[J]. 北京大学教育评论，（2）.

张世义.2015. 世界银行评估早期儿童发展政策的新框架及其启示[J]. 学前教育研究，（11）.

张玉娴，伍绍杨，彭正梅.2021. 勇于开放：IB 为何会在美国公立学校中获得快速发展[J]. 外国教育研究，（6）.

张振助.2009. 国际教育指标及统计的比较与借鉴[J]. 复旦教育论坛，（5）.

赵澜波，赵刚.2021. 学校、家庭、社会协同机制与体制研究：基于美国、日本、新加坡协同教育组织的比较[J]. 外国教育研究，（12）.

赵强，赵泽瑾.2021. 超越传统公共行政和新公共管理：新公共治理的理论建构逻辑[J]. 行政科学论坛，（1）.

郑炜君，虞沧.2023. 以人为本：促进可持续发展的教育：2016—2022 年《全球教育监测报告》专题述评[J]. 广东开放大学学报，（2）.

周洪宇.2023. 建设优质均衡的基本公共教育服务体系[J]. 中国基础教育，（1）.

周作宇.2021. 论教育评价的治理功能及其自反性立场[J]. 华东师范大学学报（教育科学版），（8）.

Campbell D J，Carayannis E. 2013. Epistemic governance in higher education[J]. Springer Briefs in Business，127.

Charlier J E，Croché S. 2005. How European integration is eroding national control over education planning and policy[J]. European Education，37（4）.

Christie C A，Lemire S，Inkelas M. 2017. Understanding the similarities and distinction between improvement science and evaluation [J]. New Directions for Evaluation，（153）.

Chung B G，Jeon I S，Lee R H，et al. 2018. Global governance of education and training：As reviewed from Jomtien via Incheon to New York[J]. Asia Pacific Education Review，（3）.

Croft A. 2002. Singing under a tree：Does oral culture help lower primary teachers be learner-centered in Malawi[J]. International Journal of Educational Development，（3/4）.

Dale R，Robertson S. 2007. New Arenas of Education Governance：Reflections and Directions[C]// Martens K，Rusconi A，Leuze K. New Arenas of Education Governance-The Impact of International Organizations and Markets on Educational Policy Making. New York：Palgrave Macmillan.

Do Amaral M P. 2015. Der betrag der educational governance·zur analyse der internationalen bildungspolitik[J]. Bildungund Erziehung，（3）.

EC. 1993. Green Paper on the European Dimension of Education[R]. Brussels：European Commission.

EC. 1996. White Paper：Teaching and Learing—Towords the Learing Society[R]. Luxembourg：

European Commission.

Enns C. 2014. Knowledges in competition: Knowledge discourse at the World Bank during the knowledge for development era[J]. Global Social Policy, 15（1）.

Ertl H. 2006. European Union policies in education and training: The Lisbon agenda as a turning point?[J]. Comparative Education, 42（1）.

Heyneman S P, Lee B. 2016. International organizations and the future of education assistance[J]. International Journal of Educational Development,（48）.

King K, Palmer R. 2014. Post-2015 and the Global Governance of Education and Training[R]. Working Paper #7, Norrag.

Kunje D, Lewin K. 2000. Costs and financing of teacher education in Malawi[R]. MUSTER Discussion Paper2. Centre for international Education, University of Sussex Institute of Education, 33.

Lewis S, Hardy I. 2015. Funding, reputation and targets: The discursive logics of high-stakes testing[J]. Cambridge Journal of Education,（2）.

Meyer W H. 2012. Indigenous rights, global governance, and state sovereignty[J]. Human Rights Review,（3）.

Molla T. 2019. Educational aid, symbolic power and policy reform: The World Bank in Ethiopia[J]. London Review of Education,（3）.

Mundy K. 1998. Educational multilateralism and world（dis）order[J]. Comparative Education Review,（4）.

Mundy K, Verger A. 2015. The World Bank and the global governance of education in a changing world order[J]. International Journal of Educational Development,（40）.

Perla R J, Provost L P, Parry G J. 2013. Seven propositions of the science of improvement: Exploring foundations [J]. Quality Management in Health Care, 22（3）.

Richard F E, Elizabeth A C. 2017. The road to school improvement[J]. Harvard Education Letter, 23（3）.

Rosenau J N. 1995. Governance in the twenty-first century[J]. Global Governance,（1）.

Stuart J, Kunje D. 2000. The Malawi integrated in-service teacher education programme: an analysis of the curriculum and its delivery in the colleges[R]. MUSTER Discussion. Center for International Education, University of Sussex Institute Education, 11.

UNESCO. 2009. EFA Global Monitoring Report: Overcoming Inequality: Why Governance Matters[R]. London: Oxford University Press.

UNESCO. 2016. Global Education Monitoring Report 2016（Education for People and Planet: Creating Sustainable Futures for All）[R]. Paris: UNESCO.

UNESCO. 2017. Global Education Monitoring Report2017/8（Accountability in Education: Meeting Our Commitments）[R]. Paris: UNESCO.

UNESCO. 2019. Global Education Monitoring Report 2019（Migration, Displacement and

Education：Building Bridges，Not Walls）[R]. Paris：UNESCO.

UNESCO. 2020. Addressing the Gender Dimensions of COVID Related School Closures[R]. Paris：UNESCO.

UNESCO. 2020. Crisis Sensitive Educational Planning[R]. Paris：UNESCO.

UNESCO. 2020. Distance Learning Strategies in Response to COVID 19 School Closures[R]. Paris：UNESCO.

UNESCO. 2020. Global Education Monitoring Report2020（Inclusion and Education：All Means All）[R]. Paris：UNESCO.

UNESCO. 2020. Managing High Stakes Assessments and Exams During Crisis[R]. Paris：UNESCO.

UNESCO. 2020. Nurturing the Social and Emotional Well being of Children and Young People During Crises[R]. Paris：UNESCO.

UNESCO. 2021. Building Back Resilient：How Can Education Systems Prevent，Prepare for and Respond to Health Emergencies and Pandemics?[R]. Paris：UNESCO.

UNESCO. 2021. Global Education Monitoring Report 2021/2（Non-State Actors in Education：Who Chooses?Who Loses?）[R]. Paris：UNESCO.

UNESCO. 2021. Recovering Lost Learning：What Can Be Done Quickly and at Scale? UNESCO COVID 19 Education Response[R]. Paris：UNESCO.

UNESCO. 2023. Global Report on Teachers：Addressing Teacher Shortages[R]. Paris：UNESCO.

UNRISD. 2015. Research for Social Change：Transformations to Equity and Sustainability—UNRISD Strategy 2016–2020[R]. Geneva：UNRISD.

World Bank. 2011. Learning for All：Investing in People's Knowledge and Skills to Promote Development[R]. Washington D.C.：World Bank..

World Bank. 2013. MENA Regional Synthesis on the Teacher Policies Survey[R]. Washington D.C.：World Bank.

World Bank. 2013. The What，Why，and How of the Systems Approach for Better Education Results[R]. Washington D.C.：World Bank.

World Bank. 2017. SABER Students Federal Republic of Nigeria Country Report[R]. Washington D.C.：World Bank.

World Bank. 2018. Learning to Realize Education's Promise[R].Washington D.C.：World Bank.

World Bank. 2018. SABER Annual Report 2018：Building Education Systems That Deliver[R]. Washington D.C.：World Bank.

World Bank. 2018. SABER Students For 11Countries Report[R]. Washington D.C.：World Bank.

World Bank. 2018. SABER Students The United Arab Emirates Country Report [R]. Washington D.C.：World Bank.

World Bank. 2019. Ending Learning Poverty：What Will It Take?[R]. Washington D.C.：World Bank.

World Bank. 2020. Realizing the Future of Learning: From Learning Poverty to Learning for Everyone，

Everywhere[R]. Washington D.C.：World Bank.

网址文献类

北京市海淀区教育委员会. 2024-06-18. 海淀区"人工智能+教育"三年行动计划（2024—2026 年）[EB/OL]. https://zyk.bjhd.gov.cn/zwdt/ zcwj/202411/t20241101_4730410.shtml.

北京市海淀区人民政府. 2016-10-08. 海淀区"十三五"时期教育改革和发展规划[EB/OL]. https://zyk.bjhd.gov.cn/jbdt/auto4566_51861/xwzxxwfbh/201812/t20181221_4167122.shtml.

北京市海淀区人民政府. 2022-03-31. 海淀区"十四五"时期教育改革和发展规划[EB/OL]. https://www.bjhd.gov.cn/ztzx/2021/ghzl/gh145/202203/t20220311_4515148.shtml.

北京市教育委员会. 2016-01-25. 北京市"十三五"期间教育科学研究规划纲要[EB/OL]. https://jw.beijing.gov.cn/xxgk/zxxxgk/201603/t20160303_1445024.html.

北京市教育委员会. 2024-07-29. 关于进一步加强新时代基础教育教研工作的实施意见[EB/OL]. https://jw.beijing.gov.cn/xxgk/2024zcwj/2024xzgfwj/202407/t20240729_3760916.html.

北京市教育委员会. 2024-09-07. 北京市义务教育课程实施办法[EB/OL]. https://jw.beijing.gov.cn/xxgk/2024zcwj/2024xzgfwj/202407/t20240709_3741427.html.

北京市教育委员会，北京市发展和改革委员会，北京市财政局. 2024-07-31. 北京市新时代基础教育扩优提质行动计划实施方案[EB/OL]. https://jw.beijing.gov.cn/xxgk/2024zcwj/2024xzgfwj/202407/t20240731_3763642.html.

北京市教育委员会等十七部门. 2025-01-03. 关于加强新时代中小学科学教育工作的二十条措施[EB/OL]. https://jw.beijing.gov.cn/xxgk/2024zcwj/2024xzgfwj/202501/t20250102_3979444.html.

北京市人民政府. 2021-09-30. 北京市"十四五"时期教育改革和发展规划（2021—2025年）[EB/OL]. https://jw.beijing.gov.cn/xxgk/2024zcwj/2024qtwj/202412/t20241227_3975084.html.

广东省教育厅. 2021-09-10. 广东省教育厅关于实施初中学生综合素质评价的指导意见[EB/OL]. https://edu.gd.gov.cn/zwgknew/jyzcfg/gfxwj/content/post_3516187.html.

广东省教育厅，广东省财政厅. 2020-08-19. 广东省中小学"百千万人才培养工程"培养项目实施办法[EB/OL]. https://edu.gd.gov.cn/zwgknew/ jyzcfg/gfxwj/content/post_3382042.html.

广东省教育厅等九部门. 2023-01-04. 《广东省"十四五"学前教育发展提升行动计划》《广东省"十四五"县域普通高中发展提升行动计划》[EB/OL]. https://edu.gd.gov.cn/zwgknew/gsgg/content/post_4075097.html.

广东省人民政府. 2021-11-08. 广东省教育发展"十四五"规划[EB/OL]. https://edu.gd.gov.cn/jyzxnew/gdjyxw/content/post_3627985.html.

广东省人民政府办公厅. 2023-07-18. 广东省"百县千镇万村高质量发展工程"教育行动方案（2023—2027年）[EB/OL]. https://edu.gd.gov.cn/zwgknew/jyzcfg/dfjyzcfg/content/post_4245480.html.

国家发展改革委，教育部，人力资源社会保障部. 2021-09-30. "十四五"时期教育强国推进工程实施方案[EB/OL]. http://www.moe.gov.cn/jyb_xxgk/moe_1777/moe_1779/202109/

t20210930_568460.html.

国家中长期教育改革和发展规划纲要工作小组办公室. 2010-07-29. 国家中长期教育改革和发展规划纲要（2010—2020 年）[EB/OL]. http://www.moe.gov.cn/srcsite/A01/s7048/201007/t20100729_171904.html.

国务院. 2011-07-01. 关于进一步加大财政教育投入的意见[EB/OL]. http://www.moe.gov.cn/jyb_xxgk/moe_1777/moe_1778/201107/t20110701_121857.html.

国务院. 2012-09-07. 关于加强教师队伍建设的意见[EB/OL]. http://www.moe.gov.cn/jyb_xxgk/moe_1777/moe_1778/201209/t20120907_141772.html.

国务院. 2012-09-07. 关于深入推进义务教育均衡发展的意见[EB/OL]. http://www.moe.gov.cn/jyb_xxgk/moe_1777/moe_1778/201209/t20120907_141773.html.

国务院. 2014-07-30. 关于进一步推进户籍制度改革的意见[EB/OL]. http://www.moe.gov.cn/jyb_xxgk/moe_1777/moe_1778/201612/t20161213_291795.html.

国务院. 2014-09-04. 关于深化考试招生制度改革的实施意见[EB/OL]. http://www.moe.gov.cn/jyb_xxgk/moe_1777/moe_1778/201409/t20140904_174543.html.

国务院. 2015-08-17. 关于加快发展民族教育的决定[EB/OL]. http://www.moe.gov.cn/jyb_xxgk/moe_1777/moe_1778/201508/t20150817_200418.html.

国务院. 2015-11-30. 关于进一步完善城乡义务教育经费保障机制的通知[EB/OL]. http://www.moe.gov.cn/jyb_xxgk/moe_1777/moe_1778/201511/t20151130_221655.html.

国务院. 2016-07-11. 关于统筹推进县域内城乡义务教育一体化改革发展的若干意见[EB/OL]. http://www.moe.gov.cn/jyb_xxgk/moe_1777/moe_1778/201607/t20160711_271476.html.

国务院. 2017-01-18. 关于鼓励社会力量兴办教育 促进民办教育健康发展的若干意见[EB/OL]. http://www.moe.gov.cn/jyb_xxgk/moe_1777/moe_1778/201701/t20170118_295161.html.

国务院. 2017-01-19. 国家教育事业发展"十三五"规划[EB/OL]. http://www.moe.gov.cn/jyb_xxgk/moe_1777/moe_1778/201701/t20170119_295319.html.

国务院. 2017-03-01. "十三五"推进基本公共服务均等化规划[EB/OL]. http://www.moe.gov.cn/jyb_xxgk/moe_1777/moe_1778/201703/t20170302_297881.html.

国务院. 2024-03-01. 关于中国教育改革与发展纲要的实施意见[EB/OL]. http://www.moe.gov.cn/jyb_sjzl/moe_177/tnull_2483.html.

国务院办公厅. 2011-01-03. 关于开展国家教育体制改革试点的通知[EB/OL]. http://www.moe.gov.cn/jyb_xxgk/moe_1777/moe_1778/201101/t20110113_114499.html.

国务院办公厅. 2012-09-07. 关于规范农村义务教育学校布局调整的意见[EB/OL]. http://www.moe.gov.cn/jyb_xxgk/moe_1777/moe_1778/201209/t20120907_141774.html.

国务院办公厅. 2014-01-20. 特殊教育提升计划（2014—2016 年）[EB/OL]. http://www.moe.gov.cn/jyb_xxgk/moe_1777/moe_1778/201401/t20140120_162822.html.

国务院办公厅. 2015-01-16. 国家贫困地区儿童发展规划（2014—2020 年）[EB/OL]. http://www.moe.gov.cn/jyb_xxgk/moe_1777/moe_1778/201501/t20150116_183064.html.

国务院办公厅. 2015-06-08.乡村教师支持计划（2015—2020 年）[EB/OL]. http://www.moe. gov.cn/jyb_xxgk/moe_1777/moe_1778/201506/t20150612_190354.html.

国务院办公厅. 2016-06-15. 关于加快中西部教育发展的指导意见[EB/OL]. http://www.moe. gov.cn/jyb_xxgk/moe_1777/moe_1778/201606/t20160615_268538.html.

国务院办公厅. 2017-06-09. 对省级人民政府履行教育职责的评价办法[EB/OL]. http://www.moe. gov.cn/jyb_xxgk/moe_1777/moe_1778/201706/t20170609_306673.html.

国务院办公厅. 2017-09-05. 进一步加强控辍保学提高义务教育巩固水平[EB/OL]. http://www. moe.gov.cn/jyb_xxgk/moe_1777/moe_1778/201709/t20170905_313257.html.

国务院办公厅. 2017-12-19. 关于深化产教融合的若干意见[EB/OL]. http://www.moe.gov.cn/ jyb_xxgk/moe_1777/moe_1778/201712/t20171219_321953.html.

国务院办公厅. 2018-05-02. 关于全面加强乡村小规模学校和乡镇寄宿制学校建设的指导意见 [EB/OL]. http://www.moe.gov.cn/jyb_xxgk/moe_1777/moe_1778/201805/t20180502_334855.html.

国务院办公厅. 2018-08-27. 关于进一步调整优化结构提高教育经费使用效益的意见[EB/OL]. http://www.moe.gov.cn/jyb_xxgk/moe_1777/moe_1778/201808/t20180827_346266.html.

国务院办公厅. 2019-06-04. 教育领域中央与地方财政事权和支出责任划分改革方案[EB/OL]. http://www.moe.gov.cn/jyb_xxgk/moe_1777/moe_1778/201906/t20190604_384344.html.

国务院办公厅. 2019-06-19. 关于新时代推进普通高中育人方式改革的指导意见[EB/OL]. http:// www.moe.gov.cn/jyb_xxgk/moe_1777/moe_1778/201906/t20190619_386539.html.

教育部. 2006-06-30. 中小学幼儿园安全管理办法[EB/OL]. http://www.moe.gov.cn/srcsite/A02/ s5911/moe_621/200606/t20060630_180470.html.

教育部. 2011-12-08. 学校教职工代表大会规定 [EB/OL]. http://www.moe.gov.cn/srcsite/A02/ s5911/moe_621/201112/t20111208_170439.html.

教育部. 2012-01-20. 县域义务教育均衡发展督导评估暂行办法[EB/OL]. http://www.moe.gov.cn/ srcsite/A11/moe_1789/201201/t20120120_136600.html.

教育部. 2012-06-14. 国家教育事业发展第十二个五年规划[EB/OL]. http://www.moe.gov.cn/ srcsite/A03/moe_1892/moe_630/201206/t20120614_139702.html.

教育部. 2014-08-04. 义务教育学校管理标准（试行）[EB/OL]. http://www.moe.gov.cn/srcsite/ A06/s3321/201408/t20140804_172861.html.

教育部. 2017-04-26. 县域义务教育优质均衡发展督导评估办法[EB/OL]. http://www.moe.gov.cn/ srcsite/A11/moe_1789/201705/t20170512_304462.html.

教育部. 2019-03-11. 学校食品安全与营养健康管理规定[EB/OL]. http://www.moe.gov.cn/srcsite/ A02/s5911/moe_621/201903/t20190311_372925.html.

教育部. 2021-12-23. 中小学教育惩戒规则（试行）[EB/OL]. http://www.moe.gov.cn/srcsite/A02/ s5911/moe_621/202012/t20201228_507882.html.

教育部. 2021-12-27.中小学法治副校长聘任与管理办法[EB/OL]. http://www.moe.gov.cn/srcsite/ A02/s5911/moe_621/202202/t20220217_599920.html.

教育部. 2023-06-05. 把服务高质量发展作为建设教育强国的重要任务——五论学习贯彻习近平总书记在中共中央政治局第五次集体学习时的重要讲话精神[EB/OL]. http://www. moe. gov. cn/jyb_xwfb/ s5148/202306/t20230605_1062815. html.

教育部. 2024-03-25. 开展义务教育阳光招生专项行动（2024）[EB/OL]. http://www.moe.gov.cn/ srcsite/A06/s3321/202404/t20240403_1123757.html.

教育部. 2024-05-11. 关于做好 2024 年农村义务教育阶段学校教师特设岗位计划实施工作的通知[EB/OL]. http://www.moe.gov.cn/srcsite/A10/s7058/ 202405/t20240513_1130314.html.

教育部. 2024-11-21. 中小学校园食品安全和膳食经费管理工作指引[EB/OL]. http://www.moe. gov.cn/srcsite/A17/moe_943/s3283/202411/t20241121_1163987.html.

教育部，等. 2023-12-20. 关于进一步规范义务教育课后服务有关工作的通知[EB/OL]. http:// www.moe.gov.cn/srcsite/A06/s3321/202401/t20240104_1098002.html.

教育部，等. 2024-12-04. 进一步加强尊师惠师工作的若干措施[EB/OL]. http://www.moe.gov.cn/ srcsite/A10/s7002/202412/t20241206_1166024.html.

教育部等六部门. 2014-06-23. 现代职业教育体系建设规划（2014—2020 年）[EB/OL]. http:// www.moe.gov.cn/srcsite/A03/moe_1892/moe_630/201406/t20140623_170737.html.

教育部学校规划建设发展中心. 2022-05-06. 全国县域义务教育基本均衡发展国家督导评估认定收官[EB/OL]. https://www.csdp.edu.cn/article/8343.html.

李怀杰，肖贝欧. 2021-04-13. 大数据助力教育评价现代化[EB/OL]. http://theory.people.com.cn/ n1/2021/0413/c148980-32076465.html.

浦东新区教育局. 2023-12-06. 关于加强本区随班就读工作提高融合教育水平的实施意见[EB/OL]. https://www.pudong.gov.cn/zwgk/14524.gkml_ywl_jcjy/2023/345/320721.html.

浦东新区教育局. 2023-12-06. 浦东新区推进《上海市示范性学区和集团建设三年行动计划（2023—2025 年）》实施方案[EB/OL]. https://www.pudong.gov.cn/zwgk/14524.gkml_ywl_jcjy/ 2023/345/320725.html.

浦东新区教育局. 2024-03-27. 进一步深化中小学生全员导师制工作方案[EB/OL]. https://www. pudong.gov.cn/zwgk/zdgkgw_jyj/2024/89/325250.html.

浦东新区教育局.2024-12-17. 义务教育教学改革实验区工作五年规划（2024—2029 年）[EB/OL]. https://www.pudong.gov.cn/zwgk/zdgkgw_jyj/2025/24/336659.html.

浦东新区人民政府. 2021-08-30. 浦东新区教育发展"十四五"规划[EB/OL]. https://www. pudong.gov.cn/ghjh_zxgh/20211211/340171.html.

上海市教育委员会. 2017-02-04. 上海市基础教育改革和发展"十三五"规划[EB/OL]. https:// edu.sh.gov.cn/xxgk2_zhzw_ghjh_01/20201015/v2-0015-gw_301132017003.html.

上海市教育委员会. 2022-04-18. 上海市教育数字化转型"十四五"规划[EB/OL]. https://edu. sh.gov.cn/xxgk2_zhzw_ghjh_01/20221128/786f726a87a442bbb8d392fee4dc661a.html.

上海市教育委员会. 2022-08-17. 2021 年上海市教育工作年报[EB/OL]. https://edu.sh.gov.cn/ xxgk2_zdgz_jygzydynb_02/20220521/18d7dd6b6c204862a23f0e6b9acea09c.html.

上海市教育委员会. 2023-03-24. 2022 年上海市教育工作年报 [EB/OL]. https://edu.sh.gov.cn/
xxgk2_zdgz_jygzydynb_02/20230327/4cd452a549f44a468f0b04fbcf20ee1c.html.

上海市教育委员会. 2024-03-22. 2023 年上海市教育工作年报 [EB/OL]. https://edu.sh.gov.cn/
xxgk2_zdgz_jygzydynb_02/20240322/130af0e8f8424bdab6ad78fe46ec403e.html.

上海市人民政府. 2021-08-27. 上海市教育发展"十四五"规划[EB/OL]. https://www.shanghai.
gov.cn/nw12344/20210827/3eb4bdfdfe014bbda40ff119743b74f0.html.

上海市教育委员会, 上海市统计局, 上海市财政局. 2022-12-09. 关于 2021 年上海市各区教育经
费执行统计情况的通告 [EB/OL]. https://edu.sh.gov.cn/xxgk2_zdgz_cwgl_01/20221209/afcf2d
9330fb4239b250e33aa36aedf5.html.

上海市教育委员会, 上海市统计局, 上海市财政局. 2023-12-29. 关于 2022 年上海市各区教育经
费执行统计情况的通告 [EB/OL]. https://edu.sh.gov.cn/xxgk2_zdgz_cwgl_01/20231229/fc1897
e9ddaf4dbd83f4ac07e76634ab.html.

上海市教育委员会, 上海市统计局, 上海市财政局. 2024-12-31. 关于 2023 年上海市各区教育经
费执行统计情况的通告 [EB/OL]. https://edu.sh.gov.cn/xxgk2_zdgz_cwgl_01/20241231/87f76e
78402d4fc88859061ed3cd90d3.html.

习近平. 2022-10-26. 高举中国特色社会主义伟大旗帜 为全面建设社会主义现代化国家而团结
奋斗: 在中国共产党第二十次全国代表大会上的报告[EB/OL]. http://www.scio.gov.cn/ttbd/
xjp/202211/t20221111_619629.html.

习近平. 2023-01-15. 在二十届中央政治局第一次集体学习时的讲话[EB/OL]. http://www.scio.
gov.cn/ttbd/xjp/202303/t20230320_707376.html.

习近平. 2023-05-31. 中国式现代化是中国共产党领导的社会主义现代化[EB/OL]. http://www.
scio.gov.cn/ttbd/xjp/202307/t20230701_719138.html.

习近平. 2023-08-15. 中国式现代化是强国建设、民族复兴的康庄大道[EB/OL]. http://www.
scio.gov.cn/ttbd/xjp/202308/t20230815_750435.html.

习近平. 2023-09-15. 扎实推动教育强国建设[EB/OL]. http://www.scio.gov.cn/ttbd/xjp/202309/
t20230915_769748.html.

习近平. 2023-09-30. 推进中国式现代化需要处理好若干重大关系[EB/OL]. http://www.scio.gov.
cn/ttbd/xjp/202309/t20230930_773004.html.

习近平. 2023-10-15. 开辟马克思主义中国化时代化新境界[EB/OL]. http://www.scio.gov.cn/ttbd/
xjp/202310/t20231015_774562.html.

习近平. 2024-03-31. 必须坚持人民至上 [EB/OL]. http://www.scio.gov.cn/ttbd/xjp/202403/
t20240331_840726.html.

习近平. 2024-05-31. 发展新质生产力是推动高质量发展的内在要求和重要着力点[EB/OL].
http://www.scio.gov.cn/ttbd/xjp/202405/t20240531_850455.html.

习近平. 2024-08-31. 培养德智体美劳全面发展的社会主义建设者和接班人[EB/OL]. http://www.
scio.gov.cn/ttbd/xjp/202409/t20240903_861356.html.

习近平. 2024-11-15. 以人口高质量发展支撑中国式现代化[EB/OL]. http://www.scio.gov.cn/ttbd/xjp/202411/t20241115_873729.html.

新华社. 2024-09-10. 习近平在全国教育大会上强调 紧紧围绕立德树人根本任务 朝着建成教育强国战略目标扎实迈进[EB/OL]. http://www.scio.gov.cn/ttbd/xjp/202409/t20240910_862487.html.

迎江区教体局. 2023-03-25. 迎江区关于加强和改进新时代教研工作的实施意见[EB/OL]. https://www.ahyingjiang.gov.cn/public/2000000741/2017950791.html.

迎江区教体局. 2025-01-03. 迎江区关于做好县域学前教育普及普惠国家评估反馈问题整改情况的报告[EB/OL]. https://www.ahyingjiang.gov.cn/ public/2000000741/2024209169.html.

中共中央. 2024-07-21. 中共中央关于进一步全面深化改革 推进中国式现代化的决定[EB/OL]. http:// www.scio.gov.cn/ttbd/xjp/202407/t20240721_855886.html.

中共中央, 国务院. 2015-01-19. 教育强国建设规划纲要（2024—2035 年）[EB/OL]. http://www.moe.gov.cn/jyb_xwfb/gzdt_gzdt/s5987/202501/t20250119_1176166.html.

中共中央, 国务院. 2018-01-31. 中共中央 国务院关于全面深化新时代教师队伍建设改革的意见[EB/OL]. http://www.moe.gov.cn/jyb_xxgk/moe_1777/moe_1778/201801/t20180131_326144.html.

中共中央, 国务院. 2018-11-15. 中共中央 国务院关于学前教育深化改革规范发展的若干意见[EB/OL]. http://www.moe.gov.cn/jyb_xwfb/moe_1946/fj_2018/xw_fj2018_01/201811/t20181116_355005.html.

中共中央, 国务院. 2019-07-08. 中共中央 国务院关于深化教育教学改革全面提高义务教育质量的意见[EB/OL]. http://www.moe.gov.cn/jyb_xxgk/moe_1777/moe_1778/201907/t20190708_389416.html.

中共中央, 国务院. 2019-11-12. 新时代爱国主义教育实施[EB/OL]. http://www.moe.gov.cn/jyb_xxgk/moe_1777/moe_1778/201911/t20191113_407983.html.

中共中央, 国务院. 2020-03-26. 中共中央 国务院关于全面加强新时代大中小学劳动教育的意见[EB/OL]. http://www.moe.gov.cn/jyb_xxgk/moe_1777/moe_1778/202003/t20200326_435127.html.

中共中央, 国务院. 2020-10-13. 深化新时代教育评价改革总体方案[EB/OL]. http://www.moe.gov.cn/jyb_xxgk/moe_1777/moe_1778/202010/t20201013_494381.html.

中共中央, 国务院. 2024-01- 01. 中共中央 国务院关于全面推进美丽中国建设的意见[EB/OL]. http://www.moe. gov.cn/jyb_xxgk/moe_1777/moe_1778/202401/t20240112_1099854.html.

中共中央, 国务院. 2024-03-01. 中共中央 国务院关于学前教育深化改革规范发展的若干意见[EB/OL]. https:// www.gov.cn/zhengce/2018-11/15/content_5340776.htm.

中共中央, 国务院. 2024-03-01. 中国教育现代化 2035[EB/OL]. http://www.moe.gov.cn/jyb_xwfb/s6052/moe_838/201902/t20190223_370857.html.

中共中央, 国务院. 2024-08-06. 中共中央 国务院关于弘扬教育家精神加强新时代高素质专业化教师队伍建设的意见[EB/OL]. http://www.moe.gov.cn/jyb_xxgk/moe_1777/moe_1778/

202408/t20240826_1147269.html.

中共中央办公厅. 2022-06-26. 关于建立中小学校党组织领导的校长负责制的意见（试行）[EB/OL]. http://www.moe.gov.cn/jyb_xxgk/moe_1777/moe_1778/202209/t20220916_661709.html.

中共中央办公厅，国务院办公厅. 2019-12-15. 关于减轻中小学教师负担进一步营造教育教学良好环境的若干意见[EB/OL]. http://www.moe.gov.cn/jyb_xxgk/moe_1777/moe_1778/201912/t20191215_412081.html.

中共中央办公厅，国务院办公厅. 2020-02-19. 关于深化新时代教育督导体制机制改革的意见[EB/OL]. http://www.moe.gov.cn/jyb_xxgk/moe_1777/moe_1778/202002/t20200219_422406.html.

中共中央办公厅，国务院办公厅. 2021-07-24. 关于进一步减轻义务教育阶段学生作业负担和校外培训负担的意见[EB/OL]. http://www.moe.gov.cn/jyb_xxgk/moe_1777/moe_1778/202107/t20210724_546576.html.

中共中央办公厅，国务院办公厅. 2023-06-13. 关于构建优质均衡的基本公共教育服务体系的意见[EB/OL]. http://www.moe.gov.cn/jyb_xxgk/moe_1777/moe_1778/202306/t20230613_1064175.html.

Brookings Institution. 2019-04-20. Governance Studies [EB/OL]. https://www.brookings.edu/program/governance-studies/.

CRPD. 2016-09-02. General Comment No.4（2016），Article 24: Right to Inclusive Education [EB/OL]. https://www.refworld.org/ docid/57c977e34.html.

EC. 2012-12-10. Report Highlights Major Geographic Disparities in Education [EB/OL]. http://europa.eu/rapid /press-release _IP-12-960_en.htm.

Eurostat. 2012-12-19. Students by ISCED Level，age and sex[EB/OL]. http://appsso.eurostat.ec.europa.eu/nui/show.do? dataset=educ_enrl1tl＆lang=en.

Intel Education. 2019-05-20. Enhanced Learning with Educational Technology [EB/OL]. https://www.intel.com/content/ www/us/en/education/inteleducation.html.

International Bureau of Education. 2019-08-20. International Conference on Education[EB/OL]. http://www.ibe.unesco.org/en/international conference-education.

ITU，UNESCO，UNCF. 2020. The Digital Transformation of Education：Connecting Schools，Empowering Learners[EB/OL]. https://unesdoc.unesco.org/ark:/48223/pf0000374309?posInSet=3&queryld=3992d9b0-01c4-4b98-a742-bbb276833406.

Kuroda K. 2015-09-01. Globalization and Development of Global Governance in Education：Implications for Educational Development of Developing Countries and for Japan's International Cooperation. 11th Japan Education Forum ： International Cooperation toward Self-Reliant Educational Development[EB/OL]. https://home.hiroshima-u.ac.jp/cice/wpcontent/uploads/2015/09/JEF-E11-8.pdf.

National Alliance for Public Charter Schools. 2019-05-02. Comprehensive Charter Public School Monitoring and Data Collection Processes[EB/OL]. https://www.public-charters.org/our-work/charter-law-database/components/8.htm.

National Association of Charter School Authorizers. 2018-05-14. Principles & Standards[EB/OL]. https://www.qualitycharters.org/for-authorizers/principles-and-standards/2018-05-14.htm.

Norrag. 2019-09. Norrag in Brief[EB/OL]. https://www. norrag.org/about-us/.

Stanford University. 2018-09-02. Charter School Authorizing in California [EB/OL]. https://files. eric.ed.gov/fulltext/ ED594596.pdf.htm.

The Commission on Global Governance. 1995-12. Our Global Neighbourhood: The Report of the Commission[EB/OL]. http://www. gdrc.org/u-gov/global neighbourhood/chap1.htm.

The Global Campaign for Education. 2016-09. About Us.[EB/OL]. https://www.Campaignforeducation. org/en/who-we-are/ about-gce/.

The Global Campaign for Education. 2016-09. Global Action Week for Education [EB/OL]. https://www.campaign for education.org/ en/what-we-do/globalaction-week/.

The Global Partnership for Education. 2014-09. The Global Partnership for Education is the Only Global Fund Solely Dedicated to Education in Developing Countries[EB/OL]. https://www.global partnership.org/about-us.

UNESCO. 1990-03-09. World Declaration on Education for All and Framework for Action to Meet Basic Learning Needs[EB/OL]. http://www.unesco.org/education/pdf/JOMTIE_E.PDF.

UNESCO. 2010-12. Global Education Monitoring Report[EB/OL]. http://gem-report-2017.unesco. org/en/chapter/target -4-4-skills-for-work-2/.

UNESCO. 2013-07-21. UNESCO's membership and distribution[EB/OL]. http://www.uis.unesco. org/Education/Pages/default.aspx.

UNESCO. 2014-03-15. The Organizational Structure of Educational Research with in UNESCO [EB/OL]. http://en.unesco.org/themes/ education-21st-century.

UNESCO. 2020. Global Education Monitoring Report，2020：Inclusion and Education：All Means All[EB/OL]. https://unesdoc. unesco.org/ark:/48223/pf0000373718.

UNESCO. 2020-07-18. SDG4：Education[EB/OL]. https://en.unesco.org/gem-report/sdg-goal-4.

UNESCO. 2020-07-18. World Bank Group and The 2030 Agenda[EB/OL]. https://en.unesco.org/ gem-report/sdg-goal-4.

UNESCO. 2022-08-29. Education is Not a Commodity：Teachers，the Right to Education and the Future of Work[EB/OL]. https://www.ilo.org/wcmsp5/groups/public/%2D%2Ddgreports/%2D%2 Ddcomm/%2D%2Dpubl/documents/ meeting document/wcms_646338.pdf.20220829.

UNESCO. 2023-05-09. Sustainable Development Goal 4（SDG4）[EB/OL]. https://www.unesco. org/sdg4education2030/en/sdg4.

UNICEF. 2020-12-20. How Many Children and Young People Have Internet Access at Home? [EB/OL]. https://data.unicef.org/resources/children-and-young-people-internet-access-at-home-during-covid19/.

UNICEF. 2022-07-10. Inclusive Education[EB/OL]. https://www.unicef.org/education/inclusiveeducation.

World Bank. 2005-11-17. Education Sector Strategy Update：Achieving Education for all，broading our perspective，maximizing our effectiveness[EB/OL]. http://Siteresources.worldbank.org/ EDUCATION/Resources/ESSU/Education_Sector_Strategy_Update. pdf.

World Bank. 2014-08-04. What is the World Bank Doing to Achieve EFA?[EB/OL]. https://www. worldbank.org/en/topic/education/brief/ education-for-all.

World Bank. 2018-12-22. How Shanghai Does It.[EB/OL]. http://dx.doi.org/10.1596/978-1-4648- 0790-9.

World Bank. 2018-12-23. SABER Teachers Singapore Country Report[EB/OL]. http://wbgfiles. worldbank.org/documents/hdn/ed/saber/supporting_doc/CountryReports/TCH/SABER_Teachers_ Singapore_Country_Report.pdf.

World Bank. 2018-12-26. Overview Paper，The What，Why，and How of the Systems Approach for Better Education Results （SABER） 2013[EB/OL]. http://wbgfiles.worldbank.org/documents/ hdn/ed/saber/supporting_doc/Background/SABER_Overview_Paper.pdf.

World Bank. 2018-12-26. What Matters Most for Student Assessment Systems：A Framework Paper （2012）[EB/OL]. http://wbgfiles.worldbank.org/documents/hdn/ed/saber/supporting_doc/Background/ SAS/Framework_SABER Student_Assessment.pdf.

World Bank. 2018-12-27. SABER Annual Report 2018：Building Education Systems That Deliver [EB/OL]. http://wbgfiles.worldbank.org/documents/hdn/ed/saber/supporting_doc/Back-ground/SABER_ annual_report_2018.pdf.

World Bank. 2018-12-28. How Shanghai Does It[EB/OL]. http://dx.doi.org/10.1596/978-1-4648-0790-9.

World Bank. 2019-10-15. Learning Poverty[EB/OL]. https://www.worldbank.org/en/topic/education/ brief/learning-poverty.

World Bank. 2020-03-18. Managing the Impact of COVID-19 on Education Systems around the World： How Countries are Preparing ，Coping ，and Planning for Recovery Available[EB/OL]. https://blogs.worldbank. org/education.

World Bank. 2020-07-20. Literacy Makes Sense[EB/OL]. https://www.worldbank.org/en/who-we are/news/campaigns/2019/ literacy-makes-sense.

World Bank. 2020-07-20. Literacy Policy Package[EB/OL]. http://pubdocs.worldbank.org/en/ 472921572900421706/Ending-Learning-Poverty-Ensure-political-and technical-commitment.pdf.

Word Bank. 2020-10-05. International Bank for Recon Struction and Development Subscription Sandvoting Power of Member Countries[EB/OL]. http:pubdocs.worldbank.org/en/7951015411064 71736/IBRDCountryVotingTable.pdf.

Word Bank. 2022-01-22. Who We Are[EB/OL]. https://www.wordbank. org/en/who-we-are.

World Education Forum. 2000-03-09. Dakar Framework for Action，Education for All：Meeting our Collective Commitments [EB/OL]. https://www.right-toeducation.org/sites/right-to-education.org/ files/resourceattachments/Dakar_Framework_for_Action_2000_en.pdf.

致　　谢

ACKNOWLEDGMENTS

　　习近平总书记在全国教育大会上强调："要坚持以人民为中心，不断提升教育公共服务的普惠性、可及性、便捷性，让教育改革发展成果更多更公平惠及全体人民。优化区域教育资源配置，推动义务教育优质均衡发展，逐步缩小城乡、区域、校际、群体差距。"①这一论断为全面建成小康社会后区域教育公共服务均等化提供了基本遵循，"普惠性""可及性""便捷性"作为提高区域教育治理能力的行动指南。

　　基于多年的研究方向和实践历练，我一直比较关注区域教育改革与发展问题，经过近年来反复的推敲和论证，选择了依托国家社科基金课题"县级区域教育公共服务均等化的治理机制研究"（BAG210053），探索区域教育公共服务均等化治理困境及路径。从教育机会到教育效率再到教育服务均等化的支撑理论寻求，进而架构维度提炼国内外教育公共服务均等化的治理经验；从保障均等化水平监测机制再到建构新时代"普惠性""可及性""便捷性"的精准化区域教育公共服务均等化的治理路径，的确是一个独特性的研究与实践相结合的过程。在教育全球治理体系中，"区域教育公共服务均等化"是一个非常有中国特色的概念。国外众多的研究侧重于"教育财政均等化"，探讨各级政府在辖区内的投入与产出问题，倾向于"投入均等"并监测产出效率。显然，探讨我国的区域教育公共服务均等化问题，既要借鉴西方理论和实践经验，又不能套用"西方模式"。因而，坚持"以人民为中心"办好"人民满意的教育"，需要从战略视角审视"城乡、区域、校际、群体"差距，并建设性地提出确立"人民满意"的区域教育政策导向、扎根"中国特色社会主义"的区域教育内涵发展、创建"命运共同体"

---

① 习近平在全国教育大会上强调 紧紧围绕立德树人根本任务 朝着建成教育强国战略目标扎实迈进[EB/OL]. https://jhsjk.people.cn/article/40317568. 2024-09-11.

的城乡循环式均等机制、坚持"教育优先"的区域教育投入策略以及完善"多样化"的区域教育人才培养路径等系列治理路径。

书中的许多信息来自他人：他们指导或支持过我，或是科研同行，或是同事，或是课题组合作伙伴，或是政府工作人员。特别感谢海淀区教育科学研究院吴颖慧院长、浦东教育研究院李军副院长、迎江区教体局施爱国局长、中国人民大学附属实验中学王玢主任、浙江外国语大学教育治理研究中心李春玲主任、上海市教育科学研究院普通教育研究所汤林春所长、科学出版社陈亮总编辑和教育与心理分社社长付艳，以及中国教育科学研究院的领导和同仁。他们以各自的方式为我提供了支持和帮助，他们的一些观点也被融入本书。此外，笔者采用人工智能AI应用软件检索文献资料和集成观点，其检索结果具有一定的参考价值并被纳入相关章节内容。

在本书获取资料和项目调研过程中，我获得很多组织机构的支持，并从中受益良多。其中，特别要感谢中国教育科学研究院、教育部教育管理信息中心、上海市教育科学研究院、华东师范大学、北京市教育科学研究院、广东省教育科学研究院、安徽省教育科学研究院等机构及其相关部门，它们在调研中提供咨询、资料和建议，为全书框架和章节起草提供了关键性资料。

本书研究资料偏重政策化、文本化，区域样本选择偏向先发展地区，目的在于汇集教育公共服务均等化程度较高地区的经验，以供其他地区参考借鉴。这也限定了样本数量较少，从而成为本书研究的缺陷和不足。为解决这一问题，我将在今后立足全球教育治理格局，将研究对象扩大化，把教育公共服务均等化水平定量化、指标化、可视化，努力呈现在习近平新时代中国特色社会主义思想引领下的、具有特色的区域教育公共服务均等化实践全貌，切实在区域内找到打通影响和制约教育"优质均衡"的卡点、堵点。为此，特别需要并感谢支持我或我们的组织/机构、跨界专家、教育同仁和关心教育的各界人士，协同优化多样资源，开展区域教育公共服务均等化的治理理论研究和实践行动，共同致力于把"人民满意的教育"办在"老百姓的家门口"。

吴景松
2025 年 2 月于中国教育科学研究院